Die Ermittler von Ludwigsburg

Die Herausgabe des Begleitbandes
zur Ausstellung „Die Ermittler von Ludwigsburg"
wurde finanziell unterstützt von

Stadt Ludwigsburg,
Justizministerium Baden-Württemberg,
Landgericht Stuttgart,
Bundesarchiv,
Wüstenrot Stiftung Ludwigsburg,
Militärgeschichtliches Forschungsamt Potsdam,
Kreissparkasse Ludwigsburg,
Druckerei Ungeheuer und Ulmer.

Hans H. Pöschko (Hrsg.)

Die Ermittler von Ludwigsburg

Deutschland und die Aufklärung nationalsozialistischer Verbrechen

Herausgegeben im Auftrag des Fördervereins Zentrale Stelle e. V.

Metropol Verlag

Grußwort zum 12-jährigen Jubiläum des Fördervereins Archiv, Forschungs- und Begegnungsstätte Zentrale Stelle Ludwigsburg zur Aufklärung nationalsozialistischer Gewaltverbrechen e.V.

Was geschieht mit der Zentralen Stelle der Landesjustizverwaltungen zur Aufklärung nationalsozialistischer Verbrechen in Ludwigsburg, wenn sich ihre bisherige Aufgabe erfüllt hat, weil die Täter, die sie ermitteln soll, nicht mehr leben? Diese Frage hat vor zehn Jahren engagierte Menschen zusammengebracht, die sich zum „Förderverein Archiv, Forschungs- und Begegnungsstätte Zentrale Stelle Ludwigsburg e.V." zusammengeschlossen haben. Ihr Ziel war es, die Zentrale Stelle in Ludwigsburg zu erhalten und den Übergang von einer Ermittlungsbehörde zur Archiv- und Forschungsstätte zu befördern. Dass dies gelang, ist zu einem großen Teil dem Förderverein zu verdanken. Mit großem Engagement und historischem Bewusstsein hat er an den richtigen Stellen das Bewusstsein dafür geschärft, wie bedeutend die Arbeit der Zentralen Stelle in Ludwigsburg war und ist – für unsere demokratische Gesellschaft, die Aufarbeitung der NS-Verbrechen gegen die Menschlichkeit und das Gedenken an die Opfer, deren furchtbares Schicksal dadurch nicht in Vergessenheit gerät.

Die Auseinandersetzung mit dem dunkelsten Kapitel der deutschen Geschichte ist schwierig. Als die Zentrale Stelle in Ludwigsburg ihre Arbeit aufnahm, hat das so mancher eher kritisch betrachtet. Heute – mehr als 60 Jahre nach Kriegsende – hat sich dies spürbar verändert. Das Engagement des Fördervereins, die Umwandlung dieser Institution und ihr Verbleib in Ludwigsburg sind für mich unter anderem dafür ein Sinnbild. Die differenzierte Auseinandersetzung findet weiter ihren Weg in die Öffentlichkeit. Großen Anteil an diesem Prozess haben daran Ausstellungen wie die im Schorndorfer Torhaus. Hervorragend aufbereitet zeichnet die Ausstellung „Die Ermittler von Ludwigsburg" seit 2004 ein fundiertes Bild von der Arbeit der Zentralen Stelle. Gleichzeitig gibt sie ein sehr konkretes und erdrückendes Zeugnis von den Verbrechen der Nationalsozialisten ab. Mit großer Genauigkeit haben die Ludwigsburger Ermittler Daten und Fakten über die Täter gesammelt und ihre Verbrechen dokumentiert, um sie vor Gericht zu bringen. Diese juristische Aufarbeitung und die damit verbundene konkrete personenbezogene Vorgehensweise ermöglichen heute eine sehr spezielle und nicht generalisierende Sicht auf die NS-Verbrechen, die von immensem Wert ist. Auch für die wichtige pädagogische Arbeit dieser Außenstelle des Bundesarchivs. Sie bietet seit einigen Jahren Lehrern wie Schülern die Möglichkeit, Akten der Zentralen Stelle einzusehen und an ihnen zu arbeiten. Die pädagogische Nutzung war und ist auch ein großes Anliegen des Fördervereins, dessen Engagement weit über den Einsatz für die Zentrale Stelle hinausgeht. So initiiert und veranstaltet der Förderverein unter anderem regelmäßig Vorträge und Diskussionen, die sich mit der NS-Zeit auseinandersetzen. Dieses Engagement verdient unsere Anerkennung, und ich danke allen Mitgliedern des Fördervereins, dass sie sich gegen das Vergessen wenden und sich dafür einsetzen, das Erinnern an die Opfer zu bewahren. Verbunden mit diesem Dank gratuliere ich dem Förderverein sehr herzlich zu seinem 12-jährigen Bestehen!

Werner Spec
Oberbürgermeister

Vorwort des Herausgebers

Dieses Buch ist aus einem praktischen Bedürfnis, einem konkreten Anliegen heraus entstanden. Im Jahr 2000 übernahm die Außenstelle des Bundesarchivs die Akten der „Zentralen Stelle der Landesjustizverwaltungen zur Aufklärung nationalsozialistischer Verbrechen" und hat sie seitdem so aufgearbeitet, dass diese Akten wie die Archivalien anderer Archive auch für Wissenschaftler und interessierte Laien zur Verfügung stehen und auch rege genutzt werden. Daneben hat sie eine Ausstellungskonzeption erarbeitet, die zum Ludwigsburger Schlossjubiläum realisiert wurde. Am 18. September 2004 wurde diese Ausstellung „Die Ermittler von Ludwigsburg" eröffnet. Sie ist für alle Interessierten zugänglich oder wird auf Wunsch geöffnet. Sie wird vor allem von Lehrern mit ihren Klassen genutzt. Dabei zeigte sich, dass es nicht möglich ist, den Besuchern Informationen zur Ausstellung zur Verfügung zu stellen, die sie zur Nacharbeit mitnehmen oder die sie sich schon vorher zur Vorbereitung auf einen Besuch besorgen könnten.

Der „Förderverein Zentrale Stelle" nahm deshalb sein eigenes zehnjähriges Jubiläum und das bevorstehende 50-jährige Jubiläum der „Zentralen Stelle" zum Anlass, für solche Zwecke und darüber hinaus für weitere interessierte Besucher eine Broschüre herauszugeben. Aus dieser Broschüre ist nun ein Buch geworden, das, wie wir glauben, in knapper und vielfältiger Form in das Thema „Aufklärung nationalsozialistischer Verbrechen" einführt.

Professor Peter Steinbach hat es übernommen, mit seinem Beitrag „Die Ludwigsburger ‚Zentrale Stelle' als deutscher Erinnerungsort" die Geschichte dieser Institution zu skizzieren, sie vor allem aber gesellschaftlich einzuordnen. Die „kurze Geschichte des Fördervereins" sucht bürgerschaftliches Engagement deutlich zu machen. Sie soll auch als Erinnerung an die Verantwortung unserer Geschichte gegenüber verstanden werden, weil „der Geschichte keiner entfliehen kann", wie es der ehemalige Bundespräsident Richard von Weizsäcker einmal formuliert hat. Der Hauptteil dieser Publikation, verfasst von Andreas Kunz und Melanie Wehr, besteht in einem Kompendium, in dem die historischen Zusammenhänge dargestellt werden. Heike Krösche befasst sich mit den Reaktionen auf die Gründung der Zentralen Stelle. In den Beiträgen von Kurt Schrimm und Joachim Riedel ist die Arbeit der Ermittler und die vergleichende Aufarbeitung von Staatsunrecht aus der Sicht der Ermittler der Gegenstand der Darstellung. Wie aus Ermittlungsakten Archivgut wird und wie dieses pädagogisch genutzt werden kann, zeigen Andreas Kunz und Bernd Kreß. Klaus-Michael Mallmann stellt kurz die Institution vor, die es sich zum Ziel gesetzt hat, dieses Archivgut – neben weiteren Quellen – wissenschaftlich aufzuarbeiten und die Ergebnisse zu veröffentlichen. Susan Cernyak-Spatz schließlich stellt ihre Geschichte als Überlebende des Holocaust, als Betroffene der Politik der Verfolgung unter der nationalsozialistischen Herrschaft vor. Sie steht damit exemplarisch für eine unübersehbare Zahl von Opfern, die durch die Anerkenntnis des Unrechts, das ihnen zugefügt worden ist, durch die Aufklärung und die juristische Verfolgung dieses Unrechts, soweit dies möglich ist, ein Mindestmaß an Gerechtigkeit erfahren sollen.

Dem Oberbürgermeister der Stadt Ludwigsburg ist der „Förderverein" für sein anhaltendes Interesse, das auch in seinem Grußwort zum Ausdruck kommt, und für die finanzielle Unterstützung der Stadt zu Dank verpflichtet. Weitere Institutionen haben dieses Vorhaben durch ihre Förderung erst möglich gemacht. Auch ihnen sei an dieser Stelle gedankt. Sie sind auf Seite 2 noch besonders aufgeführt.

Hans H. Pöschko
für den Förderverein Zentrale Stelle e. V.

Die Ludwigsburger „Zentrale Stelle" als deutscher Erinnerungsort

Peter Steinbach

Rede zum 40. Jahrestag der Gründung der Zentralen Stelle Ludwigsburg, gehalten im Rahmen des Symposions am 2. Dezember 1998 im Ordenssaal des Schlosses Ludwigsburg

„Man will von der Vergangenheit loskommen", wer hätte diese Regung nicht schon einmal in sich gespürt? In der Tat: Man will loskommen. Selbst Adorno bestritt das Recht zu dieser Regung nicht, „weil unter ihrem Schatten gar nicht sich leben läßt, und weil des Schreckens kein Ende ist, wenn immer nur wieder Schuld und Gewalt mit Schuld und Gewalt bezahlt werden soll".

Ich sage dies nicht, weil ich den 40. Gründungstag der Ludwigsburger Stelle hier missbrauchen möchte, um weitere Verwirrung in eine Debatte zu tragen, die eine unvergängliche Vergangenheit betraf und in den letzten Jahren unter ganz unterschiedlichem Namen – als Historikerstreit, als Berliner Denkmalsstreit, als Goldhagen-Debatte oder Walser-Kontroverse – geführt worden ist. So unterschiedlich die Anlässe dieser Kontroversen waren, so spezifisch sie jeweils verlaufen sind, so deutlich machen sie, dass wir mit einer geschichtlichen Tatsache nicht fertig werden können. Sie hat viele Namen – Holocaust, Shoah, „Endlösung" – und bezeichnet doch nur eines: den Völkermord, der an den europäischen Juden und an den Sinti und Roma verübt wurde und in engem Zusammenhang mit anderen rassenpolitisch motivierten Verbrechen steht, der Ermordung von weit über drei Millionen sowjetischen Kriegsgefangenen, von vielen zehntausend Geisteskranken, von ungezählten sogenannten slawischen Untermenschen, die im Zusammenhang mit Besatzungsverbrechen zu Tode gekommen oder ermordet worden sind.

Diese Verbrechen wurden von der NS-Führung intendiert, sie wurden unter den Bedingungen eines Rassen- und Weltanschauungskrieges realisiert, in der zweiten Hälfte des Krieges als zentrales und vielleicht als das eigentliche Kriegsziel der deutschen Führung zu einem Ende geführt, dessen Erkenntnis wir uns heute oftmals noch verweigern. Denn ist der Streit um eine unbestreitbare Wirklichkeit – den industriemäßig betriebenen Massenmord in Vernichtungslagern, die nur einen Zweck hatten: Menschen zu töten und Leichname zu vernichten – nicht ein Symptom? Hannah Arendt hatte es unmittelbar nach dem Krieg als „Entwirklichung" – als „Derealisierung" – bezeichnet, als Auflösung der Wirklichkeit in den Bereich der Meinung.

Damals war diese Tendenz der Flucht vor der Vergangenheit in die Beliebigkeit von Meinung und Gegenmeinung noch nicht der Ausdruck einer Denkform, an die wir uns im Zeitalter der Talkshows gewöhnt haben, mit ihren Prozeduren eines „Geredezeigs", wie Friedrich Diekmann einmal treffend übersetzte. Sondern die Auflösung der Realität in eine lebensgeschichtlich tief beeinflusste Deutung sollte die Vergangenheit für den überlebenden Verantwortlichen, für den Zeitgenossen, Mitläufer erträglicher machen.

Denn er musste angesichts einer unbestreitbaren Realität, der im Schatten des Krieges vorgenommenen Verbrechen des Völkermords, mit einer Fülle von Fragen zurechtkommen. Da war die Frage nach der eigenen Verantwortung und Schuld – Voraussetzung jeder Reflexion über Scham und Umkehr, um den Begriff der Buße zu vermeiden. Und mancher spürte, was Dietrich Bonhoeffer, nun wirklich einer der Gerechten unseres Jahrhunderts, ausgedrückt hatte, als er feststellte: „Nichts von dem, was wir im anderen verachten, ist uns selbst ganz fremd."

Das historische Versagen lud auch persönliche Verantwortung auf, vielleicht nicht für jeden Toten, für jeden Ermordeten dieser Zeit, aber für den Zivilisationsbruch, der uns seitdem nicht loslässt. Wie war es, wie ist es denn nach dem Aufbruch der Aufklärung, den Höhenflügen des Konstitutionalismus, der Universalisierung der Menschenrechte, der Durchsetzung der Gewaltenteilung, des Rechtsstaates, nach Pazifismus und Humanismus möglich, dass neben der Emanzipation des Menschen zugleich die Maximierung einer Gefährdung des Mitmenschen in Staat und Gesellschaft zu denken ist?

Auch der Zivilisationsbruch war das Problem und hatte einen Namen: nationalsozialistische Gewaltverbrechen. Dieser Begriff war erst im Zuge von Strafverfahren gebräuchlich geworden; lange Zeit hatte man den Begriff „Kriegsverbrechen" verwandt, gewiss, weil man nicht erkennen wollte oder konnte, worum es ging: um die mit dem Krieg eng verbundenen Verbrechen, die nur verbrämt werden sollten, indem man sie in den Zusammenhang von Kriegshandlungen rückte. Lange sprach man von Partisanenkrieg (weniger von „Bandenbekämpfung"), wenn man Geiselerschießungen oder das Wüten der Einsatzgruppen vor Augen hatte. Diese Verbrechen erklärten sich aus einem rassenideologischen Prinzip und rechtfertigten sich aus der politisch erzeugten Furcht vor der Zukunft. Sie werde durch eine Vorherrschaft der Minderwertigen geprägt, behaupteten die Ideologen des Nationalsozialismus, wenn man nicht eingreife und Eugenik betreibe, „positive und negative Eugenik", angebliche Arbeit an der Volksgesundheit mit einem keineswegs fließenden, sondern gewollten Übergang zu Verbrechen.

Mensch sei nicht gleich Mensch, Recht sei nicht gleich Recht, so verkündeten die Nationalsozialisten, fast widerspruchslos. Es bedurfte schon der Wachheit eines Publizisten wie Theodor Wolff, um sich vorstellen zu können, was NS-Herrschaft bedeutete: eine Legalisierung der Rache. Aber selbst er griff zunächst viel zu kurz. Den meisten Zeitgenossen fehlte die Phantasie, sich vorstellen zu können, was die Nationalsozialisten meinten, wenn sie sich über die Stellung der Juden im neuen Staat äußerten, ganz konkret erstmals übrigens Sommer 1930 in den „Nationalsozialistischen Monatsheften".

Die Sinne aller NS-Gegner waren 1933 durch die eigene politische Verfolgung angespannt, der sie ausgesetzt waren. Sie wurden verfolgt, misshandelt, vertrieben und auf diese Weise zu den ersten Opfern nationalsozialistischer Gewaltverbrechen. Im Juli 1933 proklamierte die NS-Führung bereits Grundsätze der Rassenpflege und erließ ein „Gesetz zur Verhütung erbkranken Nachwuchses". Zwei Jahre später wurden mit den „Nürnberger Gesetzen" die Juden ihrer Staatsbürgerrechte beraubt.

Die Nationalsozialisten „präparierten" die Opfer nicht nur, indem sie diese „definierten", sondern indem sie bei Zeitgenossen jene Fraglosigkeit erzeugten, die sie zu Augenzeugen der weiteren Übergriffe, wenn nicht zu Vollstreckern machten. Angesichts brennender Synagogen und durch die Straßen geprügelter Juden regte sich noch das Gewissen, nicht selten aber weniger durch die Empörung über Übergriffe als durch die angebliche „Vergeudung des Volksvermögens" angestachelt. Als Hitler wenige Wochen später den Juden in einer Reichstagsrede den Untergang im Falle eines Krieges prophezeite, gab es kein Aufbäumen, obwohl Kernzitate dieser Rede sogar als Schmuckblätter verteilt wurden.

Dass Krieg und Verbrechen für die Nationalsozialisten zusammengehörten, wollen viele bis heute nicht anerkennen. Zeitgenossen wichen der Wirklichkeit aus, mit der sie konfrontiert waren nach dem 1. September 1939. Hitler selbst stellte den Zusammenhang zwischen Krieg und Verbrechen her, als er die Ermordung von Kindern anordnete, deren Lebenswert er nicht akzeptieren konnte, er so wenig wie andere, die in Schwachen nur unnütze Esser sahen. Erst spät machte sich, wie es in einem Brief an Heinrich Himmler hieß, „Empörung auf der Alb" breit, schritten Eltern, auch Schwestern, sogar ein zum Amtsrichter degradierter ehemaliger Landrichter in Brandenburg ein. Sie konnten die Kindermordaktion nicht stoppen, aber verlangsamen. Allerdings gingen andere Mordaktionen weiter.

Sie richteten sich gegen die Einwohner in den besetzten Gebieten, keineswegs nur Gegner, sondern Menschen, denen wiederum der Lebenswert und die Gleichwertigkeit allen Lebens abgesprochen wurde. Bereits in Polen waren Einheiten zusammengestellt worden, die im Rücken der Front wüteten, „Einsatzkommandos" und „Einsatzgruppen" nannte man sie später. Sie erregten Aufsehen, auch Widerspruch – teilweise kam er aus der Wehrmacht. Aber dieser rechtfertigt die Wehrmacht so wenig, wie der Jesuitenpater Alfred Delp die katholische und der evangelische Theologe Dietrich Bonhoeffer die evangelische Kirche rechtfertigen können. Jeder Widerspruch vergrößert das Gewicht der deutschen Geschichte, macht sie schwerer, reinigt also keineswegs die deutsche Zeitgeschichte, sondern macht als Last sichtbar, dass es Alternativen zu Anpassung und Folgebereitschaft gab.

Krieg und Verbrechen – das heißt zum einen Kriegsverbrechen im Rahmen von Kampfhandlungen, das heißt Besatzungsverbrechen, das bedeutet Verbrechen an den sowjetischen Kriegsgefangenen, das bedeutet Völkermord an den Roma und Sinti, das heißt Völkermord an den Juden im Zuge der „Endlösung der Judenfrage". Wir kennen diese Verbrechen gut, wir wissen viel über die Täter, viel weniger über die Opfer, erstaunlich viel über die Rahmenbedingungen, etwa den Kommissarbefehl und den Gerichtsbarkeitserlass, über die Statistik der Taten, die nicht alle als Untaten erkannten.

Wir wissen gewiss viel über Ghettos und Einsatzgruppen, über Deportationen und Vernichtungslager, über Todesmärsche und auch über sogenannte Wehrmachtsverbrechen. Und weil wir heute vergleichsweise viel wissen, überrascht uns immer wieder der Verlauf öffentlicher Debatten. Sie zeichnen sich in der Regel durch eine Vermengung der Argumentationsebenen aus. Wenn man sagt, Verbrechen und Krieg gingen für die Nationalsozialisten eine Verbindung ein, dann wird durch den Hinweis auf die eigenen Erfahrungen reagiert. Dabei ist nicht selten ganz offensichtlich, wie im Laufe von Jahrzehnten die Vergangenheit in der Erinnerung vergeht, so wie auch die Erinnerung im Gedenken untergehen kann. Wir lesen und deuten, wir sehen Spielfilme und Dokumentationen, wir verwandeln unsere wirkliche Geschichte nicht selten in ein Bild, das wir uns von der Vergangenheit machen. Anders könnten wir sie nicht aushalten.

Andererseits sind wir verpflichtet, genau hinzusehen. Dabei lassen wir uns helfen. Zuweilen brauchen wir dabei Psychoanalytiker, bisweilen hilft der Schriftsteller, der Journalist, der Dokumentarfilmer oder auch der Spielfilm. Nicht selten braucht man den Staatsanwalt, den Ermittlungsbeamten oder das Gericht. Es gibt auch Fälle, da hilft der Historiker, ich gebe zu: nicht immer. Wir brauchen offensichtlich Helfer bei dem Versuch, unser Schweigen, unsere Verdrängungen, unsere Flucht vor uns selbst in unsere ganz individuelle, private Erinnerung zu unterbrechen. Denn der innere Konflikt zielt auf Vergessen und Verdrängen. „Du warst es", sagt das Gewissen. „Das kann nicht sein", sage ich. Und irgendwann, Nietzsche bemerkte es, gibt das Gewissen nach.

Aber wir sprechen nicht nur über die Möglichkeit unserer Erinnerung heute, sondern wir haben über die vergangene Wirklichkeit selbst und die Annäherung der Nachlebenden an zurückliegende Zeiten zu reden. Dies ist der Kern der Frage: „Was habt ihr gewusst?" Denn zuverlässig lässt sich diese Frage nicht als Faktum beantworten. Wir sollten fragen: „Habt ihr gesehen, was sich ganz unbezweifelbar ereignet hat? Habt ihr es geahnt? Habt ihr es sehen wollen? Und wenn nicht, warum nicht?" Schließlich: „Mit welchen Folgen für die Menschen damals, mit welchen für uns heute?" Dabei geht es nicht um Anklage und Selbstbezichtigung, schon gar nicht um Selbsthass, sondern es geht um die selbstkritische, die ängstliche Frage nach unseren Möglichkeiten, nach uns – angesichts des Zivilisationsbruchs, den kein „Nie-wieder-Appell" und keine Aufforderung wie: „Wehret den Anfängen!" aus der Welt schaffen kann.

Das ist das Drängende, das wir nicht abwehren können. Man spricht, sagt Adorno, „vom drohenden Rückfall in die Barbarei. Aber er droht nicht, sondern Auschwitz war er; Barbarei besteht fort". Das sei das „ganze Grauen, dass die Zivilisation ihrerseits das Antizivilisatorische hervorbringt und zunehmend verstärkt".

Nun wenn es gelingt, ein klares, präzises, nicht auszudeutendes Bild vergangener Wirklichkeit zu zeichnen, nur wenn es gelingt, die Nachlebenden mit dieser Wirklichkeit zu konfrontieren, nur dann haben wir eine Chance, uns selbst in den historischen Möglichkeiten zu spiegeln, denen wir nicht entkommen können und die unsere Ruhe dauerhaft beenden müssen.

Wir sprechen heute gern von „Schweigespiralen". Demoskopen meinen damit ein öffentliches Klima, in dem sich abweichende Meinungen nur schwer artikulieren. In Wahlkämpfen kommt alles darauf an, dem Gegner zu zeigen, dass sein Spiel verloren ist. Das bedeutet, dass man dessen Anhänger öffentlich zur Minderheit erklären muss. Offenbar lieben die Menschen es mehr, zur Mehrheit zu gehören. Dies ist die Chance für Diktatoren, denn sie erzeugen in der Regel eine Stimmung, die man als „Spirale der Fraglosigkeit" bezeichnen könnte.

Aus dieser Spirale kommt man auch nach der Befreiung von der Diktatur so lange nicht heraus, wie man die individuelle, also die eigene Anfälligkeit in der Diktatur nur mit seinen Stimmungen erklärt. Sondern es kommt alles darauf an, sich bewusst zu machen, weshalb der Einzelne folgsam dieser Diktatur, ihren Stimmungen und Anpassungsforderungen erlag.

Bezugspunkt des selbstkritischen Fragens könnte die Erfahrung der Auslieferung des Einzelnen an übermächtige Institutionen und Träger dieser Einrichtungen sein. Damit sind wir bei einem prinzipiellen Problem. Denn das Verhältnis zwischen Loyalität und Ablehnung, zwischen Gehorsam und Unbotmäßigkeit, zwischen Anpassung und Widerstand prägt nicht nur Gesellschaften, die von Diktaturen beherrscht werden, sondern bezeichnet einen Riss, der mitten durch jeden Menschen, der mithin durch uns hindurch geht. Dies hat keiner so einprägsam wie Vaclav Havel ausgedrückt, der überzeugende Widerständige im Zeitalter unserer modernen Diktaturen.

Wer diesen tiefen Schnitt in seinem Bewusstsein durchdenkt, ahnt seine Gefährdung und seine Verpflichtung, genau hinzusehen, um seine Empörungsfähigkeit zu schulen. Es kommt nicht auf die Erklärung eines verfehlten Lebens an, sondern auf die Erklärung der Verfehlung. Deshalb sind sich im Bereich der Zeitgeschichte Historiker, Pädagogen, Philosophen, Intellektuelle so nah. Sie alle wollen öffentliche Nachdenklichkeit inszenieren durch Debatten, die nicht selten „gegen die Neigung moralisch Anspruchsloser" – wie Theodor Heuss früh bei der Einweihung des Denkmals in Bergen-Belsen sagte – durchgesetzt werden mussten.

Die Beschäftigung mit der Vergangenheit ist so kein Selbstzweck, kein Erkenntnisziel, das sich selbst genügt. Sondern sie dient nach dem Zivilisationsbruch dazu, deutlich zu machen, wohin es den Menschen und die Menschen im Jahrhundert der modernen Diktaturen treiben kann, im Jahrhundert der Enthausung des Menschen, der Vertreibung, der Vereinsamung, der Torturen wider alle bewährten Maßstäbe der Aufklärung, der Menschenwürde, der moralischen Selbstverpflichtung, der Zivilität. Es gehört offenbar sehr wenig dazu, den Menschen vom Mitmenschen zum Gegenmenschen werden zu lassen. Deshalb konfrontiert ihn die Geschichte mit seinen Möglichkeiten. Und da hilft kein Wegschauen. Sondern nur ein ganz genauer Blick, der sich auf die vergangene Wirklichkeit richtet.

Viel ist in diesem Zusammenhang von der „Unfähigkeit" der Deutschen und der Kriegsgeneration „zu trauern" die Rede gewesen. Immer wieder wurden im Zusammenhang mit der angeblichen Unfähigkeit der Deutschen, sich ihrer Vergangenheit zu stellen, Schlagworte reproduziert. „Im Hause des Henkers rede man nicht vom Strick", hieß es. Oder mahnend: „Das Geheimnis der Erlösung heiße Erinnerung." Natürlich redete man im Hause des Henkers über den durch die Todesstrafe und die Hinrichtung herbeigeführten Tod, und von Erlösung im Zusammenhang mit der Erinnerung zu sprechen, sah völlig vom Kontext dieses chassidischen Ausspruchs ab: Erlösung als Kategorie des Glaubens hat nichts zu tun mit der Selbstverständlichkeit, sich der Geschichte vergegenwärtigend zu nähern. Die Reihe dieser Sätze ließe sich fast beliebig verlängern. Ihre Gemeinsamkeit ist die Ermahnung, sich zu stellen. Das bedeutet zugleich, dass behauptet wird, man habe sich bisher nicht gestellt, sich nicht erinnert, nicht getrauert.

Wir sollten deshalb den Blickwinkel verändern. Natürlich haben viele Menschen, die Zeitgenossen des NS-Staates waren und beobachteten, was sie angeblich nicht gesehen hatten, sich der Vergangenheit versperrt, sich der Erinnerung verweigert, vielleicht auch der Forderung angeschlossen, einen Schlussstrich zu ziehen. Nur: Hätten sie sich durchgesetzt mit ihrer Haltung, wir stünden heute nicht hier. Erfolgreich waren nicht die Verdränger, sondern diejenigen, die sich erinnern wollten, die nicht verdrängten, die Erforscher der Zeitgeschichte. Sie haben dem Gnadenfieber der frühen fünfziger Jahre getrotzt, sie haben die Weichen für eine ständige Auseinandersetzung mit der Vergangenheit gestellt. Die Reihe dieser Namen ist ebenso beeindruckend wie lang. Zu ihnen gehören auch die Leiter und Mitarbeiter der Zentralen Stelle der Landesjustizverwaltungen für die Aufklärung nationalsozialistischer Verbrechen in Ludwigsburg.

Im Unterschied zu den verschiedenen Einrichtungen, die sich mit der nationalsozialistischen Zeit beschäftigen, war das Anliegen der Zentralen Stelle stets sehr konkret: Sie hatte in der Reaktion auf Unsicherheiten und Unregelmäßigkeiten bei der Strafverfolgung mit den Ermittlungs- und Strafverfahren zu tun, die gegen nationalsozialistische Gewalttäter durchgeführt wurden. Damit steht diese Stelle im Zentrum des vielleicht wichtigsten Mediums einer Auseinandersetzung mit der NS-Zeit, das wir haben: der NS-Prozesse.

In der Tat ist die Auseinandersetzung mit der nationalsozialistischen Vergangenheit in Deutschland nicht ohne NS-Prozesse vorstellbar. Sie beendeten Spekulationen, ermöglichten Konkretion. Denn in diesen Verfahren wurde die Wirklichkeit des Vernichtungssystems deutlich. Zugleich stellte sich gerade im Zusammenhang mit den großen Strafverfahren die Frage der Verantwortung für die sichtbar gemachten Verbrechen. Die Diskussionen über Verantwortung sind, ich kann das nicht genug betonen, die Voraussetzung jeder Schulddiskussion und jeder Schamäußerung. Insofern war es ein guter und glücklicher Umstand, dass die Prinzipien der Strafprozessordnung Öffentlichkeit der Verfahren bedeuteten.

Im Zusammenhang mit NS-Strafverfahren wurde öffentlich über Verbrechenskomplexe diskutiert. Man konnte ihnen nicht ausweichen, und man konnte sie schon gar nicht entwirklichen, sondern man musste sich stellen. Man hielt die ermittelte Wirklichkeit eigentlich nur aus, wenn man über die Verfahren diskutierte. Nicht selten spitzten sich die öffentlichen Kontroversen in ganz prinzipieller Weise zu – etwa im Zusammenhang mit der Entführung von Eichmann nach Israel, mit den großen Prozessen der sechziger Jahre, mit den großen Verjährungsdebatten 1965 und 1969 und noch einmal 1979. Damals war die Stimme von Adalbert Rückerl von besonderer Bedeutung. Seine Forderung, die Prozesse schon aus „rechtshygienischen Gründen" zu führen, setzte ein Zeichen und ließ keine Ausflucht zu. Rückerl wusste ebenso wie seine Nachfolger und Mitarbeiter, wovon sie sprachen.

Aber sie begnügten sich nicht mit der historischen Tatsachenermittlung, auch nicht mit der juristischen Tatbestandsermittlung, sondern sie zielten auf Prinzipielles: der Mensch als Gegenmensch, die Lagergesellschaft, die Rolle des Terrors, die Folgen eines verlorenen Rechtsempfindens – dies alles waren Fragen, die auf den Verlust der Zivilität und so auf das Gespür für die Stärkung der Mitmenschlichkeit und der Menschlichkeit des Staates und seiner Organe zielten.

Mit der Zentralen Stelle wurde ein Ziel, vielleicht sogar ein Vermächtnis des Widerstandes aufgenommen. Wenn ich dies hier so stark betone, dann ist das nicht Ausdruck meiner Bemühung, die Widerstandsgeschichte mit der vergleichenden Analyse von Vergangenheitsbewältigungen zu verbinden. Sondern es ist deutlich zu machen, dass sich in der Tätigkeit der Zentralen Stelle die Verantwortung der deutschen Gesellschaft und Politik für die Aufarbeitung der Vergangenheit und auch die Erfüllung einer Vision des Widerstandes gegen den Nationalsozialismus ausdrückt.

Ich erinnere hier exemplarisch an die Bestrebungen des Kreisauer Kreises. Pfingsten 1943 trafen sich in Kreisau die Mitglieder des Freundeskreises von Yorck und Moltke zum dritten Mal. Sie hatten sich seit 1940 zusammengefunden, zu einem Zeitpunkt, als das NS-System noch auf dem Zenit seiner Macht stand und nicht zuletzt angesichts seiner militärischen Erfolge eine große Faszination besaß. Im Mai 1940 war Frankreich endgültig besiegt. Zu diesem Zeitpunkt versuchte Helmuth James Graf von Moltke mit Peter Graf Yorck von Wartenburg einen neuen Diskussionszusammenhang zu stiften, der sich allein auf die Frage konzentrieren sollte: Was kommt eigentlich danach, nach dem Nationalsozialismus? Ich betone das, weil wir ja häufig sagen, der Widerstand habe sich erst in der Endphase gebildet.

Hier wird deutlich, dass das Reflektieren über „die Zeit danach" durchaus zu einem Zeitpunkt beginnen kann, an dem andere gar nicht darüber nachdenken. Pfingsten 1943 ging es bei den Beratungen im Kreisauer Kreis nicht nur um die Grundzüge einer Neuordnung, sondern es ging um ganz praktische Fragen. Es ging um das Problem, wie man eigentlich nach der NS-Zeit mit Rechtsschändern umgeht, welche Möglichkeiten sich bieten, um Verbrecher zu bestrafen, die angeblich im Namen des Staates gehandelt haben. Paulus van Husen hatte sich in einer Diskussionsvorlage Gedanken über die Wiederherstellung der Rechtsprechung gemacht. Das war das erste Problem: die Wiederherstellung der Rechtsprechung. Bald war in den Diskussionen der allgemeine Zusammenhang dieser Überlegungen überschritten. Es ging um die Vorbereitung eines ganz konkreten Gesetzes.

Damit sind wir beim zweiten Problem, das in diesem Kreis erörtert wurde: der Auseinandersetzung mit der Vergangenheit auf Gesetzesgrundlage. Dabei ging es nicht nur um die Wiederherstellung der Gewaltenteilung oder um die Durchsetzung richterlicher Unabhängigkeit, sondern alle Beteiligten wussten, dass die Deutschen nach der Befreiung von der NS-Herrschaft vor der Aufgabe standen, diejenigen, die Unrecht begangen hatten, zur Verantwortung zu ziehen: „Wer wesentliche Grundsätze des göttlichen und des natürlichen Rechts, des Völkerrechts oder des in der Gemeinschaft der Völker überwiegend übereinstimmenden positiven Rechts in der Art bricht, die erkennen läßt, dass er die bindende Kraft dieser Gesetze freventlich mißachtet, der sei als Rechtsschänder zu bestrafen."

Hier sind ganz klare Maßstäbe formuliert: göttliches, natürliches Recht, Völkerrecht. Drei allgemein verbindliche Rechtsebenen werden angesprochen. Weiterhin werden Probleme angesprochen, die aus der Tatsache folgen, dass das bestehende Recht eindeutig gebrochen worden ist. Und schließlich wird in den Blick gerückt, dass die Ahndung des Unrechts den Willen voraussetzt, nach einer Schändung des Rechts neues Recht zu sprechen, um so den Frevel zu bestrafen und zu sühnen. Dabei wird auf die Verantwortung des Rechtsbrechers für seine Tat hingewiesen.

Unter Hinweis auf eine zentrale Aussage des Kreisauer Kreises haben wir einen allgemeinen Zielhorizont angesprochen. Es kam im Weiteren darauf an, präzise das Maß der Verantwortung zu bestimmen, in dem der einzelne Mensch Rechte geschändet hatte. Die Bezugsebene dieser Schändung kann vielfältig sein. Es kann das göttliche, das natürliche, das positive, das Völkerrecht verletzt worden sein.

Die Kreisauer wussten, dass es im Sommer 1943 viel zu früh war, um konkret ein Gesetz zur Bestrafung der Rechtsschänder festzuschreiben. Sie bereiteten dieses Gesetz vor. Unstrittig war, dass die Auseinandersetzung mit der Vergangenheit auf gesetzlicher Grundlage stattfinden sollte. Sie galt als so grundlegend, dass man sie sogar im vorbereiteten Regierungsentwurf der Verschwörer behandelte. Dort hieß es:
„Alle Verbrechen, die vor dem Erlaß dieses Gesetzes begangen worden sind, sollen bestraft werden."

Damit sind wir bei einem ganz entscheidenden Problem, das post-diktatorische Gesellschaften bewältigen müssen, wenn sie sich mit der diktatorischen Vergangenheit auseinandersetzen: Sie müssen eine rechtlich einwandfreie Grundlage schaffen, die förmlich ist, die also nicht die Gefahr heraufbeschwört, dass die Auseinandersetzung mit der Vergangenheit auf der Straße ausgetragen wird, durch Konflikte, durch Prügeleien, durch die Willkür, die jeder Anhänger des Rechtsstaates ablehnt.

Eine durch Recht zivilisierte Auseinandersetzung mit der Vergangenheit ist das zentrale Problem post-diktatorischer Gesellschaften: Die Bestrafung des Rechtsschänders dient nicht der Rache, sondern ist – das ist eine Formulierung des Kreisauer Kreises – die Voraussetzung für die Gewinnung des inneren und äußeren Friedens. Die Kreisauer wussten im Sommer 1943 ganz genau, was nationalsozialistische Ordnung bedeutete. Im Herbst 1942 hatte Moltke zum ersten Mal von der Tatsache des Völkermords gehört. Er schreibt an seine Frau, er habe erfahren, dass täglich 6000 Menschen in einem Lager ermordet würden. Zu diesem Zeitpunkt war der Völkermord an den Sinti und Roma praktisch vollendet. Das große Verbrechen, das im Sommer 1943 im Grunde noch bevorstand, war die Ausrottung des ostmitteleuropäischen Judentums, insbesondere des ungarischen. Die Einsatzgruppen hatten seit Sommer 1941 Hunderttausende ermordet. Diese Verbrechen ließen sich nicht verheimlichen, und sie waren bekannt, bekannter, als die Mitlebenden zuzugestehen bereit waren.

Moltke als Völkerrechtler wusste genau, was „im Osten" geschah. Er kannte die Dimension des Verbrechens. Angesichts seiner Kenntnis forderte er dennoch eine strikt rechtlich gebändigte Auseinandersetzung mit der Vergangenheit. Dieser Gesichtspunkt ist so stark zu betonen, weil in der Öffentlichkeit häufig der Eindruck vermittelt wird, als sei die Auseinandersetzung mit der Vergangenheit eine Forderung der Alliierten gewesen. Es ist eine Forderung, die die Deutschen selbst erhoben hatten – im Widerstand und ebenso im Exil. Eine Forderung, die sie erhoben, gerade um das zu verhindern, was dann etwa in Italien oder in Frankreich nach 1944/45 passierte: die Auseinandersetzung mit den Kollaborateuren in der eigenen Gesellschaft unter Anwendung von Gewalt. In Italien gab es Tausende Tote, und ebenso gewiss ist, dass die Zahl der Opfer, die in Frankreich in diesem Zusammenhang zu beklagen waren, noch viel größer war.

Die Forderungen der Kreisauer sind auch deshalb bemerkenswert, weil sie sich auf einen Bereich bezogen, den wir bis heute noch nicht gelöst haben. Es geht dabei zum einen um die Frage, wie man eigentlich einen Krieg in Hinblick auf die Zivilbevölkerung „einhegt". Dies ist der Kern der Debatte um die Wehrmachtsausstellung des Hamburger Instituts für Sozialforschung, nicht nur die Frage nach der Bedeutung des Krieges für die Verbrechen des Völkermordes. Wir haben den Krieg durch völkerrechtliche Bestimmungen relativ gut normiert, aber der Widerstand stand gewissermaßen fassungslos vor den Exzessen, die eine bewaffnete Macht gegenüber der Zivilbevölkerung flächendeckend verüben konnte. Das war das ganz große Problem des Widerstandes.

Wenn wir auf die Vergangenheit schauen, ist spürbar, dass dieses Problem nie richtig geklärt werden konnte. Das Verhältnis zwischen System und Verbrechen, zwischen Folgebereitschaft und Verweigerung, zwischen Verweigerung und Mitmenschlichkeit war die eigentlich bedeutsame Frage der fünfziger Jahre an die Zeitgeschichte – als Forschung und als Lebens- und Erfahrungszusammenhang. Vielleicht haben wir in den letzten sechs und sieben Jahren gelernt – mit dem Blick etwa auf Jugoslawien oder auf Zentralafrika – zu begreifen, weshalb sich vor den Augen einer breiten Öffentlichkeit Verbrechen vollziehen können, auf die nicht nur der Einzelne, sondern Gruppen und Gesellschaften gar nicht reagieren.

Aber mit dieser Weiterung schweife ich ab. Eigentlich reagiere ich damit auf die Selbstgerechtigkeit, die nicht selten Folge einer Beschäftigung mit der Vergangenheit ist und vielleicht jede der großen historischen Debatten erklärt. Dies hatten bereits die Diskussionen über Personalfragen in den sechziger und siebziger Jahre gezeigt. Sie mündeten in die Selbstgerechtigkeit vieler Achtundsechziger, die wirklich glaubten, sie hätten die Auseinandersetzungen über die Vergangenheit angestoßen. Dabei ist doch ganz offensichtlich, auf welchen Grundlagen sie handeln konnten – zehn Jahre nach der Gründung der Ludwigsburger Stelle, nach dem Eichmannprozess, dem Auschwitzprozess und den großen Prozessen gegen Lagermannschaften der Vernichtungslager.

In den Auseinandersetzungen mit den NS-Prozessen scheint der deutschen Nachkriegsgesellschaft weiterhin bewusst geworden zu sein, dass nach 1945 in Deutschland zwei post-nationalsozialistische Ordnungen entstanden waren, von denen eine sich zu westlich-liberalen Grundprinzipien bekannte, die andere befangen blieb in einer marxistischen Faschismustheorie, die Gruppen und Klassen für den Nationalsozialismus verantwortlich machte. Unbestreitbar ist, dass beide deutsche Gesellschaften zugleich durch die Aufgabe einer vielschichtigen Bewältigung der Vergangenheit geprägt blieben und sich gegenseitig nicht zur Ruhe kommen ließen.

Zugleich wurde die deutsche Nachkriegsgesellschaft aber auch mit der Frage nach den Grenzen der Aufarbeitung einer Vergangenheit konfrontiert, die nicht wiederherstellbar war, die Beziehungen der Deutschen zu Europa auf eine neue Grundlage gestellt hatte und neben der materiellen „Wiedergutmachung" auch eine moralische Neubesinnung und ethische Neubestimmung verlangte. Diese Notwendigkeit war zunächst in der deutschen Gesellschaft nicht akzeptiert. Man sprach von „Umerziehung", „Siegerjustiz", von deutschem „Selbsthass".

Die Prozesse verhinderten die Derealisierung der Vergangenheit und die Verdrängung vergangener Wirklichkeit und begünstigten zugleich die Auseinandersetzung mit Prinzipien einer liberaldemokratischen Verfassungsordnung, die Menschenwürde, Minderheitenschutz, Grenzen des Befehlsgehorsams, Zivilcourage etc. als Grundlagen einer nachdiktatorischen Ordnung legitimierte.

So prägten die NS-Prozesse keineswegs allein das Bild der nationalsozialistischen Wirklichkeit seit den fünfziger Jahren. Sie schufen auch entscheidende Voraussetzungen für eine kontinuierliche Auseinandersetzung mit der NS-Zeit und denen, die durch sie geprägt waren und die sich nach 1945 in der Auseinandersetzung mit ihrer eigenen Lebens- und der deutschen Systemgeschichte als glaubwürdig zu erweisen hatten. So warfen die Diskussionen über Voraussetzungen, über die Berechtigung und die einzelnen Prozessereignisse grundsätzliche Fragen auf, deren Beantwortung auch an Kriterien wie Offenheit, Selbstkritik, Schuldfähigkeit und Verantwortungs- sowie Diskussionsbereitschaft gemessen wurde.

Die NS-Prozesse fanden in der Öffentlichkeit eine große Beachtung, die weit über den eigentlichen Prozessanlass und auch über die Prozessgeschichte hinausging: In der Auseinandersetzung mit den Strafverfahren gegen nationalsozialistische Gewaltverbrecher entschied sich die Beurteilung der Nachkriegsgesellschaft als einer neuen postdiktatorischen politischen Grundordnung, die sich zu Wertvorstellungen wie dem Grundrechtskanon bekannte. Die Verletzung dieser Grundrechtsprinzipien wurde am Beispiel des NS-Staates in ihren Konsequenzen deutlich gemacht. Wer, so schien es, sich diesen Prinzipien nicht konkret stellte, gefährdete die Grundlagen eines neuen zivilisierten Zusammenlebens und machte die Anerkennung der Entrechtung, Verfolgung und Ausrottung von Minderheiten als Opfern nationalsozialistischer Politik erneut möglich. So stand die Auseinandersetzung über die NS-Zeit immer auch in der Nähe eines politischen Generationenkonflikts.

Zugleich ging es aber um mehr als um die eindringliche Vergegenwärtigung der Vergangenheit. Denn es wurde deutlich, dass die Verbrechen der NS-Zeit nicht nur eine individuelle, sondern auch eine soziale und nicht zuletzt eine kollektive Dimension hatten. Neben der Tatsache der Verbrechen war so auch die Frage der Folgebereitschaft, der Anerkennung persönlicher Verantwortung und damit auch von Schuld – und des Umgangs mit der Schuld – in das öffentliche Bewusstsein gerückt.

Die Konfrontation mit „Auschwitz" und den nationalsozialistischen Vernichtungsverbrechen zwang die Angehörigen der deutschen Nachkriegsgesellschaft, sich ständig mit den Fragen der individuellen Folgebereitschaft und Widerstandsfähigkeit, des Befehlsgehorsams und der Befehlsverweigerung, der Verstrickung in die Schuld der Beteiligung und der Voraussetzungen eines stellvertretenden, couragierten mitmenschlichen Handelns auseinanderzusetzen. So mündete die Auseinandersetzung mit den NS-Verbrechen und ihrer Vorbereitung in die Reflexion über die Grundprinzipien einer Gesellschaft, die sich als Gegenentwurf zur nationalsozialistischen Herrschaft begreift. Das Nachdenken über die NS-Verbrechen, die NS-Zeit und die Notwendigkeit eines Umgangs mit dieser Zeit wurde mit jeweils ganz unterschiedlichen Inhalten zum Konstitutivum eines zeitgeschichtlich-politischen Bewusstseins der beiden deutschen Staaten.

Insofern gestatten die NS-Prozesse die Fokussierung eines Problems: die Bildung politischen Bewusstseins aus zeitgeschichtlicher Erfahrung. Dieses Bewusstsein stellt sich allerdings nicht als Reflex eines Bildes der deutschen Zeitgeschichte ein, sondern es wird geprägt, beeinflusst, in Kontroversen durchgesetzt. Die Kontroversen greifen auf die NS-Verbrechen und ihre Voraussetzungen zurück, verallgemeinern zugleich aber die Erfahrungen mit einer auf verbrecherische Ziele hin orientierten Diktatur, aber in einer grundsätzlichen und zugleich vielfältigen, d.h. verschiedene Prämissen, Ziele und Wertvorstellungen spiegelnden Weise.

Die Verallgemeinerungen stoßen sich an konkreten Erfahrungen, von Mitläufern, auch von Tätern und von Opfern. Sie alle konkurrieren um die Möglichkeit von Deutungen und ihrer Durchsetzung in der öffentlichen Diskussion. Diese Konkurrenz bestimmt immer wieder die öffentlichen Auseinandersetzungen, die Zugangsweisen, auch die Schwerpunkte der Arbeit von Pädagogen, Publizisten, Schriftstellern, bildenden Künstlern, von Wissenschaftlern und Politikern. Sie alle reflektierten originäre Erfahrungen, etwa von Verfolgten, sie stießen aber auch auf die Erfahrungen anderer „Opfer", die eine intensive Beschäftigung mit ihrem Schicksal beanspruchen, etwa der Opfer von Bombenangriffen, von Flucht und Vertreibung, von Teilung, Internierung, Entnazifizierung, Kriegsgefangenschaft.

Die Auseinandersetzungen mit den nationalsozialistischen Gewaltverbrechen müssen mithin im Kontext der Einflussfaktoren gesehen werden, die die Mentalitätsgeschichte der Nachkriegszeit tief beeinflussten und die Voraussetzungen für die Entstehung eines neuen demokratischen Bewusstseins aus zeitgeschichtlicher Erfahrung gestatten. Sie müssen aber auch als ein wichtiges Ereignis der deutschen Nachkriegsgeschichte akzeptiert und in ihren Ergebnissen durch eine sorgfältige wissenschaftliche Forschung gesichert werden.

Diese Bemühung könnte ihren Mittelpunkt in der Ludwigsburger Zentralen Stelle zur Aufklärung nationalsozialistischer Verbrechen finden, die eine Fülle von Dokumenten, Prozessunterlagen und Ermittlungsergebnissen zusammengetragen hat, die nicht nur der wissenschaftlichen, sondern auch der politisch-pädagogischen Bearbeitung harren, wenn aus generationsbedingten Gründen der ursprüngliche Auftrag dieser Stelle erfüllt sein wird. Dies ist auch ein wichtiges Ergebnis einer internationalen Wiener Konferenz, die sich im Sommer 1997 mit der Geschichte der Nachkriegsprozesse befasst hat und die Forderung begründete, systematisch Urteile in NS-Strafverfahren zu sichern und zu dokumentieren.

LEITZ

In Zukunft wird es darauf ankommen, einzelne Prozesse in ihrer Vorbereitung, in ihrem Verlauf, vor allem aber ihrer publizistischen Resonanz und in ihren weiteren Nachwirkungen für die öffentliche Auseinandersetzung zu erforschen. Daneben wird es eine wichtige Aufgabe sein, die Wiedergutmachungsdiskussionen, die Verjährungsdebatten, die Auseinandersetzung um die Behandlung der NS-Zeit im Schulunterricht zu untersuchen. Ein besonderes Gewicht ist auf zeitgeschichtliche Komplexe, auf Begriffe und Erklärungszusammenhänge zu legen, die – wie etwa der Begriff „Befehlsnotstand" – die Verstrickung des Einzelnen in das NS-System reflektieren, individuelle Handlungsspielräume andeuten und so einen Zugang zur öffentlichen Schuld-, Widerständigkeits- und Verantwortungsdiskussion gestatten.

Diese Diskussionen werden in komplexen Beziehungen zu bestimmen sein, etwa durch die Reflexion über berufsspezifische Verantwortlichkeiten, über Verbindungen zwischen Wehrmacht und Völkermord, über die Wahrnehmung des Krieges als Rassen- und Weltanschauungskrieg. Dabei kommt es bei diesen Themen nicht allein auf den realhistorischen Hintergrund an, sondern auf die Reflexionsbereitschaft und die Reflexionsfähigkeit der deutschen Nachkriegsgesellschaften. Nach dem Umbruch des Jahres 1989 und den Schwierigkeiten der Deutschen mit ihrer zweiten Vergangenheitsbewältigung ist nicht mehr zu bezweifeln, dass die Auseinandersetzung mit der NS-Zeit einen wichtigen Teil deutscher Identität ausmacht. Nun wäre es an der Zeit, ein Zeichen zu setzen, das in der Konsequenz dieser Bemühungen läge: Umwandlung der Ludwigsburger Stelle in ein Zentrum der Beschäftigung mit den NS-Prozessen als Teil der Auseinandersetzung mit der Geschichte des Dritten Reiches. Dies wäre die Forderung an die Politik im Bund und in Baden-Württemberg. Wenn man sich entschließen könnte, in der Ludwigsburger Stelle eine Stiftung einzurichten, um die nationale Bedeutung dieser Institution zu betonen, dann wären auch die wichtigen finanziellen Grundlagen geklärt und Arbeitsmöglichkeiten gesichert. Für die Konkurrenz von Institutionen ist angesichts dieser Frage kein Platz – eher für ein sichtbares Zeichen am Ende des 20. Jahrhunderts, das unvorstellbare Menschheitsverbrechen hervorgebracht hat und als das Jahrhundert der Diktaturen in die Weltgeschichte eingehen wird. Auch daran könnte in Ludwigsburg erinnert werden.

Kellerraum mit nachgestelltem Büro aus den 60er-Jahren in der Ausstellung im Schorndorfer Torhaus (Idee dieser Rauminszenierung: Rainer Juchheim).

Und damit bin ich beim letzten Punkt der Überlegung, wie es weitergehen könnte. Dass die Ludwigsburger Stelle mehr ist als eine Einrichtung zur Erforschung der nationalsozialistischen Gewaltverbrechen und der Täter, ist sicherlich deutlich geworden. Für mich verkörpert sich hier auch der Umgang der Westdeutschen mit der NS-Zeit. Die Geschichte dieser Einrichtung offenbart die Schwierigkeiten, aber auch die Möglichkeiten. Die umfangreichen Dokumentenbestände, Karteien, Kopien und Prozessunterlagen belegen, was – gegen erhebliche gesellschaftliche Widerstände vielleicht, aber immerhin – erreicht wurde.

Die Ludwigsburger Stelle ist zu einem Ort mit eigener Geschichte geworden, ein Lieu de Mémoire, wie der französische Historiker Pierre Nora sagen würde, ein Ort mit eigener Geschichte und eigenständiger Bedeutung. Hier wurde nicht nur gesammelt und analysiert, hier wurde auch alles getan, um in den Ermittlungen deutlich zu machen, dass es keinen Schlussstrich geben konnte. Insofern spiegelt sich in diesem Ort der Anspruch der Bundesrepublik, auch eine postnationalsozialistische Ordnung zu sein, sich der Vergangenheit zu stellen und die Koordinaten der politischen Ethik eines freiheitlichen Verfassungsstaates zu beeinflussen.

Das bedeutet eine wichtige Aufgabe für die Zukunft. Das Ende der NS-Strafverfahren ist absehbar. Aber die Erforschung der Geschichte dieser Verfahren steht erst am Anfang. Auch die ermittelten Quellen sind von hohem Wert und konnten die Täterforschung ganz entscheidend beeinflussen. Die westdeutsche Gesellschaft stand mit dem Gesicht zum Nationalsozialismus, auch dann, wenn sie diese Verfahren ablehnte. Die Bundesrepublik Deutschland kehrte nicht zuletzt deshalb in den Kreis der zivilisierten Völker Europas zurück, weil sie sich der Vergangenheit stellte. Ein Zentrum der aktiven Tätigkeit befand sich in Ludwigsburg, immer wieder angetrieben von Mitarbeitern, die zunächst nicht selten kaum wussten, worauf sie sich bei der Akzeptierung ihrer Abordnung nach Ludwigsburg einließen. Sie haben sich ihrer Aufgabe gestellt, sie haben sich nicht von ihr lösen lassen, sie leisteten einen guten Teil der Trauerarbeit deutscher Juristen, von denen die Mehrheit eigentlich nur bestrebt war, unter Berufung auf ihr Richterprivileg selbstkritische Fragen abzuwehren. Gewiss entlastet die Zentrale Stelle nicht die deutsche Justiz; aber es besteht auch kein Anlass, diese unter Vernachlässigung der eindrucksvollen Arbeit der Ludwigsburger Staatsanwälte, die sich mit der Verfolgung von nationalsozialistischen Gewaltverbrechen beschäftigten, pauschal zu diskreditieren.

Die Ludwigsburger Stelle zeigt, was möglich war und was geleistet wurde. Sie ist ein Begriff im Rahmen der Aufarbeitung der Vergangenheit im Nachkriegsdeutschland geworden. Taktisch lässt sich ihre Gründung nicht erklären, sondern prinzipiell. Manche, die hier wirkten, widmeten sich schließlich ganz der Verfolgung von NS-Tätern. Mit ihrer Ludwigsburger Tätigkeit gerieten sie in einen geistigen, politisch-moralischen Zusammenhang, aus dem es keinen Weg mehr hinaus geben sollte. Viele, die hier wirkten, spürten deutlich: sie waren in einen „Kreis" geraten, aus dem sie weder treten konnten noch wollten. Oft hat man die NS-Justiz gescholten, zu Recht. Aber man hat übersehen, dass eine neue Generation von Juristen heranwuchs, die wusste, dass das Recht keineswegs der Schutz der Schwachen sein musste, sondern sehr rasch zum Quell des höchsten Unrechts werden konnte.

Die Zentrale Stelle war ein wichtiger Bezugspunkt für Juristen, Publizisten, Wissenschaftler und Pädagogen, die sich der Verpflichtung stellten, die nationalsozialistischen Gewaltverbrechen aufzuklären und so ihr gegenwärtiges Verhalten zu konditionieren. Ihnen ging es nicht um die Statistik der Ermittlungsverfahren, nicht um Genugtuung oder gar Rache. Wenn die Schuldigen vor Gericht gestellt wurden, dann konnte ein Gefühl für die unausweichliche Verantwortung wachsen, das jeder Mensch für einen jeden unter seinen Mitmenschen zu entwickeln hatte. Verantwortung wurde so konkret, denn es war offensichtlich, dass kein Mensch aus welchem Grunde auch immer einem menschenverachtenden Ziel geopfert werden dürfe.

Eine grundlegende Liberalität prägte das Rechtsverständnis und die Berufsauffassung der hier tätigen Juristen. Sie kapselten sich nicht ein, sondern waren auch darauf eingestellt, die Arbeit mit Schülern, Studenten, Geschichtsinteressenten zu suchen. Wer einmal durch Ermittlungsverfahren damit konfrontiert worden war, wie rasch aus dem Mitmenschen ein Gegenmensch werden konnte, der wurde angetrieben von dem Gedanken, dass die Schranken des Rechts in das Bewusstsein der Öffentlichkeit und der Täter eingebrannt werden sollten. Die Ahndung von NS-Verbrechen war auch eine Konsequenz der Verfassung, zu der sie sich bekannten. Sie machte deutlich, in welchem Umfang die Bundesrepublik ein post- und antinationalsozialistischer Staat war. Dass die DDR das bessere Deutschland sei, weil dort die Nazis konsequenter verfolgt worden seien, hat hier keiner geglaubt. Nach dem Umbruch des Jahres 1989 verstummte dieses Argument endgültig.

Wissenschaftlich war die in der Ludwigsburger Stelle geleistete Arbeit hoch angesehen. Die erste Rekonstruktion der Geschichte eines Einsatzkommandos wurde hier erarbeitet. Adalbert Rückerl erforschte die Vernichtungslager im Kontext der rassenideologisch motivierten Verbrechen. Er verbreitete die Untersuchungsergebnisse seiner Dienststelle in Vorträgen und Taschenbüchern, die deutlich machten, dass wir in den sechziger Jahren auf die Ermittlungsarbeit angewiesen waren, wenn wir Erinnerungen sichern wollten, nicht zuletzt, weil die zeithistorische Forschung eine befremdliche Distanz wahrte. Alfred Streim widmete sich der Behandlung der sowjetischen Kriegsgefangenen und lenkte den Blick von Zeithistorikern auf diesen Verbrechenskomplex. Und Willi Dreßen vermittelte einen Eindruck von den Verbrechen der Wehrmacht zu einer Zeit, als es das Hamburger Institut für Sozialforschung noch nicht gab. Man konnte sich auf die Ludwigsburger Stelle auch verlassen, wenn es darum ging, Erkenntnisse in neue Medien zu übersetzen, etwa in die Form der zeitgeschichtlichen Ausstellung.

Alle Ludwigsburger Ermittlungsbeamten erforschten ihre Gegenstände auf denkbar breiter Quellengrundlage. Wer diese Bücher gelesen hat, wird sich einer oberflächlichen Wehrmachtsdiskussion verweigern. Was Gerichtsbarkeitserlass und Kommissarbefehl wirklich bedeuteten, machten uns Studien aus diesem Hause klar. Hier wirkten keineswegs nur Juristen, sondern Menschen, die der deutschen Geschichtswissenschaft einen guten Teil der erforderlichen und zu erwartenden Arbeit abnahmen und überdies keineswegs die Öffentlichkeit scheuten, sondern sie suchten. Charakteristisch war dabei für alle, dass sie unermüdlich, über alle Verjährungsdebatten hinweg, für den Gedanken der Auseinandersetzung mit der NS-Vergangenheit warben. Die Öffnung der Zentralen Stelle für Nachwuchswissenschaftler, Studenten, Schüler war nur konsequent. So konnte man hier als Besucher nicht nur zu den Quellen vordringen – es teilte sich auch der Geist eines Hauses mit, der jeden, der dort arbeitete, veränderte. Und weil dieses Haus über Jahrzehnte hinweg ganz konsequent war, hatte das Wort seiner Mitarbeiter in den Verjährungsdebatten, oftmals verpackt in Statistiken, allergrößtes Gewicht.

Das Werk dieser Einrichtung muss fortleben, weit über den vierzigsten Gründungstag hinaus. Es wird fortleben – durch Gutachten, Bücher und Aufsätze ist eine gute Grundlage geschaffen. In der Begegnung mit der Zentralen Stelle entwickelten sich bei denen, die hier arbeiten konnten, Koordinaten einer historisch-zeitgeschichtlich geprägten grundsätzlichen Moralität, die letztlich die philosophisch begründete Rechtfertigung einer konsequenten Vergangenheitsbewältigung ist, die sich noch immer und erneut zu bewähren hat. In dieser anstrengenden und notwendigen, deshalb befriedenden Abarbeitung an der Vergangenheit entwickelten sich vielfach wichtige politisch-ethische Koordinaten der Mit- und Nachlebenden.

Möge der Gründungstag das Gefühl für die Notwendigkeit wecken, das Werk fortzusetzen und auf neue Grundlagen zu stellen. Die Ludwigsburger Zentrale Stelle sollte als Einrichtung dauerhaft gesichert werden. Sie war das Zentrum und der Zielpunkt vieler Hoffnungen derjenigen, die wussten, dass die Vergangenheit nicht vergehen kann, weil sie nachwirkt – in der Erinnerung der Überlebenden. Die Zentrale Stelle muss zur Forschungsstätte werden, in der die NS-Verbrechen und die Auseinandersetzungen um die Geschichte der NS-Zeit umfassend analysiert werden. Sie muss Teil des Stiftungskonzeptes der Bundesregierung werden, denn Ludwigsburg ist durch die Arbeit von Rückerl und Streim und ihrer Mitarbeiter zu einem Gedächtnisort bundesrepublikanischer Geschichte geworden.

Die nationale Bedeutung des Ortes ist nicht zu bestreiten. Deshalb ist nur dankbar zu registrieren, dass sich das Bundesarchiv verpflichtet fühlt, den hier zusammengetragenen Dokumentenbestand einschließlich seines Erschließungssystems in seine Verantwortung zu übernehmen. Dass sich auch bürgerschaftliches Engagement mit der Zentralen Stelle verbindet, ist ein besonderer Glücksfall und der örtlichen Bürgerinitiative zu verdanken, die insbesondere die pädagogische Erschließung und Begleitung im Blick hat. Wenn der Bund durch Landesregierung, Landesjustizminister und Öffentlichkeit, nicht zuletzt auch durch die Abgeordneten veranlasst werden könnte, diesen Ort und die zentrale Stelle in ihrer nationalen Bedeutung anzuerkennen, dann wäre es möglich, ein Konzept der Finanzierung unter Beteiligung vieler zu entwickeln, das diesen Ort für lange Zeit sichert und zu einem Zentrum der Auseinandersetzung mit der NS-Zeit und des in ihr zum Ausdruck kommenden Zivilisationsbruchs macht. In diesem Ort verkörpern sich Ansprüche derjenigen, die erinnern wollen an Verbrechen, in denen die Brüchigkeit unserer eigenen Zivilisation deutlich wird. Deshalb ist die Ludwigsburger Stelle ein Stachel in unserer Erinnerung, die Systemunrecht in individuelles Leid aufzulösen bestrebt ist und deshalb die Voraussetzungen des Zivilisationsbruchs, die Entwertung des Menschen, immer wieder neu zu sichern hat.

Das Land Baden-Württemberg hat hier ein Vermächtnis von Juristen wie Adalbert Rückerl und Alfred Streim zu übernehmen, aber auch jener, die sich seit den fünfziger Jahren ganz in den Dienst dieser Sache stellten wie der hessische Generalstaatsanwalt Fritz Bauer, dessen Name mit der Geschichte des Auschwitz-Prozesses verbunden bleiben wird. Er wollte in der Konfrontation mit den nationalsozialistischen Gewaltverbrechen die Koordinaten politischer Ethik und individueller Moralität beeinflussen, denn in der Gefährdung des Menschen sah er den Ausgangspunkt mitmenschlicher Verantwortung und stellvertretenden mitmenschlichen Handelns. Insofern geht es bei der Würdigung der Ludwigsburger Stelle um viel mehr als um die Auseinandersetzung mit Verbrechen und Tätern. Es geht um Ereignisse, es geht um das Leiden der Opfer, es geht um die wenigen, die sich nicht gehorsam, anpassungsbereit, feige fügten, es geht um die Geschichte eines wichtigen Bereichs unserer Justiz, um die Geschichte der NS-Prozesse und die durch sie bedingten öffentlichen Diskussionen. All dies fügt sich in Ludwigsburg zusammen und macht den Namen der Stadt zu einem Begriff für alle, die sich mit der Zeitgeschichte und der durch sie angestoßenen Reflexionen beschäftigen.

Der eigentliche Dienstauftrag ist fast erfüllt. Damit beginnt eine neue Phase: Die Erforschung der Ludwigsburger Stelle als Institution, die den Tätern keine Chance geben wollte, sich ihrer Verantwortung zu entziehen. Die uns hinderte, die Vergangenheit zu segmentieren, zu parzellieren und zu verklären. Hier hat jeder, der unwissend kam, plötzlich begriffen, wie die Wirklichkeit des Völkermords aussah. Hier wurde Verantwortung für die Vergangenheit spürbar.

Die Verantwortung hat sich in den vergangenen Jahrzehnten auf unsere Schultern verlagert. Ich verstehe die Neigung, wegschauen zu wollen. Aber ich habe Respekt vor jedem, der sich überwindet und weiterhin hinguckt. Ich bin ganz sicher: Wir müssen fortsetzen, was diesem Haus wichtig war. Nur dann lassen wir jene nicht allein, die auf die hier geleistete Arbeit setzen. Flucht vor der Vergangenheit ist keine Lösung. Diese Flucht gefährdet nicht zuletzt uns.

Denn unsere ganz persönliche Unsicherheit angesichts eines potenziellen Verhaltens gegenüber dem Zivilisationsbruch ist auch eine unserer Überlebensvoraussetzungen. Staatsverbrechen gab es vor 1933 und auch nach 1945; die Ludwigsburger Stelle macht deutlich, wie man damit umgehen kann. Staatsverbrechen machen Bürger schuldig. Sie können sich nicht einfach auf fremde Verantwortung zurückziehen. Es ist ihr Gemeinwesen, das sie schuldig werden lässt, ihre Sache, ihre „res publica". Und weil es ihre Sache ist, bleibt bei ihnen auch die Verantwortung. Vielfach wurde in diesem Zusammenhang der Begriff der Schuldgemeinschaft bemüht. Er betrifft die unmittelbar Mitlebenden. Theodor Heuss setzte den Begriff der Verantwortungsgemeinschaft dagegen. Verantwortlich ist ein Nachlebender auch für das Bild von der Vergangenheit. Es ist wichtig für das Gefühl der Zivilität, das in einem freien Gemeinwesen gerade aus dem Wissen von nicht selten schlechten Ursprüngen guter politischer Herrschaft resultiert.

Der antike Historiker Polybios war es, der diesen Gedanken entwickelt hat. Ein Gemeinwesen sei dann gefährdet, von einer „guten" in eine „schlechte Herrschaft" umzuschlagen, wenn die Menschen vergäßen, dass sich ihr „gutes Gemeinwesen" aus der Überwindung einer schlechten Ordnung entwickelt hatte. Bewusstseins-, Erinnerungsverlust setzt jenen Kreislauf in Gang, der keine Mechanik ist, sondern Ausdruck unseres Versagens aus historisch-politischer Bewusstseinslosigkeit.

Ob man aus der Geschichte lernen kann, ist sicherlich eine der schwierigsten Fragen an den Historiker. Manche glauben daran, am wenigsten vielleicht die Historiker selbst. Andererseits hätten wir kaum eine konkrete Vorstellung von den Folgen des Versagens. Darüber denken wir nach, auf vielfältige Weise. Eine der Konfrontationen mit der Vergangenheit erfolgt in Ermittlungs- und Strafverfahren. Sie beeinflussen das Wissen einer Gesellschaft von sich selbst. Die Beschäftigung mit der Vergangenheit hat eine Funktion, und wir haben eine Chance. Wir verarbeiten den Zivilisationsbruch unseres Jahrhunderts, wenn wir unsere aus zeitgeschichtlicher Erfahrung und Reflexion gewachsenen Kenntnisse von der Gefährdung des Menschen in Diktaturen – gleichsam politisch entregelten Systemen – bewahren.

Gewiss: Es wäre schön, wenn man aufwachte und das Jahrhundert der Diktaturen wäre nur ein böser Traum gewesen. Es war Realität. Sie müssen wir aushalten, indem wir uns ihr stellen. Wir tragen bis heute an den Folgen. Wir und andere. Deshalb gibt es keine Alternative zum genauen Hinsehen, keine Flucht aus der Wirklichkeit der Vergangenheit in die Meinung.

„Und ist so gut, als wäre es nicht gewesen ..." Im Faust lesen wir diesen Satz. Er klingt gut. Aber er stammt von Mephisto. Uns steht er nicht zur Verfügung. Wir müssen hinschauen, denn wir wissen: Der Rückfall in die Barbarei droht nicht. Sondern Auschwitz war dieser Rückfall. Und deshalb besteht die Barbarei fort.

Begriffen habe ich das in den letzten zehn Jahren, seitdem ich täglich lesen und sehen musste, was ethnische „Flurbereinigung" ist. Ich will nicht relativieren und Verbrechen vergleichen. Dies muss aber gestattet sein im Hinblick auf die gesellschaftlichen Reaktionen, die der Konfrontation mit Verbrechen folgen: Wir sind Teilhaber des Schreckens, weil wir ihn beobachten, tagtäglich, allabendlich.

„Wir stecken mittendrin": Diesen Satz finden wir in einem der letzten Briefe eines Heidelberger Pfarrers, der in der NS-Zeit zum Widerstand kam und für seine Haltung sein Leben gab. Er richtete sich mit diesem Satz an seine Zeitgenossen. Er betrifft auch uns. Denn auch wir sind Zeitgenossen, welche die genaue Kenntnis des Ausmaßes nationalsozialistischer Gewaltverbrechen von jenem Gegner des verbrecherischen Regimes unterscheidet. Wir wissen, er ahnte, und so seine Folgerungen: „Wir stecken mittendrin" – was bedeutet: wir sind gefährdet, wir bleiben gefährdet. Historische Reflexion kann uns nur helfen, unsere Koordinaten zu bedenken.

Wer die NS-Zeit reflektiert, der weiß, wie brüchig die Menschlichkeit ist. Der schmale Grat, der kleine Schritt, die richtige Entscheidung in einer Situation, in der es nur Gut und Böse, richtig und falsch, „ja" oder „nein" gibt, er charakterisiert unsere Geschichte im Zeitalter der totalitären Diktaturen. Vielleicht ist dies das wichtigste Argument für die Ludwigsburger Stelle. Ich hoffe, mit ihr kommen wir leichter heraus aus der Lethargie, die ebenso viel erklärt wie Hannah Arendts Diktum, der Familienvater – gehorsam, ängstlich und feige – sei der eigentliche Abenteurer des 20. Jahrhunderts. Wer von uns wäre nicht Familienvater ...?

Nachbemerkung nach zehn Jahren: Diese Rede wurde am 40. Jahrestag der Einrichtung der Ludwigsburger Zentralen Stelle gehalten und war damals ein Plädoyer, die Last dieses Ortes als Chance zu begreifen. Viel hat sich seitdem getan, manche der Impulse sind aufgenommen worden:

1.
Das Bundesarchiv hat sich der Bestände angenommen, auch weil die Ludwigsburger Stelle zum Exempel einer gegen Widerstände durchgesetzten und im Zeitverlauf immer erfolgreicher und folgenreicher werdenden Auseinandersetzung mit der Vergangenheit wurde.

2.
Die Universität Stuttgart hat eine Forschungsstelle des Instituts für Geschichte eingerichtet, die eine Vielzahl einschlägiger Arbeiten vorgelegt und die Realgeschichte des Völkermords auf eine regional differenzierende, sichere Grundlage gestellt hat.

3.
Bürgerschaftliches Engagement hat sich im Einsatz des Fördervereins für eine Ausstellung in einem Ludwigsburger Torhaus ausgewirkt, das auch die Stadt zum Mitträger machte.

4.
Im Zusammenwirken von Justizverwaltung und den vorgenannten Einrichtungen konnte eine stabile und verlässliche Basis für die weitere Arbeit geschaffen werden, die nicht zuletzt auch erhebliches pädagogisches Engagement nach sich zog.

So ist in Ludwigsburg inzwischen wirklich ein Bezugspunkt des Nachdenkens über die Zeitgeschichte entstanden, das Persönlichkeiten wie Adalbert Rückerl und Alfred Streim stets im Auge hatten. Dies erfüllt mich nicht nur mit Befriedigung. An erster Stelle steht die Dankbarkeit gegenüber allen, die ermöglicht haben, dass die Zentrale Stelle zu einem Ort deutscher Erinnerung geworden ist, zum Brückenschlag zwischen der Zeit des Nationalsozialismus und der deutschen Nachkriegszeit.

„Uns treibt eine Vergangenheit um …“ Eine kurze Geschichte des Fördervereins Zentrale Stelle e. V.

Hans H. Pöschko

Gründungsmitglieder des Fördervereins im Oktober 1996: Dr. Albert Sting, Klaus-Peter Runzer, Rolf Knoll.
Ludwigsburger Kreiszeitung 16. Oktober 1996.

Jahrzehntelang hatte die „Zentrale Stelle der Landesjustizverwaltungen zur Aufklärung nationalsozialistischer Gewaltverbrechen" gearbeitet, und dies war von den einen gelobt, von andern kritisiert worden, oft ohne genaue Kenntnis dessen, was ihre eigentlichen Aufgaben waren. Oft ist sie auch angefeindet worden. Sie war jedenfalls eine juristische Institution wie keine andere. Mit der ihr gestellten Aufgabe war eine Besonderheit verbunden. Ihr kam nämlich sukzessive ihre Klientel abhanden. Ihr starben nach und nach die Verdächtigen weg, deren Taten sie zu untersuchen und zu dokumentieren hatte, um eine strafrechtliche Verfolgung möglich zu machen. In den öffentlich und teils heftig geführten Diskussionen über die Verjährungsfrist für Mord wurde auch dies immer wieder angesprochen, bis die Verjährungsfrist 1979 schließlich ganz aufgehoben wurde. Was aber sollte mit der Zentralen Stelle geschehen, wenn die Situation eintrat, dass es keine zu verfolgenden Verdächtigen mehr gab? Dann hatte sie ihre Aufgabe erfüllt, konnte ihren Betrieb einstellen und die letzten Akten schließen.

Das war die Situation, die Oberstaatsanwalt Alfred Streim, dem Leiter der Zentralen Stelle, v or Augen stand, als er im März 1995 bei einer Führung gefragt wurde, was mit den Akten in diesem Fall geschehen werde. Er antwortete: „Das macht mir große Sorge" und sprach sich gegen den Plan aus, das Material der Zentralen Stelle nach Beendigung der Ermittlungstätigkeit ins Bundesarchiv zu überführen. In Koblenz nämlich, so befürchtete er, wäre diese Überlieferung ein Archivgut unter Tausenden. Streim dagegen wollte die Akten dem Ort erhalten, an dem sie entstanden waren und dessen Ruf in aller Welt inzwischen damit verbunden war. Er wollte sie Ludwigsburg erhalten für Zwecke der Forschung und der pädagogischen Nutzung. Ihm ging es darum, dass „Ludwigsburg [...] fortbestehen [muss], fortbestehen, um die Fehler der Vergangenheit zu vermeiden".

Dies war der Anstoß zur Bildung einer „Initiative Zentrale Stelle" innerhalb von zwei Wochen, die das Gespräch mit Politikern, Archivaren und Historikern und über die Presse das Interesse der Öffentlichkeit zu wecken suchte. Als Motivation formulierte Rolf Knoll, die treibende Kraft dieses Unternehmens, in einem Gespräch mit der Ludwigsburger Kreiszeitung: „Uns treibt eine Vergangenheit um, die nicht vergeht – und nicht vergehen darf. Das sind wir den Ermordeten schuldig."

Als Alfred Streim im August 1996 unerwartet starb und Meldungen von einem Ende der Zentralen Stelle sprachen, reagierte die Bürgerinitiative sofort. Sie gründete am 27. September 1996 einen Verein, der in seiner ausführlichen Bezeichnung sein Programm zum Ausdruck brachte: „Förderverein Archiv, Forschungs- und Begegnungsstätte Zentrale Stelle Ludwigsburg zur Aufklärung nationalsozialistischer Gewaltverbrechen e. V." mit Sitz in Ludwigsburg. In die Urkundenrolle eingetragen wurde er am 27. Dezember 1996, in das Vereinsregister am 23. Januar 1997. Zum ersten Vorsitzenden des Vereins wurde der ehemalige Fraktionsvorsitzende der SPD im Gemeinderat und Studiendirektor i. R. Rolf Knoll gewählt. Seine Stellvertreter wurden der stellvertretende Leiter der Volkshochschule Stadt Ludwigsburg Klaus-Peter Runzer und die Ludwigsburger Rechtsanwältin Ingrid Hönlinger.

Bereits am 17. Januar 1997 hatte der Vorstand in der ersten Mitgliederversammlung des neu gegründeten Vereins über seine Aktivitäten berichtet, ein beeindruckendes Programm von Gesprächen „mit Persönlichkeiten, die direkten oder indirekten Einfluss auf die politischen Entscheidungen über die Zukunft der Zentralen Stelle ausüben, insbesondere mit Minister Goll, Präsident Kahlenberg (Bundesarchiv), mit den Fraktionen des Landtags, Prof. Jäckel, den Leitern der Staatlichen Archive in Stuttgart und Ludwigsburg, der Landesarchivdirektion, der Landeszentrale für Politische Bildung, des Hauses der Geschichte, der Bibliothek für Zeitgeschichte." Auch zu den Medien waren Verbindungen aufgebaut worden und sollten weiter ausgebaut werden. Die Entscheidung der Justizminister, dass die Zentrale Stelle so lange arbeiten sollte, wie es Fälle gebe, wurde grundsätzlich als richtig angesehen. Als anzustrebende Ziele formulierte der neue Verein:
„• die Zentrale Stelle soll in ein Forschungsinstitut umgewandelt werden,
• mit der Umwandlung soll bald begonnen werden (gleitender Übergang, Zwei-Behörden-Modell, Betreuung durch das Bundesarchiv)
• Federführend ist weiterhin das Justizministerium von Baden-Württemberg."
Der Standort Ludwigsburg galt damals noch immer nicht als gesichert.

Prominente Persönlichkeiten besuchten die Zentrale Stelle, um ihr Anliegen zu unterstützen. Schlagzeilen machte beispielsweise der Besuch „der Grandedame (!) der FDP, Hildegard Hamm-Brücher," die in die Problematik der Zentralen Stelle Einblick erhielt und vom Vereinsvorstand über die Arbeit des Fördervereins informiert wurde. Eine wichtige Entscheidung fiel ein Vierteljahr später, als der kommissarische Leiter der Zentralen Stelle, Staatsanwalt Willi Dreßen, zum Leiter ernannt wurde. Damit war unmissverständlich dokumentiert, dass die Arbeit der Behörde weitergeht. Dennoch war das Jahr 1998 von Unsicherheit gezeichnet, was aus der Zentralen Stelle beziehungsweise ihren Akten werden sollte. Bislang gab es nur Absichtserklärungen. „Der ‚gleitende Übergang' von der Ermittlungs- zur Forschungsstelle sei noch nicht in Gang gekommen", stellte der Vorsitzende Rolf Knoll fest. Auch die Organisation der pädagogischen Arbeit war noch unklar. „Wir stoßen überall auf Wohlwollen, aber nicht auf Geld", fasste der stellvertretende Vorsitzende Klaus-Peter Runzer die Schwierigkeiten zusammen.

Ein wichtiges Datum und ein wichtiges Ereignis sowohl für die Zentrale Stelle wie auch für den Förderverein war das 40-jährige Bestehen der Zentralen Stelle, zu dem das Justizministerium einen Festakt im Ludwigsburger Schloss durchführte. Der Förderverein initiierte und organisierte zu diesem Ereignis ein wissenschaftliches Symposium, das in den Medien große Beachtung fand. Der Grundgedanke dieses Symposiums war es, „junge Historiker mit arrivierten Kollegen zusammenzubringen". An diesem Symposium nahmen Fachleute aus aller Welt teil und brachten ein neues Argument für die Einrichtung eines Forschungsinstituts zur Sprache, indem sie die Veränderungen darstellten, die sich in der Forschung vollzogen. Auch bei diesem Symposium war die Unsicherheit über den Fortbestand beziehungsweise über den Übergang greifbar. Es wurde zum Ausdruck gebracht, dass sich in der Forschung eine Schwerpunktverlagerung zu vollziehen begann, von „der allgemeinen hin zur personenbezogenen Forschung". Für diesen neuen Forschungsansatz konnte die Zentrale Stelle die geeigneten Archivalien in großem Umfang zur Verfügung stellen. Der Öffentlichkeit wurde nahegebracht, dass diese Quellen eine „immense Bedeutung für die Wissenschaft" haben. Immer wieder und so auch hier wurde die Frage gestellt, weshalb nach so langer Zeit überhaupt noch nach Jugendtaten alter Männer ermittelt werde. Oberstaatsanwalt Dreßen gab hierauf eine einfache Antwort: „Damit Hitler nicht noch recht behält." Immer wieder wurde die Notwendigkeit der Zentralen Stelle und die Sicherung ihrer Akten für Forschung und Pädagogik betont. Immerhin erklärte in diesem Rahmen der Leiter des Bundesarchivs, Professor Dr. Friedrich Kahlenberg, seine Bereitschaft, „eine weitere Archiv-Außenstelle im Land" zu errichten. Eine wichtige und wohl entscheidende Unterstützung erhielt das Projekt durch den Justizminister des Landes Baden-Württemberg, Professor Dr. Ulrich Goll, so etwa schon in einem Interview mit der Stuttgarter Zeitung vom 20. November 1996.

Trotz intensiver Bemühungen von Seiten des Vereins war es bis 1998 nicht gelungen, den gleitenden Übergang von der Ermittlungs- zu einer Forschungsstelle zu realisieren. Selbst eine Entlastung der Zentralen Stelle bei der Bereitstellung der Akten und der Unterstützung von Forschungsvorhaben durch einen Historiker konnte nicht erreicht werden. Der Entscheidungsprozess für das Projekt Zentrale Stelle verlief zäh, wie in der Mitgliederversammlung vom 27. März 1998 festgestellt wurde. Immerhin gab es einen Lichtblick durch die Zusage des Landes Baden-Württemberg, „die Kosten für das Gebäude in der Schorndorfer Straße" zu übernehmen. Auch in Fragen einer pädagogischen Betreuung von Besuchern, vor allem von Schulklassen, war noch nichts erreicht worden.

Entscheidendes geschah allerdings 1999. Die Konferenz der Justizministerinnen und -minister fasste einen wichtigen Beschluss:

„1.
Die Justizministerinnen und -minister bekräftigen ihren Beschluss auf der Herbstkonferenz vom 20.–21. November 1996 in Bonn, wonach die ‚Zentrale Stelle der Landesjustizverwaltungen zur Aufklärung nationalsozialistischer Verbrechen" in Ludwigsburg in ihrer bisherigen Form weitergeführt wird, solange Strafverfolgungen anfallen; dies nicht ausschließt, die zukünftige Archivierung und Nutzung sowie die dauerhafte Erhaltung der umfangreichen Unterlagen bereits jetzt vorzubereiten und zu gewährleisten; auch bei einer künftig geänderten Nutzungskonzeption dem Umstand Rechnung zu tragen ist, dass die Zentrale Stelle in der Geschichte ihres Wirkens eng mit dem Standort Ludwigsburg verbunden ist.
2.
Die Justizministerinnen und -minister billigen deshalb das Ergebnis der im Auftrag der Justizministerkonferenz von 1996 durch das Justizministerium Baden-Würtemberg hierzu geführten Verhandlungen und den vorgelegten Entwurf einer Verwaltungsvereinbarung zwischen der Bundesrepublik Deutschland und den Ländern. Sie werden die Voraussetzungen für deren Unterzeichnung herstellen."

Konkret wurde dies im Jahr 2000. Das Bundesarchiv übernahm im April einen Großteil der Akten von der Zentralen Stelle und begann unter der Leitung von Dr. Heinz Ludger Borgert damit, sie zu erfassen und der Forschung bereitzustellen. Dr. Borgert war es auch, der den Verein darüber informierte, dass es auf „Initiative des Präsidenten des Bundesarchivs, Herrn Dr. Weber, gelungen [sei], das Kultusministerium dazu zu bewegen, einen Archivpädagogen für einen Vormittag pro Woche zur Verfügung zu stellen, ab dem Schuljahr 2000/2001." Als am 2. April 2001 auch noch die „Forschungsstelle der Universität Stuttgart zur NS-Geschichte" mit zwei von der Universität Stuttgart und dem Wissenschaftsministerium finanzierten Forscherstellen und einer Sekretärin die Arbeit aufnahm, schien der Förderverein seine Ziele insofern erreicht zu haben, als nun der Übergang realisiert war. Er konnte sich nun darauf konzentrieren, die von beiden Institutionen in Angriff genommene Arbeit mit Interesse zu begleiten. Der erste Vorsitzende Rolf Knoll war Anfang des Jahres 2001 aus gesundheitlichen Gründen vom Vorsitz zurückgetreten. Klaus-Peter Runzer übernahm nun den Vorsitz mit Ingrid Hönlinger als Stellvertreterin.

Neben seinen intensiven Bemühungen zur Herbeiführung des „gleitenden Übergangs" hatte der Förderverein auch noch andere Aktivitäten entwickelt. So sollte die aus den achtziger Jahren stammende Wanderausstellung „Schöne Zeiten" wieder aufgearbeitet werden. Der Verein entschloss sich dann jedoch, eine neue Ausstellung zu initiieren und für die Finanzierung zu sorgen. Die Ausstellung „Ruth Sarah Lax" ist inzwischen in vielen Städten gezeigt worden. Eine Reihe von Vorträgen und Diskussionen wurde in Zusammenarbeit mit der Volkshochschule Stadt Ludwigsburg bzw. dem Staatsarchiv Ludwigsburg initiiert und durchgeführt. In den Jahren 2004 und 2005 waren das „Der SS-Mann", ein Film über Josef Blösche mit anschließender Diskussion mit den Autoren Heribert Schwan und Helgard Heindrichs des dem Film zu Grunde liegenden Buchs, „Karrieren der Gewalt" mit Prof. Dr. Klaus-Michael Mallmann, „Europa und der Holocaust" mit Prof. Dr. Götz Aly und „Stand der juristischen Aufarbeitung des Holocaust" mit Oberstaatsanwalt Kurt Schrimm. Soweit das Bundesarchiv mit seiner Ausstellung am „Tag des offenen Archivs" bzw. am „Tag des offenen Denkmals" teilgenommen hat, wurde es hierin ebenfalls vom Förderverein unterstützt.

Als die Stadt Ludwigsburg beschloss, zum Schloss- und Stadtjubiläum die Torhäuser zu restaurieren und einem öffentlichen Zweck zuzuführen, fühlte sich auch der Förderverein angesprochen und diskutierte die Frage, ob man eine Ausstellung im Schorndorfer Torhaus in unmittelbarer Nähe zur Zentralen Stelle und zur Außenstelle des Bundesarchivs konzipieren, ausarbeiten und dann auch tragen könne. Am 25. November 2001 stellte der Förderverein den Antrag, im Schorndorfer Torhaus eine Ausstellung einzurichten, welche die Arbeit der Zentralen Stelle würdigt. Sie lässt sich mit den Worten eines australischen Richters anerkennend ausdrücken: „Durch die Zentrale Stelle ist der Name Ludwigsburg mit der Pflege und Erhaltung der Rechtsstaatlichkeit in Deutschland eng verknüpft." Schließlich erhielt das Bundesarchiv den Zuschlag für diese Aufgabe. Der Förderverein beteiligte sich intensiv an der Planung der Räume und an der Konzeption der Ausstellung, die von Dr. Andreas Kunz abgeschlossen wurde, dem neuen Leiter der Außenstelle. Am 18. September 2004 wurde die Ausstellung „Die Ermittler von Ludwigsburg" feierlich eröffnet. Erfreulicherweise wurde in dieser Zeit – auch mit Unterstützung des Fördervereins – das Personal der Zentralen Stelle zur Bewältigung der anfallenden Arbeit verstärkt. Seitdem arbeiten wieder acht Dezernenten (einschließlich Behördenleiter und Stellvertreter) an der Zentralen Stelle.

Diese Ausstellung bietet sich als „Schaufenster" an, wenn Schulklassen in der Außenstelle des Bundesarchivs an ausgewählten Akten arbeiten und in die Archivarbeit eingeführt werden. Inzwischen haben sich diese pädagogische Arbeit und die Lehrerfortbildung, die vom Bundesarchiv mit Hilfe des pädagogischen Mitarbeiters durchgeführt werden, eingespielt und eine produktive Routine entwickelt. Um diese Arbeit noch weiter zu vertiefen und auf eine breitere Basis zu stellen, suchte der Vorstand das Gespräch auch mit Prof. Dr. Hartmut Melenk (dem Rektor der Pädagogischen Hochschule Ludwigsburg) und Herrn Karl Wißkirchen (dem Leitenden Schulamtsdirektor des Landkreises). Am 1. Februar 2005 kam es in einer Besprechung mit Dr. Andreas Kunz (dem Leiter der Außenstelle des Bundesarchivs), Oberstaatsanwalt Kurt Schrimm (dem Leiter der Zentralen Stelle), Dr. Peter Müller (dem Leiter des Staatsarchivs Ludwigsburg), mit Prof. Dr. Hartmut Melenk und Herrn Karl Wißkirchen, zu der der Vorstand des Fördervereins eingeladen hatte, zu einer Vereinbarung über die Zusammenarbeit „sowohl im Hinblick auf Studenten als auch auf Lehrer und Schüler". Herr Dr. Kunz betreut inzwischen im Rahmen eines Lehrauftrags an der Pädagogischen Hochschule Studenten der Geschichte in ihrer Arbeit an Holocaust-Themen und in der Arbeit an den Akten des Bundesarchivs.

Der Förderverein hat also seine zentralen Ziele erreicht, kann sich nun weiteren Aufgaben widmen und versteht sich dabei auch selbst als eine „Einrichtung gegen das Vergessen". Schon bisher hat er Ausstellungen zu dieser Thematik ideell und durch finanzielle Zuwendungen unterstützt und die Öffentlichkeitsarbeit durch die Organisation und Finanzierung von Vorträgen in Verbindung mit der Volkshochschule Ludwigsburg und mit dem Staatsarchiv Ludwigsburg gefördert. Aktivitäten dieser Art werden auch weiterhin fortgesetzt. Sie werden dem „Drei-Säulen-Modell" gerecht, von dem Justizminister Goll gesprochen hat: der Zusammenarbeit von Justiz, Wissenschaft und Archiv. Dem Verein schwebte allerdings von Anfang an ein „Vier-Säulen-Modell" vor, nämlich die Verbindung dieser drei Säulen mit der Pädagogik. Die künftigen Aufgaben werden also mehr in der pädagogischen Arbeit gesehen, ohne die bisherigen Aufgaben zu vernachlässigen. Diese Aufgabe hat ein neuer Vorstand übernommen, der aus Dr. Hans H. Pöschko und Alexander Geßmann besteht. Um den entstandenen Gegebenheiten gerecht zu werden, wurde in der Mitgliederversammlung vom 12. April 2007 die Satzung geändert und mit Jochen Faber ein stellvertretender Vorsitzender für den Bereich Öffentlichkeitsarbeit gewählt.

Eine neue Aufgabe stellt sich dem Förderverein in dem 2008 stattfindenden 50-jährigen Jubiläum der Zentralen Stelle, zu dem am 1. Dezember 2008 ein Staatsakt und ein wissenschaftliches Symposium geplant sind. Der Verein plant darüber hinaus am 27. September 2008 einen Informationstag für die interessierte Öffentlichkeit. An diesem Tag sollen unterschiedliche Möglichkeiten, sich mit dem Holocaust, der Pervertierung des Rechts, mit Verbrechen gegen die Menschlichkeit und der Zerstörung des Rechtsstaats sowie mit der Wiederherstellung von Recht und Gerechtigkeit durch die Aufklärung und Ahndung von Verbrechen vorgestellt und diskutiert werden. Um auch die breite Öffentlichkeit zu erreichen, verhandelt der Verein derzeit mit verschiedenen Interessierten darüber, einen Dokumentarfilm herstellen zu lassen, der ins Bewusstsein rufen soll, wie schwer rechtsstaatliche Bedingungen und Verhältnisse zu erkämpfen sind und welch hohes Gut Recht und Gerechtigkeit darstellen, ja, dass sie eine wesentliche Grundlage für eine demokratische Gesellschaft und einen demokratischen Staat sind.

§ 8 Mitgliedsbeiträge
Der Jahresbeitrag wird von der Mitgliederversammlung festgesetzt.

§ 9 Der Vorstand
(1) Der Vorstand des Vereins besteht aus dem 1. Vorsitzenden und seinen bis zu drei Stellvertretern. Im Falle der Stimmengleichheit entscheidet die Stimme des 1. Vorsitzenden. Der Verein wird gerichtlich oder außergerichtlich durch zwei Vorstandsmitglieder vertreten.
(2) Der Vorstand wird von der Mitgliederversammlung auf die Dauer von zwei Jahren gewählt. Er bleibt solange im Amt, bis eine Neuwahl erfolgt. Scheidet ein Mitglied des Vorstands während der Amtsperiode aus, kann der Vorstand ein Ersatzmitglied für den Rest der Amtsdauer des ausgeschiedenen Vorstandsmitglieds wählen.

§ 10 Der Beirat
Der Vorstand kann einen Beirat berufen. Dieser hat die Aufgabe, die Arbeit des Vorstands zu unterstützen und ihn zu beraten.

§ 11 Auflösung des Vereins und Anfall des Vereinsvermögens
Bei Auflösung des Vereins fällt sein Vermögen an die Stadt Ludwigsburg, die es unmittelbar und ausschließlich im Sinne des Vereinszwecks zu verwenden hat.

§12 Allgemeine Bestimmungen
(1) Soweit die Satzung keine Regelungen trifft, gelten die gesetzlichen Vorschriften.
(2) Die Satzung tritt mit dem Eintrag ins Vereinsregister in Kraft.

Festgestellt am 27. September 1996

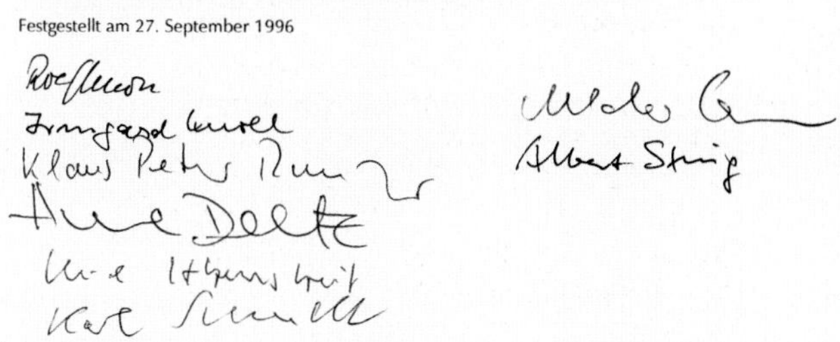

Kompendium zur Geschichte und Tätigkeit der Zentralen Stelle

Andreas Kunz und Melanie Wehr

Die Ausstellung „Die Ermittler von Ludwigsburg", durch das Bundesarchiv erarbeitet und im Jahr 2004 im historischen Schorndorfer Torhaus eröffnet, lädt interessierte Bürger ein, sich über die Geschichte des Ortes an der Schorndorfer Straße und der damit verbundenen Thematik zu informieren. Die überaus wohlwollenden und positiven Reaktionen, wie die anspruchsvollen Inhalte auf kleinem Raum in der Ausstellung präsentiert werden, spornt uns zu einem weiteren Vorhaben an: eine kompakte, anschauliche und leicht verständliche Einführung in die Geschichte und Tätigkeit der Zentralen Stelle. Wir wollen auf diese Weise auch dem Wunsch zahlreicher Besucher entsprechen, das vor Ort Erfahrene zu Hause nachlesen und vertiefen zu können.

Zum Einstieg informiert das Kompendium über die Geschichte des aus Torhaus und ehemaligem Gefängnis bestehenden Gebäudekomplexes und seinen Wandel hin zu Justizbehörde und Archiv. Texte, Foto- und Dokumentenabbildungen machen den besonderen Charakter nationalsozialistischer Gewaltverbrechen verständlich. Ausführlich wird dargestellt, wie es zur Gründung der Zentralen Stelle gekommen ist. Abbildungen und die Dokumentation eines Vorermittlungsverfahrens der Zentralen Stelle erläutern die Zuständigkeiten und Arbeitsweise dieser ebenso einmaligen wie bedeutsamen Justizbehörde. Am Beispiel einiger Schlüsselbegriffe werden schließlich die Herausforderungen und Probleme dargestellt, denen die rechtsstaatliche Aufarbeitung und Verfolgung der unter nationalsozialistischer Herrschaft 1933 bis 1945 verübten Gewaltverbrechen begegnet.

Das Kompendium führt in kurzer, zugleich anschaulicher Art und Weise in eine weitreichende Thematik ein. Dies erfordert Beschränkung, obgleich die Erkenntnisse der Fachleute, sowohl der Historiker als auch der Juristen, ganze Bibliotheken füllen. Die Ausführungen können deshalb nur den Einstieg in ein rechtswissenschaftlich sehr komplexes, historisch höchst vielschichtiges und zudem öffentlich kontrovers und bisweilen heftig diskutiertes Themenfeld ermöglichen und zur weiteren Beschäftigung anregen.

Die Ausführungen stützen sich auf die Literatur, die am Ende des Beitrages zusammengestellt ist. Sie sei Leserinnen und Lesern zur Vertiefung empfohlen.

I
Die Ermittler von Ludwigsburg
Eine Ausstellung
des Bundesarchivs
zur juristischen Aufarbeitung
der NS-Verbrechen
I

I

Bedeutungswandel eines Ortes

Torhaus, Gefängnis, Zentrum der Aufarbeitung von NS-Verbrechen und Archiv

Ausstellungsteil I
im Schorndorfer Torhaus

Die Geschichte der Gebäude in der Schorndorfer Straße 58/60 begann im Jahr 1704, als Herzog Eberhard Ludwig von Württemberg das Schloss Ludwigsburg gründete. Zunächst nur als Jagdschloss geplant, entwickelte sich die Anlage bis 1733 zur prachtvollen Residenz. Vorbild war das Schloss des französischen „Sonnenkönigs", Ludwig XIV., in Versailles. Es sollte seinem Herrschaftsanspruch und seinem Drang nach Herrscherglanz gerecht werden. Dafür bedurfte es auch eines geeigneten städtischen Umfeldes. Nach dem Beschluss von 1709, neben dem Schloss eine Stadt anzulegen, entstand die heutige Altstadt von Ludwigsburg: ein System rechtwinklig zugeordneter breiter Straßen, mit einem Marktplatz als Mittelpunkt und kurzen Querstraßen, in die Länge gezogenen einreihigen Häuserblöcken mit unbebauten, als Gärten genutzten Innenhöfen und einheitlich vorgeschriebener, meist zweistöckiger Bauweise.

Nachdem sein Vater die württembergische Residenz zurück nach Stuttgart verlegt hatte, entwickelte Ludwigsburg erst unter der Herrschaft von Herzog Carl Eugen in den Jahren 1744 bis 1793 die eigentliche Phase seines barocken Glanzes. Sein von Prachtentfaltung geprägter Herrschaftsstil zwang den absolutistischen Monarchen dazu, fortwährend neue Geldquellen zu erschließen. Carl Eugen folgte dabei dem Beispiel anderer Landesherren, die ihre Soldaten gegen ein entsprechendes Entgelt an fremde Staaten vermieteten. Der Herzog verpflichtete sich, über einen bestimmten Zeitraum einsatzfähige Truppen im eigenen Land bereitzuhalten und bei Bedarf dem Vertragspartner, mit dem zuvor ein sogenannter Subsidienvertrag abgeschlossen worden war, am gewünschten Einsatzort bereitzustellen. Während des Siebenjährigen Krieges (1756–1763) konnte Carl Eugen die eingegangenen Verpflichtungen nur mittels rigoroser und zwangsweiser Aushebungen von Soldaten einhalten. Hohe Desertionszahlen schwächten die herzöglichen Truppenkontingente erheblich. Im Mai 1758 begann man mit dem Bau einer etwa 6 km langen und 3,5 m hohen, die ganze Stadt umgebenden Mauer aus Bruchsteinen. Die Stadtmauer war nicht dazu bestimmt, Feinde von außen abzuwehren. Sie sollte die gegen ihren Willen in Ludwigsburg kasernierten Soldaten daran hindern, die Stadt zu verlassen. Ab 1761 wurde Ludwigsburg systematisch zur Garnisonstadt ausgebaut, indem geeignete Gebäude als Kasernen verwendet und neue Kasernen gebaut wurden.

Die Ummauerung erhielt insgesamt sieben Durchlässe. Die Tore bildeten die verkehrsmäßig wichtigen Ein- und Ausgänge der Stadt. Die Tore nach Stuttgart, Leonberg, Bietigheim und Schorndorf wurden als Haupttore, die restlichen als Nebentore bezeichnet. Die an den Durchlässen errichteten Torhäuser beherbergten die Torwache, die von Soldaten der in Ludwigsburg stationierten Truppenteile gestellt wurde. Neben gewissen Repräsentationspflichten oblag dem Wachpersonal in erster Linie die Kontrolle der ein- und ausgehenden Passanten. Die militärischen Wachen wurden erst 1817, nach dem Tod König Friedrichs I., von den Torhäusern abgezogen.

Das Schorndorfer Torhaus wurde im Jahr 1760 errichtet. Nach dem Abzug der Militärwachen und einigen baulichen Veränderungen wurde hier in den Jahren 1825 bis 1829 die „Erziehungsanstalt für verwahrloste und verlassene Kinder", das spätere Mathildenstift, untergebracht. Später wohnten bevorzugt Totengräber aufgrund der Nähe des gegenüberliegenden Friedhofs in den Wohnungen im Obergeschoss des Torhauses. In der Mauer des Friedhofs hat sich ein Teil der alten Stadtmauer erhalten. Dort wurde 1921 Herzog Wilhelm zu Württemberg, der 1918 als letzter Württembergischer König abgedankt hatte, zu Grabe getragen. Eine würdige Ruhestätte haben hier auch sowjetische Kriegsgefangene und Zwangsarbeiter aus der Zeit des Zweiten Weltkrieges gefunden.

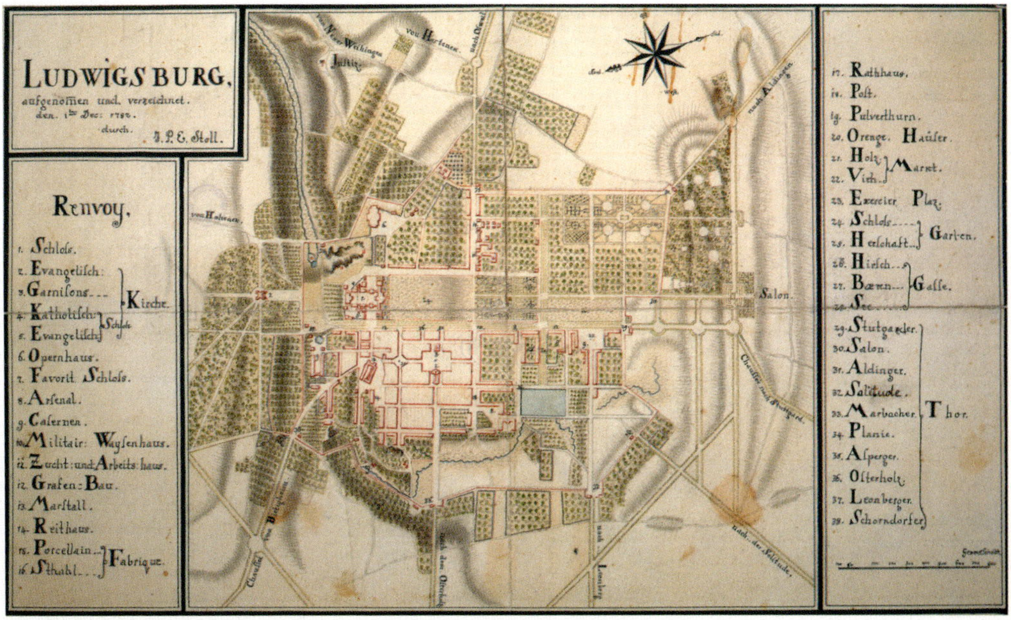

Stadtplan Ludwigsburgs von 1792
Städtisches Museum Ludwigsburg

Stadtansicht Ludwigsburgs von Osten mit Blick auf die zwischen 1758 und 1760 errichtete Stadtmauer
Städtisches Museum Ludwigsburg

Stadtansicht von 1864
Städtisches Museum Ludwigsburg

Ein weiterer Rest der Stadtmauer ist in die Ummauerung des 1854 in unmittelbarer Nachbarschaft zum Schorndorfer Torhaus errichteten ehemaligen Oberamtsgefängnisses integriert. Das Gebäude verfügte über 22 Zellen sowie über Wohnungen für den Gefängnisaufseher und seine Gehilfen. Der ummauerte Gefängnishof diente zugleich als Richtstätte. Das Gefängnis, das auch als „Frauengefängnis" oder „Blockhaus" bekannt ist , wurde erst im Jahr 1963 geschlossen.

Nach Umbau und Erweiterung beherbergt das Gebäude seit dem Jahr 1966 die 1958 gegründete Zentrale Stelle der Landesjustizverwaltungen zur Aufklärung nationalsozialistischer Verbrechen. In den ersten Jahren nach dem Einzug der Behörde arbeiteten hier etwa 120 Personen, davon bis zu 60 Richter und Staatsanwälte. Ältere Fotoaufnahmen (S. 70), auf denen der Blick auf das Gebäude durch überwuchernden Bewuchs regelrecht verstellt wird, versinnbildlichen die Zurückgezogenheit dieser besonderen Einrichtung, der keineswegs zu jeder Zeit die ungeteilte Zustimmung und Wertschätzung ihres städtischen Umfeldes widerfuhr.

Dies hat sich längst gewandelt. Ursprünglich nur als zeitlich befristete Einrichtung gedacht, reicht die Tätigkeit der Zentralen Stelle inzwischen ins fünfte Jahrzehnt. Ihre Bedeutung für die gesellschaftspolitische Auseinandersetzung mit der nationalsozialistischen Vergangenheit in unserem Lande haben der Zentralen Stelle hohe nationale wie internationale Bekanntheit und ein außerordentliches Renommee zuteil werden lassen. Auch die Unterlagen der Zentralen Stelle haben einen herausragenden Wert als Forschungs- und Erkenntnisquelle. Deshalb hat das Bundesarchiv mit einer im Jahr 2000 im gleichen Gebäude eingerichteten Außenstelle die Aufgabe übernommen, das kulturelle Erbe der Zentralen Stelle schon heute für zukünftige Generationen zu sichern und ihre Unterlagen der Öffentlichkeit zugänglich zu machen.

Der Bedeutungswandel des Ortes drückt sich auch in dem hellen und freundlichen Erscheinungsbild aus, in dem sich der Gebäudekomplex seit der Sanierung des Torhauses anlässlich des 300-jährigen Schlossjubiläums im Jahr 2004 präsentiert. Seither lädt eine Ausstellung des Bundesarchivs unter dem Motto „Die Ermittler von Ludwigsburg" dazu ein, durch einen Besuch von der Geschichte und Bedeutung dieses besonderen Ortes zu erfahren.

Das Gefängnisgebäude im Jahr 1936
Strafvollzugsmuseum Ludwigsburg

Reste der Stadtmauer

Schorndorfer Torhaus im Februar 2008

Büro- und Archivgebäude im April 2008

II
ng
rten Lebens"
Menschenjagd und Massenmord
Staats- und Kriegsziel:
Die physische Ausrottung des
europäischen Judentums
dem Ziel, „lebensunwertes Leben"
zu beseitigen. Die Opfer werden 1940
und 1941 in sechs Tötungsstationen
in Heil- und Pflegeanstalten, darun-
ter auch Grafeneck in Württemberg,
mit Gas ermordet. Ungezählt sind
diejenigen, die später infolge einer
systematischen Verwahrlosung und
Unterernährung sterben.
Die Ermordung arbeitsunfähiger
KZ-Häftlinge und die in den Kinder-
Fachabteilungen der Heilanstalten
betriebene „Kinder-Euthanasie"
werden bis Kriegsende fortgesetzt.
Dem Programm zur Vernichtung
„lebensunwerten Lebens" fallen
schätzungsweise 100000 Menschen
zum Opfer.

II

NS-Verbrechen – Angriff auf die menschliche Zivilisation – im Spiegel von Archivgut

II 1
Staatliche Willkür und Terror
II 2
Mörderischer Rassenwahn
II 3
Vernichtungskrieg
II 4
Industriell organisierte Vernichtung von Menschenleben
II 5
Medizinische Experimente
an Menschen
II 6
Tötung kranker und und behinderter Menschen
II 7
Willkürliches Recht – Rechtswillkür

Ausstellungsteil II
im Schorndorfer Torhaus

Der Ursprung der während des Dritten Reichs begangenen Verbrechen lag in einem radikalisierten Glauben an die Ungleichwertigkeit von Menschen. Den Ausgangspunkt bildete die Überzeugung, dass Menschen aus bestimmten Gruppen oder mit bestimmten Merkmalen, seien sie religiöser, kultureller, „rassischer" oder körperlicher Natur, unabänderlich weniger wert seien als andere. Extremer Nationalismus, Antisemitismus, Rassismus, Antikommunismus und Antislawismus waren die Grundpfeiler, auf denen das Gedankengebäude des Nationalsozialismus ruhte. Hinzu kam eine Mentalität, welche Gewalt als ein selbstverständliches Mittel zur Konfliktlösung und Zielerreichung betrachtete; Rechts- und Moralnormen wurden zweckorientiert akzeptiert oder ignoriert, wenn nicht sogar verneint.

Es blieb nicht bei bloß abstraktem ideologischen Denken. Mit der nationalsozialistischen Machtübernahme am 30. Januar 1933 wurden daraus Ziele und Inhalte des politischen Handelns eines modernen und mächtigen Staates. Und dieser machte sich unter solcher Losung auf, Europa und Teile der übrigen Welt zu unterwerfen und neu zu gestalten. Gerade der Krieg bot dem Nationalsozialismus die Gelegenheit, noch vorhandene Beschränkungen abzustreifen und dem Furor seines Vernichtungsdenkens freien Lauf zu lassen.

Die aus diesem Ursprung heraus verübten Untaten standen in keinem inneren Zusammenhang mit dem Kriegszustand. Auch wenn sie zeitlich und räumlich mit dem Kriegsgeschehen des Zweiten Weltkrieges zusammenfielen, so sind NS-Verbrechen doch etwas anderes als Kriegsverbrechen. Ihr eigentlicher Wesenskern war eine Grundeinstellung, die den ideellen Menschheitswert überhaupt verneinte.

Menschenwürde ist der geistlich-sittliche Wert eines jeden Menschen um seiner selbst willen. Dieses Prinzip sieht den Menschen von Geburt an im Besitz eines unantastbaren, unveräußerlichen Rechts. Das Prinzip der Menschenwürde schützt das Individuum vor jeder willkürlichen oder solchen Behandlung, die ihn zu einem bloßen Objekt fremden Tuns werden ließe. Im Verhältnis der Menschen zueinander setzt diese Idee die unbedingte Anerkennung des Einzelnen als eines Trägers gleicher Freiheit voraus. Die Idee der Menschenrechte ist eine kulturelle und zivilisatorische Errungenschaft der Moderne. Das nationalsozialistische Denken, insbesondere in Form staatlichen Handelns, stellt einen Bruch dar, mehr noch: Es bedeutet einen Rückfall in die Barbarei, einen Angriff auf das zivilisatorische Fundament der Menschheit.

Ein weltweit bekanntes Symbol für die nationalsozialistischen Verbrechen ist das nebenstehende Foto. Darauf hebt ein kleiner Junge angstvoll seine Hände in die Höhe. Das Bild entstand im Mai 1943 und gehört zu einer Serie von Fotos, die während der Auflösung des Warschauer Ghettos aufgenommen wurden. Am rechten Bildrand ist ein SS-Mann zu erkennen, der eine Maschinenpistole im Anschlag hält. Dabei handelt es sich um Josef Blösche, einen Angehörigen der Dienststelle des Kommandeurs der Sicherheitspolizei und des Sicherheitsdienstes der SS (KdS) in Warschau. Dort wurde die Deportation der etwa 254 000 Warschauer Juden in die Vernichtungslager organisiert, begleitet von zahllosen Einzel- und Massentötungen an jüdischen und polnischen Menschen.

Blösche lebte nach dem Krieg unbehelligt in Ostdeutschland. In einem Strafverfahren vor dem Landgericht Hamburg gegen Angehörige des KdS Warschau wurde Blösche von überlebenden Opfern und früheren Mittätern beschuldigt. Dem Rechtshilfeersuchen der Staatsanwaltschaft Hamburg im Jahr 1966, Blösche als Belastungszeugen und weiteren Beschuldigten im dortigen Verfahren auszuliefern, kamen die DDR-Behörden jedoch nicht nach. Stattdessen leitete man die Angelegenheit an das für die Aufklärung und Verfolgung von NS-Verbrechen in der DDR allein zuständige Ministerium für Staatssicherheit weiter. 1967 wurde Blösche verhaftet und vor Gericht gestellt. Das Bezirksgericht Erfurt lastete ihm den Mord an einer nicht mehr genau feststellbaren Zahl von Menschen an, mindestens aber zweitausend, darunter Kleinkinder, schwangere Frauen, Behinderte und Alte. Blösche wurde 1969 in der DDR zum Tode verurteilt und hingerichtet.

Literaturhinweis
Heribert Schwan/
Helgard Heindrichs
Der SS-Mann. Josef Blösche – Leben und Sterben eines Mörders
München 2003

„Blescher [gemeint ist Blösche] und Klaustermeyer sind […] noch sehr deutlich in meiner Erinnerung. Sie kamen jeden Tag in das Ghetto, immer auf Fahrrädern. Ich arbeitete in der Nähe des Eingangs zum Ghetto, sodass ich sie immer kommen sah. So wie andere Menschen Tiere jagen, jagten sie nach den Juden. Wenn sie in das Ghetto kamen, versuchte jeder sich zu verstecken. Auf diejenigen, denen es nicht gelang, wurde wahllos geschossen."

Aussage des Zeugen Sol L. am 22. 6. 1961
Bundesarchiv, B 162/3669, Bl. 63 f.

Warschauer Ghetto, 1943
Bundesarchiv, Bild 183-42636-0002

II 1
Staatliche Willkür und Terror

Nur wenige Wochen nach der nationalsozialistischen Machtübernahme setzte die sogenannte Reichstagsbrandverordnung vom 28. Februar 1933 die Grundrechte der Weimarer Reichsverfassung außer Kraft. Seither konnten verdächtigte oder missliebige Personen willkürlich verhaftet und festgehalten werden, ohne Anklage, ohne Beweise, ohne Rechtsbeistand. Mit der Begründung, dass man „staatsgefährdende kommunistische Gewaltakte" abwehren müsse, war über Nacht der Rechtsstaat tödlich getroffen und ein „Grundgesetz" der nationalsozialistischen Terror- und Willkürherrschaft geschaffen worden.

Mit der Einweisung in Konzentrationslager und andere Haftstätten verloren Betroffene ihre individuelle Freiheit. Die polizeiliche Exekutive geriet bis 1936 unter die vollständige Kontrolle der von Himmler geführten SS. Mit dem Reichssicherheitshauptamt (RSHA) wurde im September 1939 eine zentrale Verfolgungsinstanz mit nahezu unbegrenzten Rechten und weitreichenden Kompetenzen geschaffen. Im Kern agierte das Amt IV (Gestapo), das für die Verfolgung der Gegner des Nationalsozialismus zuständig war. Gegnerschaft definierte sich aus der Sicht des NS-Regimes darüber, ob sich jemand in die rassistische Utopie einer gesellschaftsbiologisch sauberen und tendenziell konfliktfreien „Volksgemeinschaft" integrierte. Alles, was von den in diesem Zusammenhang geltenden Normen abwich, wurde bedroht von Verfolgung und Terror bis hin zur physischen Vernichtung.

Je länger das NS-Regime dauerte, desto mehr wuchs das KZ-System. Mit Kriegsbeginn vergrößerte es sich explosionsartig. Immer mehr Menschen aus den vom Dritten Reich besetzten Ländern Europas wurden in die Konzentrationslager eingewiesen. Deutsche waren schließlich nur noch eine Minderheit unter den Häftlingen. Ab der Mitte des Krieges erfuhr das KZ-System einen gewissen ökonomischen Bedeutungszuwachs. Der Arbeitseinsatz von KZ-Häftlingen sollte die unter Arbeitskräftemangel leidende deutsche Kriegswirtschaft stützen. Eine Verbesserung der Lebensbedingungen der Häftlinge bedeutete dies in der Regel nicht. Der Terror erfolgte lediglich in einer für die Kriegswirtschaft profitableren Form. Durch Häftlingszwangsarbeit an den Produktionsstätten der Rüstungsindustrie, die vor allem wegen des alliierten Bombenkrieges dezentralisiert wurde, stieg die Zahl der Neben- und Außenlager ins Hundertfache. Weite Teile des Reichsgebiets wurden von einem immer dichter werdenden Netz der Terrorstätten überzogen.

Die Konzentrationslager waren eine Welt der Tortur und Zerstörung. Die Lebensbedingungen waren geprägt von Willkür, Erniedrigung und Gewalt. Die Lager-SS sicherte ihre Herrschaft, indem sie hilfswilligen Häftlingen erhebliche Vollmachten übertrug und sie so zu Komplizen machte. Dafür, dass diese „Funktionshäftlinge" einen befristeten Verfolgungsschutz erlangten, nahmen sie der SS die Detailarbeit des Terrors ab. Der Preis für diese Anlehnung an die Täter vorwiegend aus schlichtem Selbsterhalt bestand in einem extremen Abhängigkeitsverhältnis. Einen Weg zurück in die Gesellschaft der Häftlinge gab es nicht. Um nicht der Rache seiner Mithäftlinge zum Opfer zu fallen, musste der „Funktionshäftling" an der Macht bleiben und den Terror nach unten verstärken.

Bereits die Einweisungsprozedur in das Konzentrationslager beraubte den Häftling seiner biografischen Identität. Der Mensch wurde mit einer anonymen Häftlingsnummer etikettiert und, je nach Zugehörigkeit zu einer Häftlingskategorie, durch äußerliche Symbole stigmatisiert. Farbige Winkel, welche die Häftlinge auf ihrer Kleidung tragen mussten, wiesen sie beispielsweise als „politischen Häftling", „Homosexuellen", „Zigeuner", „Bibelforscher", „Asozialen" oder als „Berufsverbrecher" aus. Häftlinge jüdischer Abstammung mussten zusätzlich zum Symbol, unter welchem Vorwand man sie ins Konzentrationslager eingewiesen hatte, eine gelbe Kennzeichnung tragen. Gewalt und Elend vertilgten den individuellen Bewegungsraum, zerrütteten das Zeitempfinden und versetzten den Häftling in einen Dauerzustand des Sterbens.

Das Terrorinstrument Konzentrationslager zielte weiter als bloß auf Gehorsam und Unterwerfung. Es sollte den Betroffenen in seiner Gesamtheit, in seiner sozialen, geistigen und leiblichen Existenz treffen. Das KZ-System war darauf ausgelegt, den Menschen als Individuum zu zerstören.

Verordnung des Reichspräsidenten zum Schutz von Volk und Staat vom 28. Februar 1933
Bundesarchiv

Reichsgesetzblatt

Teil I

1933	Ausgegeben zu Berlin, den 28. Februar 1933	Nr. 17

Verordnung des Reichspräsidenten zum Schutz von Volk und Staat. Vom 28. Februar 1933.

Auf Grund des Artikels 48 Abs. 2 der Reichsverfassung wird zur Abwehr kommunistischer staatsgefährdender Gewaltakte folgendes verordnet:

§ 1

Die Artikel 114, 115, 117, 118, 123, 124 und 153 der Verfassung des Deutschen Reichs werden bis auf weiteres außer Kraft gesetzt. Es sind daher Beschränkungen der persönlichen Freiheit, des Rechts der freien Meinungsäußerung, einschließlich der Pressefreiheit, des Vereins- und Versammlungsrechts, Eingriffe in das Brief-, Post-, Telegraphen- und Fernsprechgeheimnis, Anordnungen von Haussuchungen und von Beschlagnahmen sowie Beschränkungen des Eigentums auch außerhalb der sonst hierfür bestimmten gesetzlichen Grenzen zulässig.

§ 2

Werden in einem Lande die zur Wiederherstellung der öffentlichen Sicherheit und Ordnung nötigen Maßnahmen nicht getroffen, so kann die Reichsregierung insoweit die Befugnisse der obersten Landesbehörde vorübergehend wahrnehmen.

§ 3

Die Behörden der Länder und Gemeinden (Gemeindeverbände) haben den auf Grund des § 2 erlassenen Anordnungen der Reichsregierung im Rahmen ihrer Zuständigkeit Folge zu leisten.

§ 4

Wer den von den obersten Landesbehörden oder den ihnen nachgeordneten Behörden zur Durchführung dieser Verordnung erlassenen Anordnungen oder den von der Reichsregierung gemäß § 2 erlassenen Anordnungen zuwiderhandelt oder wer zu solcher Zuwiderhandlung auffordert oder anreizt, wird, soweit nicht die Tat nach anderen Vorschriften mit einer schwereren Strafe bedroht ist, mit Gefängnis nicht unter einem Monat oder mit Geldstrafe von 150 bis zu 15 000 Reichsmark bestraft.

Wer durch Zuwiderhandlung nach Abs. 1 eine gemeine Gefahr für Menschenleben herbeiführt, wird mit Zuchthaus, bei mildernden Umständen mit Gefängnis nicht unter sechs Monaten und, wenn die Zuwiderhandlung den Tod eines Menschen verursacht, mit dem Tode, bei mildernden Umständen mit Zuchthaus nicht unter zwei Jahren bestraft. Daneben kann auf Vermögenseinziehung erkannt werden.

Wer zu einer gemeingefährlichen Zuwiderhandlung (Abs. 2) auffordert oder anreizt, wird mit Zuchthaus, bei mildernden Umständen mit Gefängnis nicht unter drei Monaten bestraft.

§ 5

Mit dem Tode sind die Verbrechen zu bestrafen, die das Strafgesetzbuch in den §§ 81 (Hochverrat), 229 (Giftbeibringung), 307 (Brandstiftung), 311 (Explosion), 312 (Überschwemmung), 315 Abs. 2 (Beschädigung von Eisenbahnanlagen), 324 (gemeingefährliche Vergiftung) mit lebenslangem Zuchthaus bedroht.

Mit dem Tode oder, soweit nicht bisher eine schwerere Strafe angedroht ist, mit lebenslangem Zuchthaus oder mit Zuchthaus bis zu 15 Jahren wird bestraft:

1. Wer es unternimmt, den Reichspräsidenten oder ein Mitglied oder einen Kommissar der Reichsregierung oder einer Landesregierung zu töten oder wer zu einer solchen Tötung auffordert, sich erbietet, ein solches Erbieten annimmt oder eine solche Tötung mit einem anderen verabredet;
2. wer in den Fällen des § 115 Abs. 2 des Strafgesetzbuchs (schwerer Aufruhr) oder des § 125 Abs. 2 des Strafgesetzbuchs (schwerer Landfriedensbruch) die Tat mit Waffen oder in bewußtem und gewolltem Zusammenwirken mit einem Bewaffneten begeht;
3. wer eine Freiheitsberaubung (§ 239) des Strafgesetzbuchs in der Absicht begeht, sich des der Freiheit Beraubten als Geisel im politischen Kampfe zu bedienen.

§ 6

Diese Verordnung tritt mit dem Tage der Verkündung in Kraft.

Berlin, den 28. Februar 1933.

Der Reichspräsident
von Hindenburg

Der Reichskanzler
Adolf Hitler

Der Reichsminister des Innern
Frick

Der Reichsminister der Justiz
Dr. Gürtner

Herausgegeben vom Reichsministerium des Innern. — Gedruckt in der Reichsdruckerei, Berlin.

II 2
Mörderischer Rassenwahn

Verfolgung und Terror waren das Signum der nationalsozialistischen Herrschaft. Menschen wurden verhaftet, in Gefängnisse und Lager verschleppt, gedemütigt, gequält und getötet. Das Unrecht geschah unter den Augen der deutschen Bevölkerung, wenngleich sich die Gewaltakte nicht in aller Öffentlichkeit vollzogen. Dass Menschen aus ideologischen Gründen an der nächsten Straßenecke oder auf freiem Feld erschossen wurden, war die Erweiterung des Terrors, die sich im Gefolge des im September 1939 mit dem deutschen Überfall auf Polen beginnenden Krieges einstellte.

Sogenannte Einsatzgruppen und -kommandos, die sich vor allem aus Angehörigen der Sicherheitspolizei (Gestapo und Kriminalpolizei), dem Sicherheitsdienst der SS (SD) und der Waffen-SS zusammensetzten, sollten in den zu besetzenden Gebieten die politische Herrschaft des Nationalsozialismus absichern. In Polen erhielten diese vom Berliner Reichssicherheitshauptamt geführten „Todesschwadronen" den Auftrag, „alle rechts- und deutschfeindlichen Elemente"zu bekämpfen. Tausende Intellektuelle, Geistliche, Politiker und Andere wurden getötet. Unterstützt wurden sie dabei von Einheiten des volksdeutschen Selbstschutzes, einer aus deutschstämmigen einheimischen Männern zusammengesetzten und von reichsdeutschen SS-Führern befehligten milizähnlichen Organisation.

In der Sowjetunion fielen den Einsatzgruppen zwischen Juni 1941 und April 1942 mehr als eine halbe Million Menschen zum Opfer. Im Zusammenspiel von offenen Befehlsvorgaben und der Eigeninitiative der Einsatzgruppen- und Kommandoführer wurden an der Zivilbevölkerung im Baltikum, in Weißrussland, in der Ukraine und auf der Krim kaum vorstellbare Massaker verübt. Männer, Frauen und Kinder wurden in Wälder oder aufs freie Feld getrieben, erschossen und in Massengräbern verscharrt. Um ihre Vernichtungsaktionen effizienter durchführen zu können, setzten die Einsatzgruppen auch Gaswagen ein: Die Menschen wurden in umgebaute LKW gepfercht und während der Fahrt durch eingeleitetes Kohlenmonoxyd getötet. Zum Inbegriff des Einsatzgruppenterrors wurde die Schlucht von Babi Yar nahe der ukrainischen Hauptstadt Kiew. Nach zeitgenössischen Dokumenten wurden dort an zwei Tagen, am 29. und 30. September 1941, über 33 000 Menschen vorwiegend jüdischer Abstammung erschossen.

Die Einsatzgruppen leiteten in Osteuropa die deutsche Besatzungsherrschaft ein. Diese beschränkte sich, im Gegensatz zu den als „germanisch" behandelten Ländern West- und Nordeuropas, nicht auf die Veränderung von territorialen Grenzen und die Umwälzung der politischen Verhältnisse. Aus dem nationalsozialistischen Rassendenken speiste sich nicht nur Hass gegen die Juden, es unterschied die Menschheit in „bessere" und „schlechtere" Rassen. Als die wertvollste Rasse wurde die „arische" angesehen, die allein zu schöpferischer Leistung fähig und deshalb zur Herrschaft über „niedere" Rassen berufen sei. Die nationalsozialistische Rassenlehre war zu keinem Zeitpunkt wissenschaftlich haltbar. Die Unterdrückung von Menschen wurde jedoch zum ganz konkreten Motiv für die deutsche Besatzung Ost- und Südosteuropas. Es galt, die besetzten Gebiete und ihre Bevölkerung als riesiges Arbeiter- und Rohstoffreservoir für das Fortkommen der „Herrenrasse" auszubeuten. Durch Massenmord und Vertreibung der Einheimischen sollte „germanischen" Siedlern Platz für die „rassische" Umgestaltung geschaffen werden.

Die Rekrutierung und Verschleppung von Millionen ausländischer Arbeitskräfte für das Dritte Reich war „eine der größten Zwangsmigrationen der Geschichte" [Pohl, Verfolgung, S. 59]. Eine besondere, das nationalsozialistische Rassedenken widerspiegelnde Rechtsordnung machte die Menschen zu rechtlosen Objekten. Die brutale deutsche Besatzungspolitik, die von SS, Polizei, Wehrmacht, Verwaltung und Wirtschaft getragen wurde, provozierte in vielen Regionen den Widerstand der einheimischen Bevölkerung. Im Rahmen von „Befriedungsaktionen" wurden unter dem Vorwand, Partisanen zu bekämpfen, ganze Dörfer ausgerottet und Landstriche verwüstet.

Erschießungen durch Angehörige von SS, Polizei und einheimischen Kollaborateuren im lettischen Libau, aufgenommen im Dezember 1941
Bundesarchiv,
B 162 Bild/2615, 2622

Die Fotos wurden von den Mitarbeitern der Zentralen Stelle in einem ehemals sowjetischen Archiv recherchiert. Nach den dort angebrachten Bildbeschriftungen stammen die Aufnahmen aus dem Besitz des SS-Oberscharführers Carl Strott, Angehöriger der Außenstelle der Sicherheitspolizei und des SD in Libau.

Strott musste sich, zusammen mit weiteren Angehörigen der SD-Außenstelle, im Jahr 1968 vor dem Landgericht Hannover verantworten. Der Vorwurf der Anklage lautete: „Dass es sich bei den Erschießungen, zu denen er [...] kommandiert worden ist, um Mordaktionen im Sinne von § 211 StGB gehandelt hat, ist ihm – wie er selbst einräumt – klar gewesen, zumal es sich bei den Opfern der Erschießungen, an denen er beteiligt war, nach seiner eigenen Einlassung ganz oder überwiegend um Juden handelte, die offensichtlich nur wegen ihrer ‚Rassenzugehörigkeit' [sic] getötet wurden, und sich unter den Opfern wiederholt Frauen und Kinder befanden."
B 162/2637, Bl. 163

Carl Strott wurde im Oktober 1971 vom Landgericht Hannover wegen Beihilfe zu gemeinschaftlichem Mord an mindestens 2700 Menschen zu sieben Jahren Haft verurteilt.

II 3
Vernichtungskrieg

Der Überfall des Dritten Reichs auf die Sowjetunion am 22. Juni 1941 war vorrangig ideologisch motiviert. Der dortige sozialistische Staat und die kommunistische Bewegung sollten zerschlagen und zugleich Siedlungs- bzw. Kolonialgebiete erobert werden. Unter strategischen Gesichtspunkten wollten Regime- und Militärführung kriegswirtschaftliche Ressourcen wie Getreide und Mineralöl erschließen, ohne die das Dritte Reich einen längeren Mehrfrontenkrieg nicht durchstehen konnte.

Wie in Polen erlebte die Bevölkerung der besetzten Sowjetunion nicht nur die Verfolgung und Vernichtung der politisch-ideologischen Gegner des Nationalsozialismus. Sie wurde zugleich Opfer einer auf Rassekriterien basierenden brutalen Behandlung durch die deutsche Besatzungsmacht. Drei Millionen deutsche Soldaten sollten sich vor Ort ernähren und die eigene Bevölkerung mit zusätzlichen Nahrungsmitteln aus den zu besetzenden Gebieten versorgt werden. Die Besatzungspolitik sollte dadurch zur Überwindung der eigenen militärischen, ernährungspolitischen und versorgungstechnischen Schwierigkeiten beitragen. Laut einer erhalten gebliebenen Notiz einer Besprechung von zwei Wehrmachtgenerälen und Staatssekretären vorwiegend aus den Wirtschaftsressorts vom 2. Mai 1941 bestand Klarheit, dass: „1. Der Krieg ist nur weiter zu führen, wenn die gesamte Wehrmacht im 3. Kriegsjahr aus Russland ernährt wird. 2. Hierbei werden zweifellos zig Millionen Menschen verhungern, wenn das für uns Notwendige aus dem Land herausgeholt wird." [IMT, Bd. 31, S. 83].

Die Hungerkatastrophe war also keine ungewollte Begleiterscheinung des Krieges; sie wurde bereits vor dem Feldzug nüchtern einkalkuliert. Humanitäre und völkerrechtliche Rücksichten spielten keine Rolle. Maßgebend waren politische und ideologische Prämissen. Vorrang hatte die Ernährung der eigenen Bevölkerung. Hungerbedingte Einbrüche in der Kriegsmoral der „Volksgemeinschaft" sollten vermieden werden. Tatsächlich wies die Ernährungsbilanz der deutschen Bevölkerung die im Vergleich zu anderen Ländern höchsten Werte während des ganzen Krieges auf. Die Folgen für die besetzten Gebiete Osteuropas wurden in Kauf genommen. Eine Bevölkerung, die als „rassisch" minderwertig angesehen wurde, bestand nach den ideologischen Wahrnehmungsmustern aus „unnützen, überflüssigen Essern".

Besonders folgenschwer wirkte sich dieses Denken gegenüber den sowjetischen Kriegsgefangenen aus. Der Haager Landkriegsordnung aus dem Jahr 1907 sowie dem Genfer Abkommen von 1929 zum Schutz der Kriegsgefangenen war auch Deutschland beigetreten. Im internationalen Kriegsvölkerrecht war die menschliche Behandlung von Kriegsgefangenen eine eindeutig kodifizierte Forderung an die Kriegsparteien. Sie sollte die entfesselte kriegerische Gewalt gegenüber wehrlosen und schutzbedürftigen Personen einhegen.

Dagegen erweckten die von oberster militärischer Stelle erlassenen Weisungen bei den deutschen Soldaten nicht nur den Eindruck, dass die Bevölkerung der zu besetzenden Gebiete im Osten quasi „vogelfrei" sei. Rücksichtsloses Auftreten bei als deutschfeindlich bezeichneten Handlungen wurde als das wirksamste Gegenmittel gepriesen. Zugleich erteilte man gewaltsamen Übergriffen auf Zivilisten bereits vorab eine Amnestie. Dem Gebrauch der Waffe gegen Kriegsgefangene wurde weitester Spielraum eingeräumt. Forderungen, Willkürakte zu unterbinden, dienten in erster Linie der Aufrechterhaltung der Truppendisziplin, nicht hingegen dem grundsätzlichen Schutz vor Übergriffen. Der förmliche Befehl, gefangen genommene Politoffiziere der Roten Armee umstandslos zu erschießen, verstieß in eklatanter Weise gegen bestehendes Kriegsvölkerrecht. Wohl auch deshalb erging seinerzeit die Anweisung, dass dieser Befehl unterhalb der Ebene der Armeeoberbefehlshaber mündlich weiterzugeben war.

Historiker schätzen, dass von den etwa 5,7 Millionen Sowjetsoldaten in deutschem Gewahrsam ca. 3,3 Millionen ihr Leben verloren. Sie fielen neben gezielten Tötungen und brutalen Übergriffen ihrer Bewacher vor allem einer katastrophalen Verpflegung, Unterbringung und medizinischen Versorgung sowie menschenunwürdigen Transportbedingungen zum Opfer. Dass eine riesige Zahl von Gefangenen in kurzer Zeit in deutsche Hand geraten würde, war nicht nur absehbar, sondern angestrebte Folge einer auf die schnelle militärische Zerschlagung der Sowjetunion gerichteten Feldzugsplanung. Die kaum lösbare Aufgabe für Verantwortliche vor Ort, nämlich kurzfristig die Versorgung der Kriegsgefangenen sicherzustellen, führte zu einer Zwangslage, die Regime- und Wehrmachtführung von Beginn an bewusst war. Ausgehend von deutschen Kriegszielen und dem damit verbundenen Ressourcenbedarf wurde die Versorgung der sowjetischen Kriegsgefangenen als eine beliebig veränderbare Variable betrachtet, mit verheerenden Folgen für die Betroffenen. Sie wurden Opfer einer verbrecherischen Politik, deren Untaten in keinem Zusammenhang mit den Kampfhandlungen standen.

„Die meisten Gefangenen starben an Unterernährung, Ruhr oder Erfrierungen und sonstigen Ursachen, die größtenteils durch die schlechte Unterbringung verursacht worden sind. Unter den Gefangenen, die mehr und mehr abstumpften, entwickelte sich eine Roheit ohnegleichen. [...] Mir ist bekannt, dass u.a. der Unteroffizier [...] Kirch durch das Lager ging und ständig eine entsicherte Pistole in der Hand hielt. Jeder Gefangene, der ihm vom Gesicht oder durch einen anderen Umstand nicht genehm war, wurde von ihm einfach niedergeschossen. Es wurde mir erzählt, dass bei einem solchen ‚Durchgang' mindestens 5–6 Gefangene auf der Strecke blieben."

Aussage von Franz H., Angehöriger der Bewachungsmannschaften des Kriegsgefangenendurchgangslagers (Dulag) 150, am 17. 10. 1970
Bundesarchiv, B 162/8942, B. 184 f.

Deutsche Soldaten des Dulag 150 überwachen, wie angekommene Kriegsgefangene ihre Ausweispapiere verbrennen.
Bundesarchiv, B 162/8947, Bild 15

Tote Kriegsgefangene des Dulag 150, aufgenommen in Dubowitzi nahe Staraja-Russa, südlich des Ilmensees, im November 1941
Bundesarchiv, B 162/8947, Bild 16

II 4
Die industriell organisierte Vernichtung von Menschenleben

In den nationalsozialistischen Konzentrationslagern war die Tötung von Häftlingen an der Tagesordnung. Während des Krieges wurden zusätzliche Lager errichtet, die allein dem Zweck dienten, in kürzester Zeit möglichst viele Menschen zu vernichten.

Die Quellenüberlieferung, mit deren Hilfe sich der Entscheidungsprozess dazu rekonstruieren lässt, ist sehr schwierig. Vieles dürfte von den Verantwortlichen, denen die Tragweite ihres Handelns bewusst war, gar nicht zu Papier gebracht worden sein. Aufschlussreiche Unterlagen wurden gegen Kriegsende systematisch vernichtet oder gingen infolge der Kriegsereignisse unwiederbringlich verloren. Aus den erhaltenen Quellen ziehen die Historiker den Schluss, dass Hitler in der Euphorie der Kriegserfolge gegen die Sowjetunion im Sommer 1941 die Weisung erteilte, nun die systematische Vernichtung der europäischen Juden einzuleiten. Spätestens von nun an bedeutete der Begriff „Endlösung" ein staatliches Programm des Massenmordes.

Ein Schlüsseldokument dafür ist das Protokoll einer Besprechung von Vertretern der Ministerialbürokratie und von Funktionsträgern des SS-Apparates am 20. Januar 1942. Das Ereignis ist gemeinhin als „Wannsee-Konferenz" bekannt. In keinem anderen Dokument wird die Kooperation der Zentralinstanzen von Partei und Staat bei der Planung und Organisation des Völkermordes an der jüdischen Bevölkerung Europas deutlicher. Allerdings ging von dem Kreis der Teilnehmer keine Entschließung zum Judenmord aus; dies lag allein in der Kompetenz Hitlers. Die Besprechung diente vor allem dazu, die von den Teilnehmern vertretenen Institutionen zu informieren und sie in die Planung und Organisation des Völkermordes einzubinden. Reinhard Heydrich, dem Chef des Reichssicherheitshauptamtes, war es zuvor gelungen, diese an sich zu ziehen. Zum Zeitpunkt der von ihm initiierten „Wannsee-Konferenz" waren der SS- und Polizeiapparat längst mit der praktischen Umsetzung der Vernichtung befasst; etwa 900 000 Menschen waren in den besetzten Gebieten bereits getötet worden.

Ein wesentlicher Radikalisierungsschub ging von dem SS- und Polizeiführer im Distrikt Lublin, Odilo Globocnik, aus. Um seinen rassistischen Neugestaltungswahn Wirklichkeit werden zu lassen, entwickelte Globocnik den Plan, die jüdische Bevölkerung vor Ort umzubringen. Im Herbst 1941 wurde damit begonnen, reine Vernichtungslager mit stationären Gaskammern zu errichten, die an Tötungskapazität und Effizienz alles bis dahin Gekannte um ein Vielfaches übertrafen. In Bełżec, Sobibór und Treblinka wurden zwischen Frühjahr und Spätsommer 1942 annähernd 2 Millionen polnische Juden getötet. Innerhalb weniger Stunden nach Ankunft der Deportationszüge wurden die Menschen, von denen viele den qualvollen Transport gar nicht überlebten, durch die Abgase größerer Motoren getötet.

Die Lager Majdanek und Auschwitz hatten die doppelte Funktion von Konzentrations- und Vernichtungslager. Bei ihrer Ankunft wurden die Opfer selektiert: Kranke und ältere Erwachsene sowie Kinder wurden als arbeitsunfähig angesehen und fielen sofort der Vernichtung durch das Gas anheim. Ein kleiner Anteil der Deportierten wurde zur Zwangsarbeit selektiert und als KZ-Häftlinge eingewiesen. 1942/43 wurde der erweiterte Lagerkomplex Auschwitz-Birkenau zum Zentrum des Völkermords. Im Reichssicherheitshauptamt erarbeitete der radikale antisemitische Bürokrat Adolf Eichmann europaweite Deportationspläne, wies die örtlichen Gestapo-Dienststellen an und verhandelte mit der Reichsbahn über die Gestellung von Zügen nach Auschwitz. Dort wurde über die Opfer der Massenvernichtungsaktionen kein Buch geführt. Historiker schätzen die Zahl der in Auschwitz-Birkenau in den Jahren 1940 bis 1944 getöteten Menschen auf 1,1 bis 1,5 Millionen.

Konzentrations- und Vernichtungslager Majdanek
Bundesarchiv, B 162 Bild/2806

„Ich habe soeben den schrecklichsten Ort auf Erden gesehen."
Mit diesen Worten leitete der Journalist William H. Lawrence seinen am 30. August 1944 in der New York Times veröffentlichten Artikel über den Besuch im kurz zuvor von der Roten Armee befreiten Konzentrations- und Vernichtungslagers Majdanek bei Lublin ein. Im Sommer 1944 erschienen in der internationalen Presse ähnliche Artikel. Sie belegen die Betroffenheit ihrer Autoren, die zuvor das Lagergelände besichtigt hatten. In diesem Zusammenhang entstanden auch die abgebildeten Fotos, die von Mitarbeitern der Zentralen Stelle in ehemals sowjetischen Archiven recherchiert wurden. Mangels schriftlicher Quellen bestehen Unsicherheiten über die Gesamtbilanz der Menschenverluste in Majdanek. Die dortige Gedenkstätte beziffert sie auf 235 000 tote Männer, Frauen und Kinder.

Raum mit Leichenresten
Bundesarchiv, B 162 Bild/2825

Berge von Menschenknochen und Asche
Bundesarchiv, B 162 Bild/2828

800 000 Paar Schuhe
Bundesarchiv, B 162 Bild/2841

Kleidungsstücke
Bundesarchiv, B 162 Bild/2850

Menschenhaare
Bundesarchiv, B 162 Bild/2856

Zähne und Prothesen
Bundesarchiv, B 162 Bild/2854

II 5
Medizinische Experimente an Menschen

Willfährige Mediziner und Wissenschaftler stellten sich in den Dienst des Nationalsozialismus. Sie passten sich den irrationalen rassehygienischen, leistungsideologischen und vernichtungsorientierten Zielen an. Sie verübten im Namen von Forschung und wissenschaftlichem Fortschritt brutale und tödliche Experimente und begingen sadistische medizinische Quälereien.

Massenhaft wurden KZ-Häftlinge als menschliches Versuchsmaterial, für die Täter ohne eigenen Daseinswert, „verbraucht". SS-eigene Forschungseinrichtungen, medizinische Institute der Wehrmacht und Vertreter der allgemeinen medizinischen Forschung initiierten Unterdruck- und Unterkühlungsexperimente, Versuche zur Trinkbarmachung von Meerwasser, die Erprobung der Wirkung chemischer Kampfstoffe oder die Impfstoff-, Virus- und die bakterielle Krankheitsforschung an menschlichen Versuchsobjekten.

Der Tod der Opfer wurde billigend in Kauf genommen oder gleich ein fest einkalkulierter Bestandteil der Versuche. Bedeutungslos war die Frage, welches physische und psychische Leid den Opfern widerfuhr. Die Täter legitimierten ihr Handeln mit dem Verweis auf kriegsbedingte Erfordernisse oder mit dem Nützlichkeitsargument für die Gesundheit zukünftiger Generationen. Der Nationalsozialismus bot, indem er die bis dahin überkommenen gesetzlichen wie ethischen Schranken niederriss, willfährigen Medizinern beispiellose Handlungsoptionen.

Zwangsweise Sterilisation wurde schon zu Beginn der nationalsozialistischen Herrschaft als Mittel einer rassistischen Gesundheitspolitik eingesetzt. Ab 1942 kam es auch zu Experimenten mit Massensterilisationen zur Unterstützung der nationalsozialistischen Vernichtungsziele. In Auschwitz und anderen Konzentrationslagern wurden Männer, Frauen und Kinder zu diesem Zweck einer erhöhten Röntgenstrahlung ausgesetzt oder ihnen wurden chemische Mittel injiziert. Welche Formen das ideologisch pervertierte wissenschaftliche Denken annahm, verdeutlicht ein nebenstehender Quellenauszug: Für die rassenbiologische Forschung und Lehre an der „Reichsuniversität" Straßburg wurden Skelette gesammelt. Dazu wurden KZ-Häftlinge regelrecht auf Bestellung ermordet und skelettiert.

„Nahezu von allen Rassen und Völkern sind umfangreiche Schädelsammlungen vorhanden. Nur von den Juden stehen der Wissenschaft so wenig Schädel zur Verfügung, dass ihre Bearbeitung keine gesicherten Ergebnisse zulässt. Der Krieg im Osten bietet uns jetzt Gelegenheit, diesem Mangel abzuhelfen. In den jüdisch-bolschewistischen Kommissaren, die ein widerliches, aber charakteristisches Untermenschentum verkörpern, haben wir die Möglichkeit, ein greifbares Dokument zu erwerben, indem wir ihre Schädel sichern."

Bericht von Prof. Dr. August Hirt, Ordinarius an der „Reichsuniversität" Straßburg, an Himmler vom 9. Februar 1942
IMT, Bd. 20, S. 567

„In meinem Block waren gut tausend Menschen untergebracht. Es war allgemein bekannt, dass Mengele junge Frauen, hauptsächlich Mädchen [...] operiert hat. Ich sellbst habe es viermal gesehen, wie man die Mädchen auf einer Bahre dort hingetragen hat und sie dann auf einer Bahre in die Blöcke zurückgetragen hat. Mengele kam fast täglich in die Blocks und schaute sich die Menschen an und traf seine Anordnungen. [...] Erwähnen möchte ich noch, dass man ja von den Eingriffen des Mengele nicht alles erfahren hat, weil alle Frauen aus Scham darüber geschwiegen haben."

Aussage von Theresia F. am 24. Februar 1972
Die Zeugin erlebte als KZ-Häftling in Auschwitz die Menschenversuche des SS-Arztes Dr. Josef Mengele und war selbst Opfer von Sterilisationsversuchen.
Bundesarchiv, B 162/2722, Bl. 613 ff.

Schriftgutverwaltung
Akt. Nr. Geh. / 31/1

Der Reichsführer-SS
Reichsarzt SS und Polizei
Tgb.Nr. 168/44 geh.

Berlin W 15, den 17. August 1944
Knesebeckstraße 50/51
Fernruf: 924249 · 924351 · 924373 · 924406

Betr.: Verträglichkeit von Phenol; - Fleckfieber-Versuchsreihe

An
Reichsführer-SS H. Himmler,
Feld-Kommandostelle

Geheim!

Reichsführer!

Der Oberste Hygieniker beim Reichsarzt-SS und Polizei, SS-Oberführer Doz. Dr. Mrugowsky, trägt mir folgendes vor:

1.) Die Verabreichung großer Serum-Mengen, insbesondere an Gasödem-Kranke, löst nicht selten schockartige Symptome aus und es besteht der Verdacht, daß diese nicht auf das Serum selbst, sondern auf den konservierenden Phenol-Zusatz zurückzuführen sind. Die Industrie konnte sich bisher nicht entschließen, phenolfreie Seren herzustellen und steht auf dem Standpunkt, daß die verabreichten Phenolmengen unschädlich sind.
Um eine zusätzliche Schädigung der Verwundeten durch phenolhaltige Seren zu vermeiden, ist die endgültige Klärung der Frage notwendig, wo die Verträglichkeitsgrenze für Phenol liegt. Diese Frage läßt sich nur am Menschen entscheiden.

2.) Ferner ist die Frage zu klären, ob die intravenöse Verabreichung eines Fleckfieber-Schutzimpfstoffes zu einer kritischen Entfieberung und schnellen Heilung des Fleckfiebers führt. Erfahrungen an Fleckfieberkranken, die im ersten und jetzigen Weltkrieg gesammelt werden konnten, sprechen dafür. Die Frage kann jedoch nur am Menschen entschieden werden. Die Durchführung dieses wichtigen Versuches könnte bei positivem Ausgang die gesamte Therapie des Fleckfiebers grundlegend umgestalten.

Ich bitte, Reichsführer, zu 1.) eine Versuchsreihe von 20 Personen, zu 2.) eine Versuchsreihe von 40 Versuchspersonen genehmigen zu wollen.

Heil Hitler!

Grawitz

18. AUG. 1944
27/12/449
RF

Nr. 604. Eberhard Neimann 61 52 09.

Anforderung von KZ-Häftlingen für Phenol- und Fleckfieberversuche durch Prof. Dr. Ernst-Robert Grawitz am 17. August 1944
Grawitz war als sogenannter Reichsarzt SS und Polizei verantwortlich für die Medizinversuche in der Gesundheits- und Medizinverwaltung innerhalb der SS.
Bundesarchiv, B 162/20014, Bl. 44

II 6
Tötung kranker und behinderter Menschen

Nirgends tritt der menschenverachtende Charakter nationalsozialistischen Denkens deutlicher hervor als bei denjenigen Verbrechen, die gemeinhin mit dem Begriff „Euthanasie" benannt werden. Die Bedeutung dieses Wortes griechischen Ursprungs ist die Erleichterung des Sterbens, besonders durch Schmerzlinderung, oder die beabsichtigte Herbeiführung des Todes bei unheilbaren Kranken durch Anwendung von Medikamenten. Tatsächlich lässt sich aber der Begriff „Euthanasie" nur mit sehr großen Vorbehalten und Einschränkungen auf die in der NS-Zeit an kranken und behinderten Menschen verübten Verbrechen übertragen.

Der Nationalsozialismus strebte danach, eine höherwertige, überlegene „Herrenrasse" zu schaffen. Radikale Verfechter sahen es als eine Notwendigkeit an, die Verluste „gesunder" Volkssubstanz, die ein Krieg mit sich bringen würde, auszugleichen, indem man „minderwertige, die Volkssubstanz schwächende Elemente ausmerzte". Im NS-Staat wurde solches Gedankengut zum Gegenstand politischen Wollens und Handelns, sowohl in Gesetzesform als auch durch Sanktionierung oder Duldung. Bereits wenige Monate nach der Machtübernahme wurde mit dem Gesetz zur Verhütung erbkranken Nachwuchses die „rechtliche" Grundlage für die zwangsweise Sterilisation von Menschen geschaffen. Hinzu kamen Diskriminierung und Ausschluss Kranker und Behinderter. Der Krieg verschaffte dem Nationalsozialismus schließlich den Vorwand zur planmäßigen Tötung.

Den Anstoß dazu gab Hitlers Ermächtigung an seinen Leibarzt Karl Brandt zur Jahreswende 1938/39, ein missgebildetes Kind töten zu lassen. Dessen Eltern hatten sich zuvor an die Kanzlei des „Führers" mit einer solchen Bitte gewandt. Zusammen mit Phillip Bouhler, dem Chef dieser parteiamtlichen und außerhalb der normalen staatlichen Verwaltung stehenden Einrichtung, baute Brandt eine entsprechende Tötungsorganisation auf. Ein System der Tarnung, Täuschung und Verschleierung sollte den Behindertenmord der öffentlichen Wahrnehmung entziehen. Zu einem offenen Geheimnis wurde er dennoch schnell.

Die staatliche Innen- und Fürsorgeverwaltung erfasste die Opfer. Gutachter diagnostizierten aufgrund von Meldebögen und bestimmten das weitere Schicksal der Betroffenen, die in speziell dafür hergerichtete Tötungszentren gebracht wurden. Zu den ersten dieser Art zählte die Anstalt Grafeneck auf der Schwäbischen Alb. Die Tötungen behinderter Kinder und erwachsener Anstaltsinsassen, später auch arbeitsunfähiger KZ-Häftlinge, gingen auf weitere Initiativen zurück und dauerten bis zum Ende des NS-Regimes.

Die Gesamtzahl der Opfer kann nur annähernd bestimmt werden, auch weil das Tötungsprogramm auf immer neue Gruppen „unwerten" Lebens ausgedehnt wurde. Die Patienten von Pflegeanstalten im besetzten Osteuropa wurden vielfach ohne Umschweife erschossen oder fielen Verwahrlosung, Krankheiten oder dem Hungertod zum Opfer. In den Nürnberger Prozessen schätzten Sachverständige die Zahl auf 275 000 Opfer.

Die Täter attestierten Menschen mit geistiger Behinderung oder psychischer Erkrankung eine geringere Leistungs- und Arbeitsfähigkeit. Manche wurden als unzurechnungsfähig oder gemeinschaftsunfähig erklärt. Andere wiederum galten als Dauer- bzw. Langzeitpatienten. Als ‚unnütze Esser', ‚Defektmenschen' oder ‚Ballastexistenzen' fielen die Betroffenen einem rassebiologischen Denken oder scheinbar zweckrationalen, den Kostenfaktor betonenden Überlegungen zum Opfer. Die Täter, Mediziner, Beamte der staatlichen Gesundheitsverwaltung und Pflegepersonal, negierten die Individualität der Opfer.

Viele beriefen sich später auf Hitlers Befehl. Tatsächlich lehnte es der Diktator wiederholt ab, ein förmliches, die Tötung Kranker legitimierendes Gesetz zu erlassen. Das geltende Strafrecht stellte Tötungshandlungen aber unter Strafe. Deshalb gerieten die Justizbehörden zur Jahresmitte 1940 in ein Dilemma, weil sich diesbezüglich Strafanzeigen häuften. Hinterbliebene hegten, allen Verschleierungsversuchen des Regimes zum Trotz, den Verdacht, ihre Angehörigen seien eines unnatürlichen Todes gestorben. Auf Nachfragen erfuhr der amtierende Reichsjustizminister Dr. Gürtner, dass Hitler persönlich die Tötung von Geisteskranken angeordnet hatte. Erst im Verlauf mehrerer Besprechungen wurde ihm vom Chef der Kanzlei des „Führers" die nebenstehende Ermächtigung Hitlers ausgehändigt. Dies geschah am 27. August 1940, wie der Justizminister handschriftlich darauf vermerkte. Das Schreiben dürfte auf den 1. September 1939, den Tag des Kriegsbeginns, zurückdatiert worden sein. Unbestimmtheit und Beliebigkeit prägen seinen Inhalt. Auch wenn sich die Täter später darauf beriefen, besaß dieses Schriftstück keine Gültigkeit jenseits der bzw. über den bestehenden Rechtsnormen. Bereits die äußere Form der auf Hitlers privatem Briefpapier niedergeschriebenen Zeilen machte dies deutlich. Die Willenserklärung des „Führers" war den Willfährigen allerdings Ansporn genug. Auch die Justiz übte Konformität. Anhängige Ermittlungsverfahren wurden eingestellt, von neuen Ermittlungsverfahren wurde abgesehen.

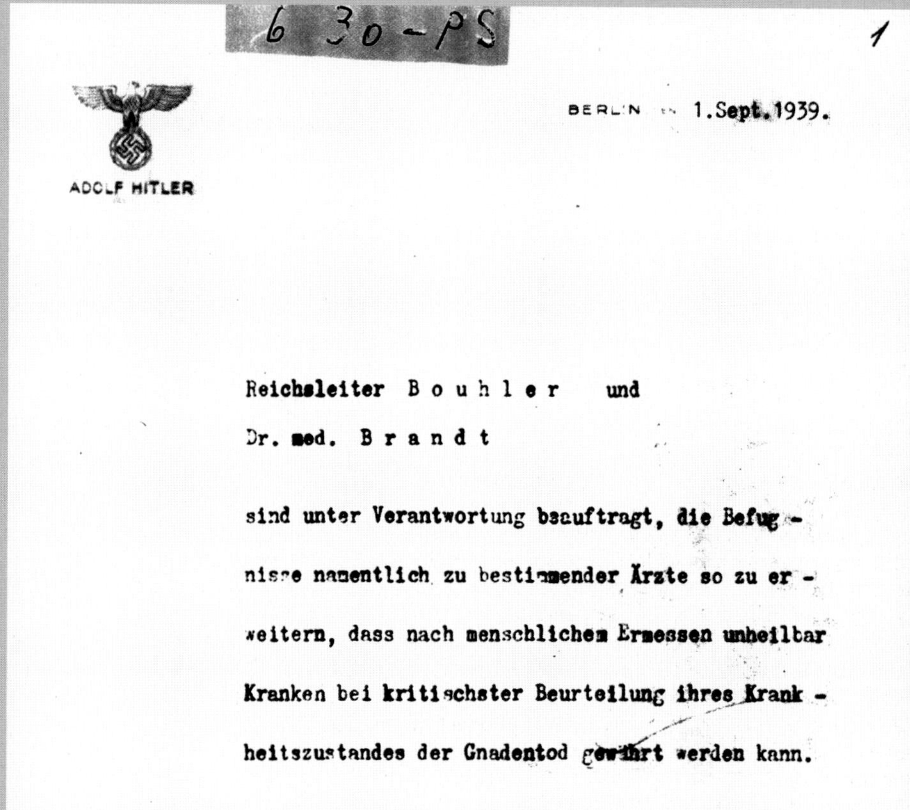

630-PS 1

ADOLF HITLER

BERLIN, DEN 1.Sept.1939.

Reichsleiter B o u h l e r und

Dr. med. B r a n d t

sind unter Verantwortung beauftragt, die Befug - nisse namentlich zu bestimmender Ärzte so zu er - weitern, dass nach menschlichem Ermessen unheilbar Kranken bei kritischster Beurteilung ihres Krank - heitszustandes der Gnadentod gewährt werden kann.

A. Hitler

Von Bouhler mir übergeben am 27.8.40 Dr. Gürtner

[illegible]

Bundesarchiv,
B 162/18093, Bl. 7747

II 7
Willkürliches Recht – Rechtswillkür

Mit dem Reichsstrafgesetzbuch wurde im Jahr 1871 das Strafrecht in Deutschland vereinheitlicht. Abgesehen von Reformen bestand es auch während der NS-Zeit fort. Die Gültigkeit seiner Bestimmungen wurde weder aufgehoben noch eingeschränkt. Die Tötung von Menschen wurde, damals wie heute, als Mord- oder Totschlagsverbrechen unter Strafe gestellt. Auch rechtliche Strafmilderungsbestimmungen für Verbrechen gegen Juden oder andere entrechtete Menschengruppen wurden nicht eingeführt. Aus politisch-ideologischen Nützlichkeitserwägungen heraus verzichtete der nationalsozialistische Staat allerdings auf die Sanktionierung bestimmter verbrecherischer Handlungen. Eine Rechtmäßigkeit ergibt sich daraus nicht.

Von Beginn an machten die Nationalsozialisten keinen Hehl daraus, dass sie ihre Ziele ohne Rücksicht auf das geltende Recht verwirklichen würden. Im Gegenteil: Recht diente als Instrument im Kampf gegen den ideologischen Gegner. Die Strafmaße wurden verschärft und drohten selbst Bagatelldelikte mit der Todesstrafe zu ahnden. Die Zahl entsprechender Tatbestände wuchs von drei auf 46 gegen Kriegsende. Die nationalsozialistische Rechtsauffassung wies der Justiz eine ideologiekonforme Aufgabe zu. Wie die anderen Staatsorgane sollte sie den „Willen des Führers" durchsetzen. Der Volksgerichtshof wurde zum Inbegriff dieser pervertierten Justiz.

Gleichzeitig veranlasste oder duldete das NS-Regime Verstöße gegen das fortgeltende Strafrecht, indem es Diskriminierung, Verfolgung und Terror gegenüber bestimmten Personengruppen anstieß und zugleich die Strafverfolgung der Täter unterdrückte. Der Unrechtscharakter war der Regimespitze des Dritten Reichs und seiner Funktionäre in Partei, Verwaltung und Militär bewusst. Ein wichtiges Indiz dafür ist das Bemühen, die Untaten zu tarnen oder zu verschleiern. Dabei handelte es sich keineswegs um eine in erster Linie außenpolitisch oder kriegspsychologisch zu erklärende Maßnahme. Die Verbrechen sollten auch vor der eigenen Bevölkerung verborgen werden. Dazu wurde das Wissen über Ziele und Ausmaß der nationalsozialistischen Vernichtungspolitik auf ein Mindestmaß beschränkt. Man spiegelte falsche Sachverhalte oder nicht bestehende Rechtsgrundlagen vor, um bei den Ausführenden den Eindruck gesetzmäßiger oder rechtlich gedeckter Aktionen zu erwecken. Chiffren wie „Sonderbehandlung", „Endlösung", „Aussiedlung", „Umsiedlung", „sicherheitspolizeiliche Aktion", „Exekutivmaßnahme", „Selektion", „Gnadentod" oder „natürliche Verminderung" dienten der sprachlichen Verschleierung. Und sie begünstigten die psychologische Umdeutung der barbarischen Realität. Indem man die Opfer der „Sonderbehandlung zuführte", „bearbeitete", „erledigte", „unschädlich machte" oder „durchschleuste", wurde das für eine zivilisierte Gesellschaft Undenkbare kommuniziert. Das Schicksal zahlloser Menschen ging auf in solch abstrakten, unverbindlichen Kategorien. Sie begünstigten die Bewusstseinsänderung und den Abbau bestehender Hemmungen. Bis in die Gegenwart wirkt die Sprache der Täter nach.

II 204 AR 132/61 92

V e r m e r k :

1) Der ehemalige SS-Untersturmführer Max T ä u b n e r war durch rechtskräftiges Feldurteil des Obersten SS- und Polizeigerichts in München vom 24.5.1943 - StL. 29/42 - unter anderem wegen Verabsäumung der Dienstaufsicht gemäß §§ 147 MStGB, 5a KSStVO zu einer Einsatzstrafe von 5 Jahren Zuchthaus verurteilt worden. Nach den Urteilsfeststellungen insoweit hatte er im Herbst 1941 in der Ukraine aus Judenhaß die Tötung mehrerer hundert Juden befohlen und es dabei zur Verrohung der ihm unterstehenden Truppe kommen lassen. Die Frage nach der Aburteilung auch wegen des durch die festgestellten Tathandlungen gleichzeitig verwirklichten Tatbestandes des Mordes (§ 211 StGB) ist in dem Feldurteil mit folgenden Bemerkungen abgetan:

" Wegen der Judenaktionen als solcher soll der Angeklagte nicht bestraft werden. Die Juden müssen vernichtet werden, es ist um keinen der getöteten Juden schade. Wenn sich auch der Angeklagte hätte sagen müssen, daß die Vernichtung der Juden Aufgabe besonders hierfür eingerichteter Kommandos ist, soll ihm zugute gehalten werden, daß er sich befugt gehalten haben mag, auch seinerseits an der Vernichtung des Judentums teilzunehmen. Wirklicher Judenhaß ist der treibende Beweggrund für den Angeklagten gewesen."

- 2 -

Ermittlungsbericht der Zentralen Stelle vom 27. 10. 1971
Bundesarchiv, B 162/21020, Bl. 92

III
III 1
„Die Welt klagt an!"
Die alliierten Prozesse
Kriegs- und Nazi-
verbrecher
in

III

Die Aufklärung von NS-Verbrechen durch die Zentrale Stelle und die Strafverfolgung in der Bundesrepublik seit 1945/49

Ausstellungsteil III
im Schorndorfer Tothaus

III 1
Der Nationalsozialismus vor alliierten Gerichten

Schon frühzeitig lassen die Kriegsgegner des Dritten Reichs keinen Zweifel daran, dass sie nach ihrem Sieg über den Nationalsozialismus Gericht halten werden. In ihrer „Erklärung über die deutschen Grausamkeiten in Europa" geben die Verbündeten am 1. November 1943 in Moskau der Weltöffentlichkeit bekannt, dass die Täter den Gerichten jener Länder übereignet würden, in denen sie ihre Verbrechen begehen. Für diesen Zweck sammelt die United Nations War Crimes Commission, die auf Betreiben der europäischen Exilregierungen bereits im Oktober 1942 in London ins Leben gerufen worden ist, Belastungsmaterial und erstellt Beschuldigtenlisten. Die Verfahrensfrage über die Aburteilung der Hauptverantwortlichen des NS-Staates stellt man zunächst zurück.

Mit der bedingungslosen Kapitulation der Wehrmacht am 8. Mai 1945 endet der NS-Unrechtsstaat. Vom 26. Juni bis zum 8. August 1945 beraten in London die Rechtsdelegationen der USA, Großbritanniens, der Sowjetunion und Frankreichs über die Errichtung eines internationalen Militärtribunals. Dort erarbeitet man ein Statut, das die Strafnormen Verbrechen gegen den Frieden, Kriegsverbrechen und Verbrechen gegen die Menschlichkeit definiert und das verfahrensmäßige Prozedere des Tribunals festlegt. Dem Gerichtshof gehört je ein Vertreter der Unterzeichnerstaaten an, zur Verurteilung der Angeklagten schreibt das Statut eine Stimmenmehrheit vor. Zum Ort für das Internationale Militärtribunal wird Nürnberg bestimmt. Dort inszenierte sich der Nationalsozialismus auf seinen Parteitagen selbst und dort wurde im Jahr 1935 mit den „Nürnberger Gesetzen" der Rassenwahn in Rechtsnorm gegossen.

Der Prozess gegen die sogenannten Hauptkriegsverbrecher vor dem Internationalen Militärtribunal (IMT) dauert vom 14. November 1945 bis zum 1. Oktober 1946. Angeklagt werden zwei Dutzend führende Persönlichkeiten des NS-Staates. Die eigentliche Regimespitze, Hitler, Himmler und Goebbels, entzog sich durch ihren Selbstmord bei Kriegsende dem Strafgericht. Nach insgesamt 218 Verhandlungstagen, an denen über 5 000 Beweisdokumente vorgelegt und 240 Zeugen gehört worden sind, geben die Richter am 30. September und 1. Oktober 1946 das Urteil bekannt. Zwölf Angeklagte erhalten die Todesstrafe, drei werden zu lebenslanger Haft verurteilt, die anderen zu mehrjährigen Haftstrafen. Drei Angeklagte spricht man frei.

Auf weitere gemeinsame Prozesse können sich die vier alliierten Mächte nicht verständigen. Immer deutlicher tritt der Ost-West-Gegensatz hervor. Das Gesetz Nr. 10 des Alliierten Kontrollrates vom 20. Dezember 1945 ermächtigt allerdings die Befehlshaber in den vier Besatzungszonen, Gerichtshöfe einzusetzen oder bestehenden Gerichten die Fälle zu übertragen. Die im Gesetz enthaltenen Strafnormen entsprechen weitgehend denen des IMT-Statuts.

Die amerikanische Besatzungsmacht führt in Eigenregie zwölf sog. Nürnberger Folgeprozesse gegen Repräsentanten der Funktionseliten des NS-Regimes durch. In den Jahren 1946 bis 1949 werden 39 Ärzte und Juristen, 56 SS- und Polizeiangehörige, 26 hochrangige Militärs, 42 Industrielle und Manager sowie 22 Minister und Regierungsfunktionäre angeklagt. Die Vorwürfe reichen von der Tötung behinderter und kranker Menschen über die Durchführung von Menschenversuchen an KZ-Häftlingen, die Ausbeutung durch Zwangs- und KZ-Häftlingsarbeit, Geiselerschießungen, völkerrechtswidrige Behandlung von Kriegsgefangenen bis hin zur Deportation und Vernichtung der Zivilbevölkerung der besetzten Gebiete. Von den Angeklagten werden 20 zu lebenslangen Strafen sowie 24 zum Tode verurteilt; nur die Hälfte der Todesurteile wird später vollstreckt.

Des Weiteren klagen amerikanische, britische und französische Militärgerichte Personal von Konzentrationslagern sowie die Verantwortlichen für zahlreiche Besatzungsverbrechen an. So müssen sich beispielsweise die prominenten Wehrmachtgeneräle Kesselring und Manstein vor britischen Militärgerichten verantworten. Sowjetische Militärtribunale verurteilen zwischen 1941 und 1955 mehrere tausend deutsche Kriegsgefangene und Zivilisten, denen die Beteiligung an nationalsozialistischen Kriegs- und Gewaltverbrechen vorgeworfen wird. Allerdings verschmelzen hier Strafverfolgung und die Absicherung der sowjetischen Besatzungsherrschaft mit repressiven Mitteln. Der Übergang von Sühne und neuem politischem Terror ist hier fließend.

In allen Ländern, die das Dritte Reich unterjochte, urteilt man tausendfach deutsche Täter, die dort gefangengenommen oder dorthin ausgeliefert werden, nach den jeweils gültigen Strafgesetzen und Verfahrensregeln oder eigens zu diesem Zweck geschaffenen Sondergesetzen ab. In Polen, das gemessen an seiner Bevölkerung die meisten Opfer des nationalsozialistischen Terrors beklagt, hat die Bestrafung der Täter eine besondere Bedeutung. Tausende Angeklagte müssen sich vor Sonder- und später ordentlichen polnischen Gerichten verantworten, so auch Rudolf Höß. Der frühere Kommandant des Konzentrations- und Vernichtungslagers Auschwitz tauchte nach dem Krieg zunächst unter falschem Namen in der Nähe von Flensburg unter. Nach seiner Entdeckung liefern ihn die Briten Ende 1946 an Polen aus. In Warschau wird Höß im Jahr 1947 zum Tode verurteilt und auf dem früheren Lagergelände hingerichtet. Wenig später stehen in Krakau weitere vierzig Angehörige der Lager-SS von Auschwitz vor Gericht. Gegen 23 von ihnen werden Todesurteile verhängt.

Die Rechtmäßigkeit der Nürnberger Militärgerichtsprozesse wird bisweilen mit dem Argument kritisiert, dass eine internationale Rechtsprechung nicht notwendig bzw. nicht rechtens gewesen sei. Man hätte die Strafverfolgung deutschen Gerichten überlassen müssen, die zur Last gelegten Strafnormen des IMT-Statuts entsprächen nicht deutschem Recht und seien den Angeklagten rückwirkend aufgezwungen worden, so die Kritiker. Diese Argumente entbehren nicht jeder Grundlage. Sie zeigen aber angesichts der Dimension der Verbrechen und der totalen moralischen Diskreditierung Deutschlands keine wirkliche Alternative auf, die Urheber der Untaten zur Rechenschaft zu ziehen. Vor dem Anspruch, Gerechtigkeit wiederherzustellen, verblasst deshalb die Überzeugungskraft kritischer Argumente. Unangemessen ist der Vorwurf, in Nürnberg sei „Siegerjustiz" geübt worden. Als Beleg dafür, dass dort eindeutig Recht geübt wurde, sei hier nur die Fächerung des Strafmaßes bis hin zu Freisprüchen aufgeführt. Den eigentlichen Makel des Internationalen Militärtribunals mag man anderswo erkennen: Die in Nürnberg gesetzten Maßstäbe erhalten in den Folgejahren keine universelle Verbindlichkeit. Gleichwohl werden zahlreiche Kodifikationsarbeiten, insbesondere auf dem Gebiet der Menschenrechte und des humanitären Völkerrechts, angestoßen.

a)
Verbrechen gegen den Frieden: nämlich Planung, Vorbereitung, Einleitung oder Durchführung eines Angriffskrieges oder eines Krieges unter Verletzung internationaler Verträge, Abkommen oder Zusicherung oder Beteiligung an einem gemeinsamen Plan oder an einer Verschwörung zur Ausführung einer der vorgenannten Handlungen.
b)
Kriegsverbrechen: nämlich Verletzungen der Kriegsgesetze oder -gebräuche. Solche Verletzungen umfassen, ohne jedoch darauf beschränkt zu sein, Mord, Misshandlungen oder Deportationen zur Sklavenarbeit oder für irgendeinen anderen Zweck, von Angehörigen der Zivilbevölkerung von oder in besetzten Gebieten, Mord oder Misshandlungen von Kriegsgefangenen oder Personen auf hoher See, Töten von Geiseln, Plünderung öffentlichen oder privaten Eigentums, die mutwillige Zerstörung von Städten, Märkten oder Dörfern oder jede durch militärische Notwendigkeit nicht gerechtfertigte Verwüstung.
c)
Verbrechen gegen die Menschlichkeit: nämlich Mord, Ausrottung, Versklavung, Deportation oder andere unmenschliche Handlungen, begangen an irgendeiner Zivilbevölkerung vor oder während des Krieges, Verfolgung aus politischen, rassischen oder religiösen Gründen, begangen in Ausführung eines Verbrechens oder in Verbindung mit einem Verbrechen, für das der Gerichtshof zuständig ist, und zwar unabhängig davon, ob die Handlung gegen das Recht des Landes verstieß, in dem sie begangen wurde, oder nicht.

Anklagepunkte im Artikel 6 des Statuts für den Internationalen Militärgerichtshof in Nürnberg
Das Urteil von Nürnberg 1946, München 1961 (Reihe dtv Dokumente), S. 21

Bundesarchiv,
Plak 004-005-007-T1

III 2
Entnazifizierung

Neben der individuellen Bestrafung für Verbrechen setzen sich die vier alliierten Sieger- und Besatzungsmächte das Ziel, das öffentliche Leben in Deutschland dauerhaft vom Ungeist des Nationalsozialismus zu säubern. Ihrem Beschluss auf der Potsdamer Konferenz im August 1945 folgt allerdings kein für alle Besatzungszonen einheitliches Entnazifizierungsprogramm. In den drei westlichen Besatzungszonen schüren insbesondere der Schematismus und die Rigorosität der amerikanischen Militärregierung, begleitet von Fehlgriffen und Ungerechtigkeiten, die breite öffentliche Ablehnung der Entnazifizierung.

Die alliierten Besatzungsmächte internieren als gefährlich eingeschätzte „NS-Aktivisten" und als Kriegs- bzw. NS-Verbrecher verdächtigte Personen. Summarisch, weniger aufgrund persönlicher Verdachtsmomente, werden die Betroffenen verhaftet und in Internierungslager verbracht. Das Gros der Inhaftierten stellen mittlere und kleine Funktionäre der NS-Bewegung, Bedienstete der öffentlichen Verwaltung sowie Angehörige von SS und Waffen-SS.

Das im März 1946 in der amerikanischen Besatzungszone in Kraft tretende Gesetz zur Befreiung von Nationalsozialismus und Militarismus, dessen Bestimmungen bis 1947 auch in den britischen und französischen Besatzungszonen Geltung erhalten, bedeutet eine Zäsur. Dieses von den deutschen Ministerpräsidenten der neu gebildeten Länder erlassene Gesetz überführt den politischen Säuberungsprozess in ein stärker justizförmiges Verfahren, das fortan in die Hände der deutschen Verwaltung gelegt wird. Die neu geschaffenen Spruchkammern, eine von Parteien getragene Laienbürokratie, sind zur individuellen Fallprüfung verpflichtet. Im Unterschied zum herkömmlichen Rechtsverständnis, das von der Unschuldsvermutung eines Beklagten ausgeht, obliegt es dem Betroffenen, die Schuldvermutung gegenüber seiner Person zu widerlegen.

Die Spruchkammern entscheiden zunächst über die vorläufige Einstufung der Betroffenen in die Kategorien der sog. Hauptschuldigen (I), Belasteten (II), Minderbelasteten (III), Mitläufer (IV) und Entlasteten (V). Hauptschuldige sind u. a. alle leitenden Angehörigen des Sicherheits- und Polizeiapparates, höhere und mittlere Amtsträger der NSDAP und der zahlreichen NS-Organisationen, Generalstabsoffiziere der Wehrmacht sowie Führungskräfte der Militär- und Zivilverwaltung. Zu den Belasteten zählen generell alle NSDAP-Mitglieder vor 1937, alle Mitglieder von SS und Waffen-SS sowie hohe Berufsoffiziere nach 1936. Schon die vorläufige Einstufung wiegt für viele Betroffene schwer, weil sie ein Berufsverbot nach sich ziehen kann. Die von den Spruchkammern verhängten Strafen reichen von einmaligen Geldbußen bis hin zum Verlust der Versorgungsbezüge. Hauptschuldigen drohen bis zu zehn Jahren Arbeitslagerhaft und ein vollständiger Vermögensverlust.

Das Ergebnis der Entnazifizierung ist widersprüchlich. Für die Betroffenen bedeutete sie die Erfahrung persönlicher Unsicherheit und Demütigung sowie die zeitweilige soziale Deklassierung. Sie ist zudem geprägt durch ein hohes Maß an Öffentlichkeit. Die tiefe Abwehrhaltung in der deutschen Bevölkerung schlägt sich schließlich in der großzügigen Rehabilitierung der meisten Betroffenen nieder.

Die Entnazifizierung ist das Ergebnis politischer Entscheidungen. Bestimmte Personengruppen sollen aufgrund ihrer politischen Vergangenheit von der Neugestaltung von Staat und Gesellschaft ausgeschlossen bleiben. Dazu werden pauschal disqualifizierende Kriterien und zu säubernde Positionen festgelegt. Nach der Zahl der Betroffenen ist die Entnazifizierung die weitestreichendste Form der Aufarbeitung des NS-Unrechts. Doch das moralische Gebot kollidiert mit der Notwendigkeit, das neue westdeutsche Staatswesen nicht durch Ausgrenzung großer Bevölkerungsteile, sondern durch deren Integration in die von großen Verwerfungen geprägte Nachkriegsgesellschaft zu errichten.

III 3
Westdeutsche Strafverfolgung 1945–1958

Mit der bedingungslosen Kapitulation des Dritten Reichs am 8. Mai 1945 erlischt die deutsche Staatsgewalt. Die Souveränität des Deutschen Reichs geht auf die vier Besatzungsmächte über, die als gemeinsames Vollzugsorgan am 30. August 1945 den Alliierten Kontrollrat einsetzen. Die nationalsozialistischen Rechtsprechungsorgane, der Volksgerichtshof sowie die Sondergerichte, werden vollständig abgeschafft. Die traditionellen deutschen Amts-, Landes- und Oberlandesgerichte nehmen hingegen, nachdem die Richter und Staatsanwälte im Rahmen der Entnazifizierung auf etwaige Belastung überprüft worden sind, ihre Tätigkeit wieder auf. Die Justizbehörden bleiben allerdings den weitreichenden Eingriffsmöglichkeiten der Besatzungsmächte unterworfen; sie erhalten nur eine bedingte Unabhängigkeit.

Deutsche Gerichte können in dieser Zeit nach zweierlei Recht urteilen: Sowohl auf der Grundlage der in das Kontrollratsgesetz Nr. 10 übernommenen Strafnormen des Internationalen Militärgerichtshofs als auch nach bestehendem deutschen Strafrecht. Denn die Besatzungsmächte heben nur die genuin dem NS-Unrecht dienenden Gesetze auf. Dagegen besteht das Strafrecht, wenngleich zwischenzeitlich durch zahlreiche Novellen verändert und modernisiert, unvermindert fort.

Allerdings dürfen die deutschen Justizorgane, die dazu die förmliche Genehmigung ihrer Besatzungsmacht einholen müssen, zunächst nur Unrecht verfolgen, das von Deutschen an Deutschen oder an Staatenlosen begangen wurde. Dazu zählen insbesondere die 1933/34 im Zuge der Machtübernahme und der Konsolidierung des NS-Regimes an politischen Gegnern, während der Reichspogromnacht des Jahres 1938 an jüdischen Mitbürgern sowie an den Patienten von Heil- und Pflegeanstalten begangenen Verbrechen. In wenigen Fällen verurteilen westdeutsche Gerichte „Euthanasie"-Täter sogar zum Tode. Das grundgesetzliche Verbot der Todesstrafe besteht zu dieser Zeit noch nicht. Für die überwiegende Mehrzahl der NS-Verbrechen, begangen in den Jahren 1939 bis 1945, besitzt die deutsche Justiz in den ersten Nachkriegsjahren hingegen keine Zuständigkeit.

Dies ändert sich durch die staatliche Neugründung der Bundesrepublik und das Inkrafttreten des Grundgesetzes am 23. Mai 1949. Dadurch entfallen die der deutschen Justiz bis dahin von den Alliierten auferlegten Beschränkungen weitgehend. Der Vertrag zur Regelung aus Krieg und Besetzung entstandener Fragen (sog. Überleitungsvertrag) vom 26. Mai 1952 räumt der Bundesrepublik zwar das Recht ein, die von den Besatzungsbehörden erlassenen und zu diesem Zeitpunkt noch fortgeltenden Rechtsvorschriften und Verwaltungsmaßnahmen zu ändern oder aufzuheben. Davon ausgenommen ist allerdings die alliierte Rechtsprechung. Dies gilt auch für diejenigen Fälle, in denen alliierte Militärgerichte von der Verurteilung eines Beschuldigten abgesehen haben, obgleich sich die Beweislage zwischenzeitlich zu dessen Lasten verändert hat. Gleiches gilt für die Amnestierung der etwa 3 400 von den Militärgerichten der westlichen Alliierten verurteilten Personen, die sich Anfang 1950 in deren Gefängnissen im bayerischen Landsberg, im westfälischen Werl sowie in Wittlich in der Eifel befinden. Die Ost-West-Konfrontation macht aus dem ehemaligen Kriegsgegner Deutschland einen wichtigen Bündnispartner; den damit zusammenhängenden politischen Überlegungen ordnen die Alliierten auch die Strafverfolgung der NS-Täter unter. Todesstrafen werden in Haftstrafen umgewandelt, und diese oft verkürzt. Unter den im Frühsommer 1958 letzten aus dem Gefängnis Landsberg entlassenen Gefangenen befinden sich auch drei im Nürnberger Einsatzgruppen-Prozess ursprünglich zum Tode Verurteilte. Der Überleitungsvertrag, den die Bundesrepublik verbindlich eingeht, schließt die Möglichkeit aus, dass ein Beschuldigter erneut vor einem westdeutschen Gericht angeklagt wird.

In den ersten Nachkriegsjahren leitet die westdeutsche Justiz eine große Zahl von NS-Verfahren ein. Die Tatorte liegen häufig direkt vor der Haustür von Staatsanwaltschaften und Gerichten, viele Ermittlungen gehen auf Anzeigen zurück. Statistisch dominieren Delikte geringerer Schwere, derentwegen ermittelt wird. Bis 1952 geht der Umfang der Ermittlungs- und Strafverfahren drastisch zurück und stagniert fortan auf niedrigem Niveau.

Die junge westdeutsche Demokratie bedarf der raschen gesellschaftspolitischen Stabilisierung. Wiederaufbau und die Eingliederung vieler Millionen Flüchtlinge, Heimatvertriebener und Spätaussiedler, zurückkehrender deutscher Kriegsgefangener sowie die riesige Masse derer, die infolge der Entnazifierung als belastet gelten, stellen die Gesellschaft vor gewaltige innenpolitische Herausforderungen. Die Politik der Adenauer-Zeit setzt dazu auf Amnestie und Integration. Die Bereitschaft, sich mit der Vergangenheit auseinanderzusetzen, gerät dabei aus dem Blick. Normativ grenzt sich die bundesdeutsche Gesellschaft zwar entschieden vom Nationalsozialismus ab. Die zur Befriedung der Gesellschaft erlassenen Straffreiheitsgesetze amnestieren allerdings auch (geringere) NS-Täter. Indem Staatsdiener, die im Zuge der Entnazifizierung entlassen worden sind, großzügig rehabilitiert und wiedereingestellt werden, versichert sich der junge Staat der Loyalität der für den weiteren Aufbau unverzichtbaren Beamtenschaft. In allen gesellschaftlichen Bereichen gibt es durch den 8. Mai 1945 wenig beeinträchtigte personelle Kontinuitäten. Dies gilt auch für die Rechtsprechung und die Exekutive.

Bis in die Mitte der fünfziger Jahre setzt sich in der Öffentlichkeit eine Einstellung durch, welche die Verantwortung für das Unrecht und die Verbrechen des Dritten Reichs allein Hitler und einer kleinen Clique der von den Alliierten in Nürnberg zur Rechenschaft gezogenen „Hauptkriegsverbrecher" zuschreibt. Die Masse der Westdeutschen sieht sich selbst als politisch „Verführte", als Opfer des Krieges und seiner Folgen. Das Verlangen, einen Schlussstrich gegenüber der nationalsozialistischen Vergangenheit zu ziehen, ist ausgeprägt.

Bezeichnend für die Gesamtsituation ist ein Ereignis, das, mit gewisser geschichtlicher Ironie, wesentlich zur Einrichtung der Zentralen Stelle beitragen wird. Der frühere Polizeidirektor von Memel, Fischer-Schweder, maßgeblich verantwortlich für Massenmorde im litauischen Grenzgebiet 1941/42 durch das von ihm geführte Einsatzkommando Tilsit, kann seine Vergangenheit jahrelang verbergen. Sich selbst in Sicherheit wähnend, versucht Fischer-Schweder Mitte der 1950er Jahre dann aber, die ihm versagte Wiedereinstellung in den Polizeidienst auf dem Klageweg zu erreichen. Seinem Unmut über die Zurückweisung seiner Klage macht der frühere SS-Offizier schließlich in einem Leserbrief öffentlich Luft. Nach einigen Zufällen und über Umwege erfährt der Stuttgarter Rabbiner Bloch, der während des Krieges selbst in Litauen lebte, von der Angelegenheit. Im Namen der jüdischen Gemeinde Stuttgarts stellt Bloch im September 1955 bei der zuständigen Ulmer Staatsanwaltschaft Strafanzeige gegen Fischer-Schweder.

Verzögerungen und Versäumnisse der staatsanwaltschaftlichen Ermittlung rufen den Generalstaatsanwalt beim Oberlandesgericht Stuttgart, Erich Nellmann, auf den Plan. Nellmann erkennt die Tragweite des Falls und beschließt, die Ermittlungen seinem Sachbearbeiter, dem Staatsanwalt Erwin Schüle, zu übertragen. Zugleich erwirkt Nellmann beim Bundesgerichtshof unter Verweis auf den Tatzusammenhang, dass die Ulmer Ermittlungen nicht bloß gegen Fischer-Schweder, sondern gegen weitere Beschuldigte des Einsatzkommandos Tilsit zusammengefasst werden. Die zufällig angestoßenen Ermittlungen entwickeln sich bald zum bis dahin umfangreichsten und aufwendigsten Strafverfahren wegen Mordes in der noch jungen bundesdeutschen Justizgeschichte. In mühevoller Recherchearbeit tragen Schüle und seine Mitarbeiter die Fakten zusammen. Sie ordnen die Straftaten in die politischen Rahmenbedingungen ein, rekonstruieren Befehlswege und untersuchen die Verantwortlichkeiten und Handlungsspielräume der Angeklagten.

Das Strafverfahren, an dessen Ende mehrere Angeklagte zu Haftstrafen verurteilt werden, beschleunigt den bereits laufenden Diskussionsprozess über die juristische Aufarbeitung der NS-Verbrechen. Die beteiligten Justizbehörden erkennen, dass die Ermittlungen nicht nur umfangreiche historische Spezialkenntnisse über das Dritte Reich erfordern. Strafprozessuale Zuständigkeitsregelungen, die bei herkömmlichen Verbrechen keine Probleme offenbaren, erweisen sich mit Blick auf die wirksame Aufklärung und Verfolgung von Staatsterrorismus und kollektiver Gewaltkriminalität eher als abträglich. Bei den Verantwortlichen in Justiz und Politik setzt sich die Erkenntnis durch, dass es einer die Verbrechenskomplexe zusammenhängend untersuchenden zentralen Ermittlungsbehörde bedarf.

Eine umfangreiche Berichterstattung über den sog. Einsatzgruppen-Prozess führt der bundesdeutschen Öffentlichkeit die konkreten Umstände der nationalsozialistischen Judenvernichtung, die bis dahin kaum öffentliche Erwähnung gefunden haben, schlagartig vor Augen. Es wird offenkundig, dass ein großer, unüberschaubarer Täterkreis bislang nicht zur Rechenschaft gezogen wurde, geschweige denn, dass alle Tat- bzw. Verbrechenskomplexe überhaupt aufgeklärt sind. Zeitgleich drohen die intensiven Propagandakampagnen der DDR, die auch die hohe Zahl der aufgrund ihrer nationalsozialistischen Vergangenheit belasteten Angehörigen der westdeutschen Justiz zum Gegenstand haben, die demokratische Glaubwürdigkeit der Richterschaft der jungen Bundesrepublik im Ausland zu erschüttern.

In dieser Situation findet der Vorstoß der baden-württembergischen Justiz, die Verfolgung nationalsozialistischer Verbrechen neu zu strukturieren, auf der gemeinsamen Konferenz der Justizminister und -senatoren der Länder Anfang Oktober 1958 in Bad Harzburg Zustimmung. Man verständigt sich auf die Einrichtung einer für die deutsche Justizgeschichte ebenso einmaligen wie ungewöhnlichen Sonderbehörde: einer zentralen Stelle für die Aufklärung nationalsozialistischer Verbrechen.

Dienstgebäude der Zentralen Stelle im Juli 1987
Bundesarchiv, B 162 Bild/1148

Aufgaben und Tätigkeiten

Die Einrichtung einer zentralen Staatsanwaltschaft als Verfolgungs- und Anklagebehörde für NS-Verbrechen hätte Änderungen im Strafprozessrecht erfordert und überdies die verfassungsrechtlich verankerte Länderautonomie in Justizangelegenheiten berührt. Alternativ dazu begründen die Justizminister und -senatoren die gemeinschaftliche Ermittlungsstelle durch eine Verwaltungsvereinbarung. Unter der offiziellen Bezeichnung Zentrale Stelle der Landesjustizverwaltungen zur Aufklärung nationalsozialistischer Verbrechen beginnt die neue Einrichtung am 1. Dezember 1958 ihre Arbeit. Ihr erster Leiter wird Staatsanwalt Erwin Schüle, der sich als Anklagevertreter im Ulmer Einsatzgruppen-Prozess profiliert hat.

Die Überlegung, die neue Behörde beim Generalbundesanwalt anzusiedeln, verwirft man. Stattdessen wird die Fachaufsicht über die Zentrale Stelle dem Justizministerium des Landes Baden-Württemberg übertragen. Als Bedienstete ordnen die Justizverwaltungen der Länder Personal ab. Wegen der Nähe zum vorgesetzten Ministerium und weil hier kurzfristig Büroräume verfügbar sind, entscheidet man sich für Ludwigsburg als Dienstsitz. Der in der Verwaltungsvereinbarung formulierte Auftrag an die Zentrale Stelle lautet: Ihre Mitarbeiter sollen das gesamte erreichbare Material über NS-Verbrechen im In- und Ausland sammeln, sichten und auf dieser Grundlage nach Ort, Zeit und Täterkreis begrenzte Tatkomplexe herausarbeiten und dabei feststellen, welche an den Tatkomplexen beteiligten Personen noch verfolgt werden können.

Zunächst muss sich die Zentrale Stelle allerdings auf die Aufklärung bestimmter Sachkomplexe beschränken. Die Zuständigkeit erstreckt sich auf jene Straftaten, die erstens außerhalb des Bundesgebietes und zweitens in Konzentrations- und Vernichtungslagern, Ghettos und durch Angehörige der Einsatzgruppen an der Zivilbevölkerung, d. h. allesamt außerhalb der eigentlichen Kriegshandlungen begangen wurden. Eine Zuständigkeit für Kriegsverbrechen wird von den Justizministern und -senatoren hingegen verneint. Neu ist, dass sich die bundesdeutsche Justiz durch diesen Ermittlungsauftrag explizit der im Zusammenhang der nationalsozialistischen Judenvernichtung verübten Straftaten annimmt. Allerdings wird noch einige Zeit vergehen, bis die Beteiligung aller Ebenen des Regierungs-, Polizei- und Verwaltungsapparates an der Vernichtungspolitik des NS-Regimes in ihrem Ausmaß erkannt und als historische Tatsache akzeptiert wird. Warum in die systematische Aufklärungsarbeit durch die Zentrale Stelle nicht auch die insbesondere durch Wehrmachtangehörige verübten Kriegsverbrechen, d. h. Verstöße gegen die Haager Landkriegsordnung aus dem Jahre 1907 und das Genfer Abkommen zur Behandlung von Kriegsgefangenen von 1929, einbezogen werden, lässt sich nicht eindeutig beantworten. Eine Antwort mag die Legende von einer „sauberen" Wehrmacht liefern, die dem traditionellen Militär eine vermeintlich „normale" Kriegführung attestiert und die Urheberschaft ideologisch motivierter Verbrechen der SS als Verkörperung des nationalsozialistischen Ungeistes zurechnet. Noch bis in die 1990er Jahre pflegt die deutsche Öffentlichkeit dieses Bild. Die Erinnerung an eine während des Zweiten Weltkrieges etwa 18 Millionen deutsche Soldaten umfassende Wehrmacht, unter deren Angehörigen kaum eine deutsche Familie nicht einen oder mehrere Gefallene zu beklagen hat, sperrt sich der historischen Tatsache, dass das deutsche Militär tief in einen verbrecherischen Krieg verstrickt war.

Erst im Dezember 1964 und April 1965 wird die Zuständigkeit der Zentralen Stelle umfassend erweitert. Fortan soll sie wegen aller NS-Verbrechen ermitteln, einschließlich der Verantwortlichkeit der obersten Reichsbehörden und Dienststellen der NSDAP und ihrer Gliederungen. Kriegsverbrechen sind zwar auch weiterhin formell ausgenommen. Doch die Maßgabe, dass die Zentrale Stelle auch in Fällen von „Aussonderung" und anschließender Tötung sowjetischer Kriegsgefangener sowie bei Tateinheit bzw. bei vermengten Sachverhalten von Kriegs- und NS-Verbrechen ermitteln soll, relativiert die bis dahin geltende Zuständigkeitsbeschränkung deutlich. Im Hintergrund dieser Erweiterungen durch die Justizminister und -senatoren steht die Verjährungsproblematik, auf die an späterer Stelle eingegangen wird.

LEITZ
Sonstiges

Vorermittlungen

Die Ausgangspunkte für die Vorermittlungen der Zentralen Stelle sind verschieden. Sie können zunächst im konkreten Verdacht gegen eine einzelne Person oder mehrere Angehörige einer bestimmten Dienststelle bzw. Einheit bestehen. Solche Verdachtsmomente ergeben sich aus Anzeigen, Aussagen oder aus zeitgenössischen Dokumenten. Die gleichen Quellen können einzelne oder mehrere Taten belegen. Häufig liegen dann die Identität und die institutionelle Zugehörigkeit der Täter zunächst völlig im Dunkeln. Ein anderer Ansatz besteht darin, erreichbare Unterlagen systematisch, z. B. nach Verwaltungsbezirken, Konzentrationslagern, Dienststellen oder Einheiten, nach Anhaltspunkten für Verbrechen zu sichten. Eine wichtige Informationsgrundlage hierfür bietet beispielsweise das mehrere hundert Seiten umfassende Verzeichnis der Konzentrations- und Zwangsarbeiterlager, das vom Internationalen Suchdienst des Roten Kreuzes erarbeitet wurde.

Besteht ein Anfangsverdacht, so liegt eine wesentliche Herausforderung darin, die Identität und den Verbleib von Zeugen und Beschuldigten zu ermitteln. Der dafür erforderliche Arbeits- und Zeitaufwand ist immens, denn es bedarf dazu behördlicher Aufenthaltsermittlungen, Anfragen in Archiven (z. B. Personalunterlagen von NSDAP-, SS- oder Wehrmachtangehörigen), Ermittlungen von Zeugenanschriften in den Karteien des Kirchlichen Suchdienstes und des Internationalen Suchdienstes oder beim World Jewish Congress. Da die Zentrale Stelle keine polizeilichen Befugnisse hat, muss sie Vernehmungs- und andere Amtshilfeersuchen an die in den Landeskriminalämtern zur Unterstützung gebildeten Sonderkommissionen oder an die örtlich zuständigen Polizeidienststellen richten. Die Befragung von im Ausland lebenden Zeugen erfordert bürokratisch aufwendige Rechtshilfeersuchen. Kostengünstige Kopiertechnik sowie schnelle, vernetzte Kommunikationsmittel, die aus unserem heutigen Lebensalltag nicht wegzudenken sind, gibt es in den sechziger Jahren noch nicht.

Der Auftrag der Zentralen Stelle, nämlich systematisch aufzuklären, erfordert eine besondere Arbeitsmethodik. Dazu werden die Aufgaben- und Tätigkeitsfelder der Behörde nach regionalen, sachlichen und funktionalen Gesichtspunkten strukturiert. Die auf Seite 74 abgebildete Übersicht vermittelt einen Eindruck von der Arbeitsorganisation der Zentralen Stelle. In den späten 1960er Jahren, der Zeit des höchsten Arbeitsaufkommens infolge der drohenden Verjährung sämtlicher in der NS-Zeit begangenen Straftaten, hat die Zentrale Stelle etwa 120 Mitarbeiter. Zu ihnen gehören etwa 40 Staatsanwälte und Richter, die zur damaligen Zeit etwa 600 (!) Vorermittlungsverfahren bearbeiten.

Entscheidend für die Vorermittlungsarbeit ist der Zugang zu Informationen. In großem Umfang gingen die Akten zentraler Institutionen des NS-Staates infolge von Kriegsereignissen verloren oder wurden gegen Kriegsende systematisch vernichtet. Viele der erhalten gebliebenen Unterlagen nahmen die Kriegsgegner in ihren Besitz, um hieraus Erkenntnisse über die Verbrechen des Nationalsozialismus ziehen. Die Mitarbeiter der Zentralen Stelle müssen deshalb in ausländischen Archiven und Einrichtungen einschlägiges Material recherchieren. Die Zeit der Ost-West-Konfrontation wirkt sich nachteilig auf die Kooperation staatlicher Stellen aus. Der Kalte Krieg hat zur Folge, dass den Mitarbeitern der Zentralen Stelle der Zugang zu den Beständen in polnischen, sowjetischen und anderen osteuropäischen Archiven lange Jahre erschwert oder gar nicht ermöglicht wird, auch von Seiten der eigenen Regierung. Der Umfang dieses trotz der Widrigkeiten recherchierten und zusammengetragenen Dokumentenmaterials, übrigens nur Vervielfältigungen, beläuft sich schließlich auf etwa eine halbe Million Einzelkopien. Für die schnelle und zuverlässige Recherche in dieser Dokumentensammlung erstellen die Bediensteten der Zentralen Stelle zahlreiche Verzeichnisse mit einer Gesamtzahl von über 8000 Seiten sowie eine nach den Institutionen des NS-Staates gegliederte Findkartei.

Arbeitsorganisation der „Ermittler von Ludwigsburg"

nach Ermittlungsschwerpunkten	Konzentrations- und Vernichtungslager
	Medizinverbrechen
	„Euthanasie"-Verbrechen
	„Aussonderung" und Tötung von Kriegsgefangenen
	Beteiligung oberster Reichsbehörden an NS-Verbrechen
nach regionalen Gesichtspunkten	Polen
	frühere Sowjetunion (Russland, Weißrussland, Ukraine, Baltikum) Ungarn, frühere Tschechoslowakei, Rumänien
	BRD, DDR, Westeuropa (Frankreich, Belgien, Niederlande, Luxemburg)
	Italien, Griechenland, früheres Jugoslawien
	Dänemark, Norwegen, Finnland
funktionale Aufgaben	Beschaffung und Auswertung von Dokumenten aus in- und ausländischen Archiven
	Übersetzung von fremdsprachigen Dokumenten
	Pflege der Personen-, Orts- und Einheitenkartei
	Pflege der Verfahrensübersicht (VÜS)
	Erstellung von Verfahrensverzeichnissen und Statistiken
	Rechtshilfeverkehr mit dem Ausland
	Bearbeitung von Personalauskünften

Blick in die Zentralkartei

Einzelne Karteikarten aus der Zentralkartei

Informationsmanagement

Die immer zahlreicher werdenden Ermittlungsakten und die wachsende Fülle der darin enthaltenen Erkenntnisse erfordert ein spezielles Informationsmanagement. Relevante Dokumente, Vernehmungsprotokolle, Anklage- und Urteilsschriften sowie einzelne Sachinformationen werden deshalb nach einem einheitlichen Schema auf speziellen Karteikarten registriert. Und deren Zahl wächst im Verlauf jahrzehntelanger Ermittlungen ins Riesenhafte an. Der spröde Charme grauer Stahlschränke, prall gefüllt mit angegilbten Kärtchen, täuscht über den beispiellosen Informationswert der seit 1958 über 1,6 Millionen angelegten und vielfach eng beschriebenen Karteikarten hinweg. Sie bilden ein komplexes Informationssystem, mit dessen Hilfe die Mitarbeiter der Zentralen Stelle zielgerichtet auf einzelne Dokumente zugreifen und die in der Behörde bekannten Informationen verknüpfen können. Eine Personenkartei mit mehr als 690 000 Einträgen liefert Angaben zur Biografie eines Beschuldigten oder Fundstellen von zeugenschaftlichen Vernehmungen in den Ermittlungsakten. Durchschläge dieser personenbezogenen Karteikarten sind zusätzlich einer Ortskartei sowie einer Einheitenkartei zugeordnet. Die Einträge von 26 800 Orten und sonstigen geografischen Begriffen bilden ein den ganzen deutschen Machtbereich 1933 bis 1945 überspannendes Tatortkataster. Zu mehr als 4 200 Ämtern, Institutionen, Einheiten und Dienststellen aus Partei, SS, Verwaltung, Militär etc. sind Fundstellen angegeben.

Als ein weiteres zentrales Recherche- und Informationsinstrument liefert eine Verfahrensübersicht einen nahezu vollständigen Überblick über alle an bundesdeutschen Staatsanwaltschaften und Gerichten anhängigen NS-Verfahren. Darin sind Tatvorwürfe und die Namen der Beschuldigten erfasst. Weitere Angaben zur Verfahrensstruktur sowie zum Verfahrensausgang (z. B. Einstellung, Anklageerhebung, Verurteilung) sind wichtige Informationen für die interne wie behördenübergreifende Koordinierung der Ermittlungen.

Zu Beginn der 1970er Jahre geht der Umfang der Vorermittlungen deutlich zurück. Ein mächtiger Arbeitszuwachs entsteht noch einmal durch die Auswertung der bis dahin nicht zugänglichen Fahndungslisten der United Nations War Crimes Commission, die seit deren Auflösung bei den Vereinten Nationen verwahrt werden. Beginnend im Jahr 1987 werden die etwa 30 000 in den Listen aufgeführten Beschuldigten, Verdächtigten und Zeugen überprüft und eine größere Anzahl neuer Vorermittlungen eingleitet. Parallel zu den Vorermittlungen gewinnen die Beschaffung von Belastungs- und Beweismaterial aus dem Ausland, die Unterstützung der Strafverfolgungsbehörden in Rechtsprechungsfragen sowie die bundesweite Koordinierung der staatsanwaltschaftlichen Ermittlungen an Gewicht.

Detailabbildungen einer Karteikarte
Die Einträge entstanden im Zusammenhang mit dem Vorermittlungsverfahren AR-Z 14/58, das in Kapitel III. 5 vorgestellt wird.

Vorderseite

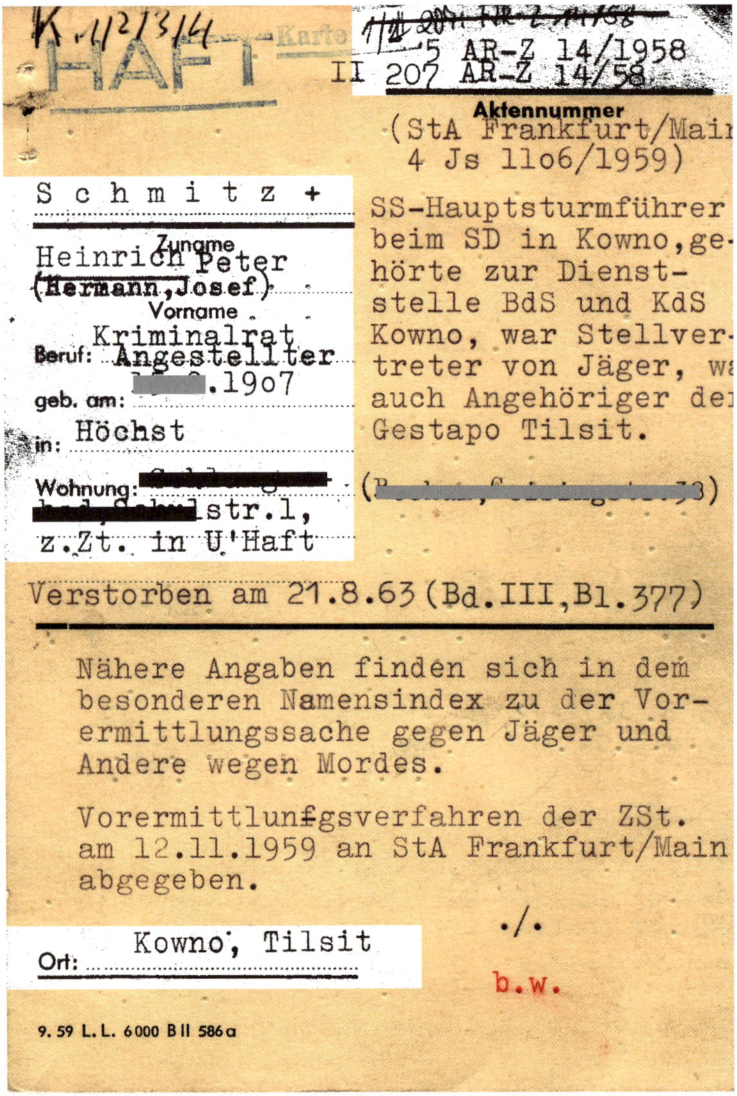

Aktenzeichen des Vorermittlungsverfahrens der ZSt gegen Angehörige des Einsatzkommandos 3 bzw. des KdS Litauen

Angaben zur Person

Angaben von Tatorten

1670000	Karteikarten
690000	personenbezogene Einträge
26800	ortsbezogene Einträge
4200	Einträge zu Einheiten, Lagern und Institutionen

Rückseite

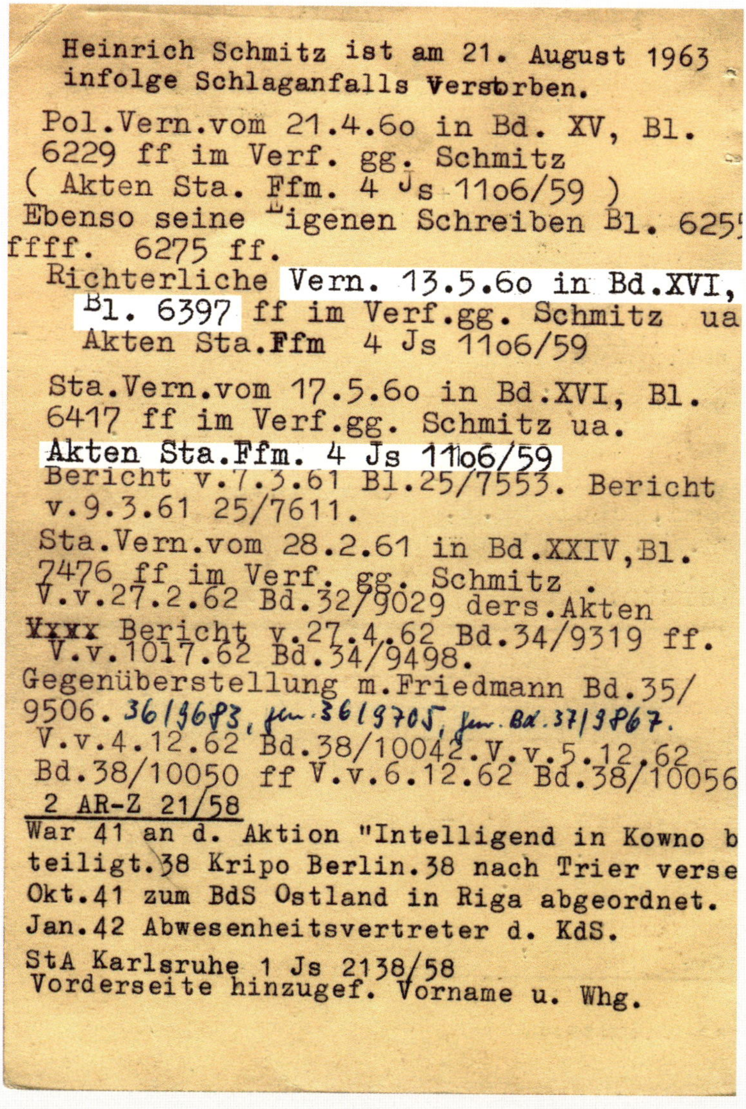

Heinrich Schmitz ist am 21. August 1963
infolge Schlaganfalls Verstorben.
Pol.Vern.vom 21.4.6o in Bd. XV, Bl.
6229 ff im Verf. gg. Schmitz
(Akten Sta. Ffm. 4 Js 11o6/59)
Ebenso seine Eigenen Schreiben Bl. 625
ffff. 6275 ff.
Richterliche Vern. 13.5.6o in Bd.XVI,
Bl. 6397 ff im Verf.gg. Schmitz ua
Akten Sta.Ffm 4 Js 11o6/59
Sta.Vern.vom 17.5.6o in Bd.XVI, Bl.
6417 ff im Verf.gg. Schmitz ua.
Akten Sta.Ffm. 4 Js 11o6/59
Bericht v.7.3.61 Bl.25/7553. Bericht
v.9.3.61 25/7611.
Sta.Vern.vom 28.2.61 in Bd.XXIV,Bl.
7476 ff im Verf. gg. Schmitz .
V.v.27.2.62 Bd.32/9029 ders.Akten
Xxxx Bericht v.27.4.62 Bd.34/9319 ff.
V.v.1017.62 Bd.34/9498.
Gegenüberstellung m.Friedmann Bd.35/
9506. 36/9683, fm. 36/9705, fm. Bd. 37/9867.
V.v.4.12.62 Bd.38/10042.V.v.5.12.62
Bd.38/10050 ff V.v.6.12.62 Bd.38/10056
2 AR-Z 21/58
War 41 an d. Aktion "Intelligend in Kowno b
teiligt.38 Kripo Berlin.38 nach Trier verse
Okt.41 zum BdS Ostland in Riga abgeordnet.
Jan.42 Abwesenheitsvertreter d. KdS.
StA Karlsruhe 1 Js 2138/58
Vorderseite hinzugef. Vorname u. Whg.

Fundstellenangabe von Vernehmungsprotokollen, namentlichen Erwähnungen, Einstellungsverfügungen, Vermerken o.ä.

Eintrag des Aktenzeichens eines staatsanwaltschaftlichen Ermittlungsverfahrens, das in Bezug zu den Ermittlungen der ZSt steht

Aufklärung und Strafverfolgung

Der Zentralen Stelle obliegt die Aufklärung noch unbekannter Verbrechen mit dem Ziel, die Strafverfolgung der Beschuldigten durch eine Staatsanwaltschaft zu initiieren. Das eigentliche Anliegen besteht somit nicht in der grundsätzlichen Dokumentation des Unrechts, sondern in der Überprüfung, welche zwischen 1933 und 1945 begangenen Untaten strafrechtlich noch nicht verfolgt bzw. geahndet wurden. In diesem Zusammenhang dient der Begriff „NS-Verbrechen" nur für die Benennung verschiedener Formen von politisch-ideologisch motivierter Gewaltkriminalität während der NS-Zeit. Die Frage der Strafbarkeit von Handeln definiert sich nicht über den unspezifischen Begriff „NS-Verbrechen", sondern über die Bestimmungen des Strafrechts.

Bei der Aufarbeitung des nationalsozialistischen Unrechts stützt sich die westdeutsche Justiz allein auf das herkömmliche Strafrecht. Es hätten zunächst auch die Bestimmungen des alliierten Kontrollratsgesetzes Nr. 10 angewandt werden können. Auch hätte der Deutsche Bundestag in dieser Hinsicht neue gesetzgeberische Wege beschreiten können. Diese beiden Was-wäre-wenn-Feststellungen berühren allerdings so weitreichende gesellschaftspolitische und rechtswissenschaftliche Fragen- und Problemkreise, dass jedes weitere Vertiefen die Möglichkeiten dieses Beitrages sofort sprengen würde. Deshalb muss hier auf die weiterführende Literatur verwiesen werden. Der tatsächlich beschrittene Weg, die NS-Verbrechen allein auf der Grundlage des herkömmlichen Strafrechts zu verfolgen, birgt ebenfalls komplexe Herausforderungen, die hier nur ansatzweise nachgezeichnet werden können.

Das Grundgesetz verbietet in seinem Artikel 103, jemanden rückwirkend für seine Tat zu bestrafen. Dieser Grundsatz jeder rechtsstaatlichen Ordnung schreibt vor, dass die Strafbarkeit bereits gesetzlich bestimmt sein muss, bevor die Tat begangen wird.

Auch im nationalsozialistischen Staat gab es ein Strafrecht. Das damals gültige Strafgesetzbuch stellte die Tötung eines Menschen unter Strafe. Diesen Strafandrohungen waren auch die Angehörigen von Wehrmacht-, Polizei- und SS-Verbänden unterworfen. Das Militärstrafgesetzbuch räumte der Gehorsamspflicht des Untergebenen gegenüber einem verbrecherischen Befehl des Vorgesetzten keinen absoluten Vorrang vor den zivilen Strafrechtsnormen ein. Auch ein befehlsausführender Wehrmacht-, Polizei- oder SS-Angehöriger war somit nicht automatisch frei von persönlicher Verantwortlichkeit vor dem Gesetz. Dass der nationalsozialistische Staat selbst verbrecherische Handlungen initiierte, die Strafverfolgung behinderte oder ganz außer Kraft setzte sowie Chaos und Verwirrung in den Rechtsvorstellungen verursachte, ändert nichts an der grundsätzlichen Feststellung: Auch unter dem Nationalsozialismus gab es kein Gesetz, das die Tötung kranker und behinderter Menschen oder das Erschießen von Männern, Frauen und Kindern nur wegen ihrer Herkunft bzw. Abstammung erlaubte. Die Strafe richtet sich nach § 2 des Strafgesetzbuchs (StGB) nach dem zur Tatzeit geltenden Gesetz. Davon ausgenommen ist die Todesstrafe, die durch den Art. 102 des Grundgesetzes verboten ist. Allerdings verjährt die Strafverfolgung je nach Höchstmaß der angedrohten Freiheitsstrafe (§ 78 StGB). Nach Ablauf dieser Fristen ist die Ahndung einer Tat gesetzlich ausgeschlossen. Die längsten Verjährungsfristen gelten für Tötungsdelikte: Totschlag verjährt nach 15 Jahren, Mord nach 20 Jahren (bis zur Gesetzesänderung im Jahr 1979). Der 1954 in das Strafgesetzbuch eingefügte Tatbestand des Völkermordes (§ 220a StGB) verjährt nicht, darf aber wegen des Rückwirkungsverbotes nicht auf die nationalsozialistischen Gewaltverbrechen angewendet werden.

Als die Zentrale Stelle im Jahr 1958 ihre Vorermittlungen beginnt, sind nur Mord- und Totschlagsverbrechen strafrechtlich noch verfolgbar. Bereits 1960 greift die Verjährungsfrist für die vor 1945 verübten Totschlagsverbrechen. Seither kann die Tötung von Menschen während der nationalsozialistischen Herrschaft nur dann strafrechtlich verfolgt werden, wenn jemand einer nach § 211 StGB als Mord zu qualifizierenden Tat beschuldigt wird.

Sobald genügend Hinweise auf eine strafrechtlich noch verfolgbare Tat ermittelt worden sind, gibt die Zentrale Stelle ihre Vorermittlungen an eine ordentliche Staatsanwaltschaft ab. Das Legalitätsprinzip (§ 152 StPO) verpflichtet die Staatsanwaltschaft, jeder Anzeige und allen Hinweisen auf eine nach dem Gesetz zu verfolgende strafbare Handlung nachzugehen, solange eine auch nur geringe Möglichkeit der Aufklärung besteht. Welche Staatsanwaltschaft für die Einleitung eines solchen förmlichen Ermittlungsverfahrens zuständig ist, regelt ebenfalls die Strafprozessordnung. Die Zuständigkeit ist gegeben, wenn der Tatort oder zumindest der Wohnort des Beschuldigten im Zuständigkeitsbereich einer Staatsanwaltschaft liegt. Die staatsanwaltschaftliche Zuständigkeit kann auch durch die Anrufung des Bundesgerichtshofs geklärt bzw. herbeigeführt werden.

Die beschriebenen strafprozessrechtlichen Zuständigkeitsregelungen gewährleisten die Rechtsförmigkeit und die Überprüfbarkeit justiziellen Handelns, Kernprinzipien des Rechtsstaatsgedankens. In Fällen normaler Kriminalität offenbaren diese für unsere Rechtsordnung ebenso selbstverständlichen wie unverzichtbaren Regularien keine Probleme. Bei Massenverbrechen, an denen ein großer, zumeist namentlich unbekannter Personenkreis aus verschiedenen Institutionen beteiligt war, die sich über einen größeren Zeitraum erstreckten und sich an Orten ereigneten, die außerhalb des Bundesgebietes liegen, tritt eine gravierende strafprozessrechtliche Zuständigkeitslücke zutage. Die viel kritisierte Passivität und Untätigkeit der westdeutschen Justiz in der Aufarbeitung des NS-Unrechts hat hier eine wenig beachtete, aber weitreichende Ursache.

§ 211 Strafgesetzbuch
Fassung vom 15. 9. 1941

(1) Der Mörder wird mit dem Tode bestraft.
(2) Mörder ist, wer aus Mordlust, zur Befriedigung des Geschlechtstriebes, aus Habgier oder sonst aus niedrigen Beweggründen, heimtückisch oder grausam oder mit gemeingefährlichen Mitteln oder um eine andere Straftat zu ermöglichen oder zu verdecken, einen Menschen tötet.
(3) Ist in besonderen Ausnahmefällen die Todesstrafe nicht angemessen, so ist die Strafe lebenslanges Zuchthaus.

§ 212 Strafgesetzbuch
Fassung vom 15. 9. 1941

Wer einen Menschen vorsätzlich tötet, ohne Mörder zu sein, wird als Totschläger mit Zuchthaus nicht unter 5 Jahren bestraft.
In besonders schweren Fällen ist auf lebenslanges Zuchthaus zu erkennen.

§ 47 Militärstrafgesetzbuch
Fassung vom 10. 10. 1940

I.
Wird durch die Ausführung eines Befehls in Dienstsachen ein Strafgesetz verletzt, so ist dafür der befehlende Vorgesetzte allein verantwortlich. Es trifft den gehorchenden Untergebenden die Strafe des Teilnehmers:
1. wenn er den erteilten Befehl überschritten hat, oder
2. wenn ihm bekannt gewesen ist, dass der Befehl des Vorgesetzten eine Handlung betraf, welche ein allgemeines oder militärisches Verbrechen oder Vergehen bezweckte.
II.
Ist die Schuld des Untergebenen gering, so kann von einer Bestrafung abgesehen werden.

Strafandrohungen für Tötungshandlungen während des Dritten Reichs

In diesem Zusammenhang kommt der Zentralen Stelle eine wichtige Brücken- bzw. Scharnierfunktion zu. Die Aufnahme systematischer und zielgerichteter Vorermittlungen durch die Zentrale Stelle im Vorfeld der staatsanwaltschaftlichen Ermittlungen bedeutet eine Zäsur in der Geschichte der Strafverfolgung von NS-Verbrechen. Unmittelbar im Anschluss an die Einrichtung der Zentralen Stelle steigt die Zahl der an bundesdeutschen Staatsanwaltschaften und Gerichten anhängigen NS-Verfahren sprunghaft an: Von etwa 240 im Jahr 1957 auf etwa 1000 in den Jahren 1959/60. Statistische Zahlen verdeutlichen nicht nur das Arbeitspensum, sie belegen auch die Güte der Ludwigsburger Ermittlungsarbeit. Denn im Zeitraum 1950 bis 1960 enden weniger als ein Viertel aller NS-Strafverfahren mit einer Erstverurteilung der Angeklagten. In den Jahren 1960 bis 1965 werden dann mit über 45 Prozent die meisten aller bis dahin verhandelten NS-Verbrechen verurteilt. Viele der großen NS-Prozesse, die von regem Medieninteresse und entsprechender öffentlicher Anteilnahme begleitet werden, haben ihren Ursprung in den Vorermittlungen der Zentralen Stelle. Kaum ein NS-Verfahren wird in der Bundesrepublik eingeleitet, bei dem die unscheinbare Ludwigsburger Justizbehörde nicht wenigstens mit Unterlagen oder Fachwissen die Staatsanwaltschaften und Gerichte unterstützt.

Die Ergebnisse der strafrechtlichen Aufarbeitung der NS-Verbrechen in der Bundesrepublik werden kontrovers diskutiert und bewertet. Die abgebildete Statistik verdeutlich aber eines: Die Zentrale Stelle leistet durch ihre Tätigkeit einen fundamentalen Beitrag für die rechtsstaatliche Aufarbeitung von Staatsterrorismus und kollektiver Gewaltkriminalität in der NS-Zeit.

Statistik westdeutscher beziehungsweise bundesdeutscher NS-Verfahren 1945 bis 2005

	In den Jahren 1958 bis 2005 hat die Zentrale Stelle der Landesjustizverwaltungen zur Aufklärung nationalsozialistischer Verbrechen
über 7 300	**Vorermittlungverfahren** eingeleitet. Häufig handelt es sich um Sammelverfahren mit einer großen Zahl von Beschuldigten und/oder einer Vielzahl von Straftaten, die in einem örtlich sowie zeitlich bestimmbaren Zusammenhang begangen wurden.
	Seit dem 8. Mai 1945 haben deutsche Staatsanwaltschaften (ohne alliierte Behörden sowie SBZ/DDR) Ermittlungen gegen insgesamt
über 106 000	**Beschuldigte** eingeleitet (Stand 31.12. 2005).
Annähernd 6 400	**Angeklagte** wurden rechtskräftig verurteilt, darunter:
13	**Angeklagte** zum Tode (vor Inkrafttreten des Grundgesetzes),
167	**Angeklagte** zu lebenslanger Freiheitsstrafe,
6 201	**Angeklagte** zu zeitiger Freiheitsstrafe.

Ein Beispiel aus den Ermittlungsakten der Zentralen Stelle

„Beschuldigter: Karl Jäger, 20.9.1888, und Andere; Tatort: Kowno; wegen: Mordes“. So lautet die spärliche Beschriftung der Aktendeckel des ersten Vorermittlungsverfahrens der Zentralen Stelle. Darin geht es um die Aufklärung der in Litauen in den Jahren 1941 bis 1944 insbesondere durch Angehörige des von dem SS-Standartenführer Karl Jäger geführten Einsatzkommandos 3 begangenen Verbrechen.

Es ist kein Zufall, dass sich der Fokus der Zentralen Stelle zu Beginn ihrer Tätigkeit auf dieses und andere ab 1941 im Baltikum eingesetzte Einsatzkommandos richtet. Die Verbrechen standen in einem engen Zusammenhang mit den vom Einsatzkommando Tilsit im litauischen Grenzgebiet zu Ostpreußen verübten Massakern. Derentwegen wurden Männer wie Fischer-Schweder und andere Angehörige dieser Einheit in dem für die Gründung der Zentralen Stelle so bedeutsamen Ulmer „Einsatzgruppenprozess“ verurteilt. Die Einsatzkommandos Tilsit und 3 waren, neben weiteren Einheiten, der Einsatzgruppe A zugeordnet, deren Zuständigkeitsbereich sich auf das Baltikum erstreckte.

Die im Vorfeld des Angriffs auf die Sowjetunion am 22. Juni 1941 gebildeten Einsatzgruppen A bis D berichteten dem Berliner Reichssicherheitshauptamt über ihre Tätigkeiten. Dort wurden täglich die Ereignismeldungen UdSSR erstellt, die ein einzigartiges Bild über die von den Einsatzkommandos verübten Massenmorde geben. Bereits in den Nürnberger Prozessen spielte diese Quelle eine herausragende Rolle. Aus diesen und anderen zeitgenössischen Dokumenten ergeben sich zahlreiche Anhaltspunkte für massenhafte Tötungsverbrechen, die es durch die Zentrale Stelle systematisch aufzuklären gilt.

Die folgenden Seiten vermitteln Eindrücke vom Inhalt dieser frühen und zugleich umfangreichen Vorermittlungen, welche die Zentrale Stelle unmittelbar nach ihrer Gründung aufnimmt. Dem Leser begegnet eine für die nationalsozialistische Gewaltkriminalität charakteristische Komplexität der Taten. Er stößt auf ein für den Nichtfachmann unübersichtliches Geflecht an beteiligten Institutionen und eine zumeist unbekannte Zahl beteiligter Personen. Die Ausführungen erschließen die Dimension der in deutschem Namen an der Bevölkerung Litauens, insbesondere an Menschen jüdischen Glaubens und slawischer Herkunft, begangenen Einzel- und Massenverbrechen. Sie konfrontieren mit Tätern, die nicht abstrakt waren, sondern reale individuelle Persönlichkeiten mit konkretem, situationsabhängigem Verhalten. Am Ende des Kapitels wird eine Zusammenfassung der strafrechtlichen Ahndungsbemühungen gegeben.

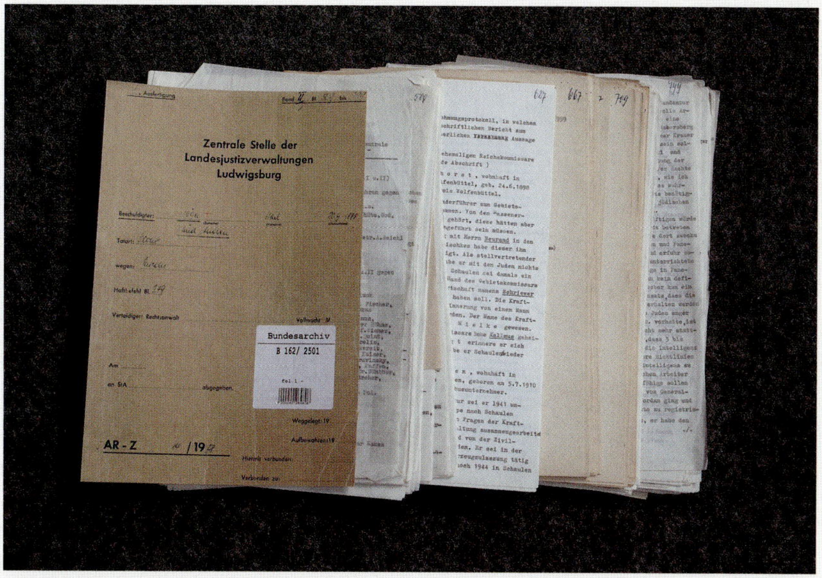

Die Verbrechen

Der kleine baltische Staat Litauen geriet infolge des deutsch-sowjetischen Nichtangriffspakts vom September 1939 unter sowjetischen Einfluss und wurde 1940 schließlich von der Sowjetunion annektiert. In dieser Zeit bildeten sich mehrere Untergrundbewegungen, die die sowjetische Herrschaft bekämpften. Das Dritte Reich überfiel die Sowjetunion am 22. Juni 1941; die Wehrmacht besetzte Litauen innerhalb weniger Tage. Die nationalistisch und antisemitisch eingestellten Teile der litauischen Bevölkerung, aus denen sich auch die Widerstandsgruppen rekrutierten, begrüßten die neue deutsche Besatzungsmacht.

Die Opfer der vom Sommer 1941 bis zum Sommer 1944 währenden deutschen Herrschaft waren immens. Mehr als dreiviertel der über 200 000 litauischen Juden wurden in den ersten Monaten der Besatzung getötet, 45 000 in Ghettos und Arbeitslagern nur vorläufig am Leben gelassen. In Litauen wurden erstmals systematisch ganze jüdische Gemeinden in den ländlichen Dörfern und Städten zerstört. Am Ende des Krieges war das litauische Judentum praktisch ausgelöscht. Zehntausende Litauer wurden in Zwangsarbeiterlager eingewiesen oder zur Zwangsarbeit in das Reichsgebiet deportiert. Sinti und Roma sowie psychisch Kranke fielen den Verbrechen zum Opfer. Schließlich kamen mindestens 170 000 sowjetische Soldaten in den Kriegsgefangenenlagern der Wehrmacht im deutsch-litauischen Grenzgebiet bis zum Frühjahr 1942 ums Leben.

Alle diese Verbrechen standen nicht in einem ursächlichen Zusammenhang mit Kriegshandlungen. Sie waren eine Folge der deutschen Besatzungspolitik. Gegen die jüdische Bevölkerung als den vermeintlichen Träger des jüdisch-bolschewistischen Systems richtete sich ein absoluter Vernichtungswillen. Die rassenideologische Triebfeder des Nationalsozialismus bedingte auch die kriegswirtschaftliche Ausplünderung und Ausbeutung der als minderwertig angesehenen slawischen Bevölkerungsmehrheit. Verantwortlich für diese Taten waren in erster Linie Deutsche in der Zivilverwaltung, der Polizei und der Wehrmacht. Ihnen standen kollaborationswillige Einheimische zur Seite. Der überwiegende Anteil der Verbrechen ging auf das Konto des Einsatzkommandos 3 und seiner Hilfskräfte, wie das nebenstehende Dokument aus dem Februar 1942 belegt.

Mit dem Rückzug der Wehrmacht endete auch die deutsche Besatzungsherrschaft in Litauen. Gleich nach der Rückeroberung im Herbst und Winter 1944 setzte die sowjetische Führung Untersuchungskommissionen ein und veranlasste im ganzen Land Exhumierungen an den Tötungsstätten.

Transkription

An die Gruppe A in Riga

Betr. Exekutionen bis zum 1. Februar 1942
durch das EK. 3.
Bezug: Dortiges FS. N: 1331 vom 6. 2. 42

A: Juden 136421

B: Kommunisten 1064
(darunter 1 Kommisar
1 Oberpolitruck 5 Politruck)

C: Partisanen 56

D: Geisteskranke 653

E: Polen 44. russische Kriegsgefangene 28.
Zigeuner 5. Armenier 1.

Gesamtzahl: 138.272. davon Frauen 55 556.
Kinder 34 464.

Jäger
SS-Staf.

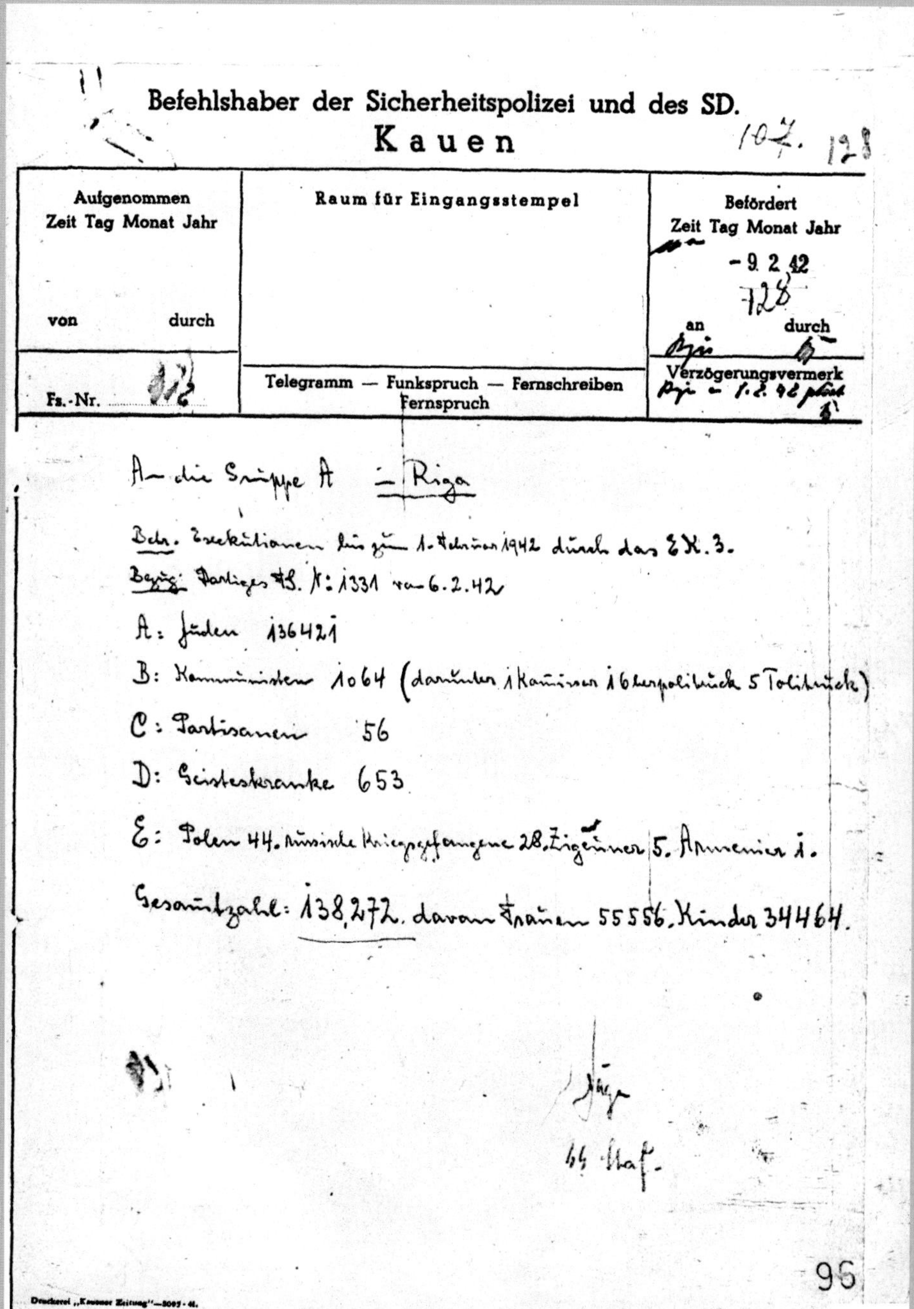

Befehlshaber der Sicherheitspolizei und des SD.

Kauen

107. 128

Aufgenommen Zeit Tag Monat Jahr von durch	Raum für Eingangsstempel	Befördert Zeit Tag Monat Jahr -9.2.42 128 an durch
Fs.-Nr.	Telegramm — Funkspruch — Fernschreiben Fernspruch	Verzögerungsvermerk 1.2.42 plus

An die Gruppe A – Riga

Betr.: Exekutionen bis zum 1. Februar 1942 durch das EK. 3.

Bezug: Dortiges FS. Nr.: 1331 vom 6.2.42

A: Juden 136421

B: Kommunisten 1064 (darunter 1 Kommissar 1 Oberpolitruck 5 Politruck)

C: Partisanen 56

D: Geisteskranke 653

E: Polen 44. russische Kriegsgefangene 28. Zigeuner 5. Armenier 1.

Gesamtzahl: 138.272. davon Frauen 55556. Kinder 34464.

Jäger

SS-Staf.

96

Druckerei „Kauener Zeitung" – 5097 – 41.

Bundesarchiv, B162/21160, Bl.96

Die Beschuldigten

Schon in den Nürnberger Nachfolgeprozessen wurden 1947/48 hochrangige Beamte aus SS, Gestapo, Kriminalpolizei und SD angeklagt, die während des Krieges gegen die Sowjetunion eine Einsatzgruppe oder ein nachgeordnetes Einsatz- bzw. Sonderkommando geführt hatten. Warum Karl Jäger damals nicht in den Bann der alliierten Strafverfolgung geriet, bleibt offen. Jäger, der nach 1945 in Deutschland unter seinem richtigen Namen lebte, blieb gut zehn Jahre unbehelligt. Erst im Gefolge des Ulmer Strafverfahrens fahndet das Bundeskriminalamt nach dem Führer des EK3, zunächst ergebnislos. Im Frühjahr 1959 erfährt ein Kriminalbeamter durch Zufall, dass Jäger überhaupt noch am Leben ist und sich in Heidelberg aufhält. Der kurz darauf erlassene Haftbefehl führt zur Festnahme Karl Jägers am 11. April 1959.

Zu diesem Zeitpunkt verfügen die Ermittler bereits über umfangreiche Kenntnisse über die Träger und Einrichtungen der nationalsozialistischen Besatzungspolitik in Litauen. Noch heute ist die Vorstellung verbreitet, dass es sich bei der Hitler-Diktatur um einen festgefügten, nach dem nationalsozialistischen „Führerprinzip" strukturierten Machtblock handelte. Die Ermittlungen machen deutlich, dass dies nicht der historischen Realität entspricht. Stattdessen war das Verhältnis von staatlicher Verwaltung, Partei, SS und Militär gekennzeichnet von Rivalitäten und sich überschneidenden Zuständigkeiten. Den Nichtfachmann mutet der institutionelle Wirrwarr babylonisch an. Die genaue Kenntnis der Strukturen ist allerdings unabdingbar dafür, Verantwortlichkeiten als Voraussetzung für die Feststellung individueller Schuld klären zu können; sie muss folglich aufwendig rekonstruiert werden:

Das in Kaunas (Kowno) stationierte Einsatzkommando 3 war zunächst nur für einen Teil Litauens sicherheitspolizeilich verantwortlich. Die östlichen und südlichen Gebiete Litauens um Schaulen (Šiauliai) und Wilna (Vilnius) lagen zunächst im Zuständigkeitsbereich der Einsatzkommandos 2 und 9. Erst Anfang Oktober 1941 übernahm Jägers Einheit die sicherheitspolizeiliche Kontrolle über ganz Litauen und damit auch die Verantwortung über die Erschießungsaktionen. Das Einsatzkommando umfasste etwa 120 Mann in drei Zügen, die von den SS- und Polizeioffizieren Grauer, Hamann und Kortkampf kommandiert wurden. Hamann übernahm später Grauers Position als Stellvertreter Jägers, nachdem er schon zuvor dessen Adjutant und quasi seine rechte Hand gewesen war. Das Führungspersonal bestand nur zu einem Teil aus Angehörigen der Gestapo und rekrutierte sich auch aus der Kriminalpolizei und dem Sicherheitsdienst der SS.

Im Herbst 1941 wurde das mobile Einsatzkommando 3 in die stationäre Dienststelle des Kommandeurs der Sicherheitspolizei und des SD (KdS) in Litauen umgewandelt. Litauen wurde Teil des neu geschaffenen Reichskommissariats Ostland. Dessen Verwaltungsspitze in Riga wurde dem ebenfalls neu gebildeten Reichsministerium für die besetzten Ostgebiete unter dem fanatischen Nationalsozialisten Alfred Rosenberg (hingerichtet in Nürnberg) unterstellt. Parallel dazu wurde mit dem Höheren SS- und Polizeiführer Ostland eine eigenständige, allein dem Reichsführer SS Heinrich Himmler unterstellte und die Weisungen des Berliner Reichssicherheitshauptamtes umsetzende Polizeistruktur geschaffen. Die Zuständigkeit für Litauen lag bei der aus dem Einsatzkommando 3 hervorgehenden Dienststelle des Kommandeurs der Sicherheitspolizei.

Nur wenige Angehörige des Einsatzkommandos verblieben bei dieser neuen Dienststelle. Eine besondere Bedeutung kam der Abteilung IV (Gestapo) zu. Mitte Oktober 1941 wurde SS-Hauptsturmführer Heinrich Schmitz deren Leiter und zugleich Jägers neuer Stellvertreter. Letzterer wurde im September 1943 von seinem Posten abgelöst. Jäger folgten noch zwei weitere SS-Führer (Dr. Wilhelm Fuchs und Hans Joachim Böhme), bis die Dienststelle des KdS Litauen im Sommer 1944 aufgelöst wurde.

Das Personal sowohl des Einsatzkommandos 3 als auch der späteren KdS-Dienststelle war mit Blick auf die ihnen zugewiesenen Einsatzräume zu knapp bemessen. Die Mitglieder der aus verschiedenen Untergruppierungen bestehenden litauischen nationalistischen Partisanenbewegung waren zur Kollaboration mit der neuen Besatzungsmacht bereit. Gekennzeichnet mit weißen Armbinden, wurden sie schon mit Beginn des deutschen Angriffs gegenüber der Roten Armee, Vertretern der Kommunistischen Partei sowie gegenüber ihren jüdischen Mitbürgern gewaltsam aktiv. Aus litauischen Kollaborateuren rekrutierte sich, wie andernorts auch, ein landeseigener Polizeiapparat unter deutscher Kontrolle. Im Herbst 1942 standen im gesamten Reichskommissariat Ostland 56 000 einheimischen „Schutzmannschaften" nur 4 500 reichsdeutsche Polizisten gegenüber. Die Dienststellen der Sicherheitspolizei und des SD geboten damit über eine spezielle Hilfstruppe für die Umsetzung der terroristischen Besatzungspolitik.

249

Amtsgericht Heidelberg, den 11. April 1959
(Ort und Tag)

Geschäftsnummer:
5 OZ 21/59
5 Gs 121/59

Haftbefehl

Der am 2o.9.1888 in Schaffhausen geborene, z.Zt. im Kümmelbacher Hof b.Heidelberg wohnhafte, gesch.Landarbeiter

Karl J ä g e r

ist zur Untersuchungshaft zu bringen.

Er ist dringend verdächtig,

er habe

als SS-Standartenführer und Kommandeur der Sicherheitspolizei und des SD für den Generalbezirk Litauen mit dem Sitz Kowno aufgrund zahlreicher, stets neugefaßter Willensentschlüsse in der Zeit vom 22.6.1941 bis zum 15.1o.1941 sowie am 22.8.1941 durch das seiner Führung unterstehende Kommando 3 der Einsatzgruppe A insgesamt über 80.000 Juden und willkürlich herausgegriffene politisch Verdächtige ohne Verhör, Verhandlung und Urteil erschiessen lassen, indem er die durch die ihm unterstehenden Kommandos sowie von ihm beauftragte Angehörige des Litauischen Ordnungsdienstes zusammengetriebenen Opfer auf freiem Felde bei verschiedenen Städten in Litauen ihrer Wertsachen berauben, sodann ihr Grab selbst schaufeln und sie einzeln angesichts der auf ihr Schicksal Wartenden bzw. in kleinen Gruppen nacheinander erschiessen liess.

Er habe somit

in zahlreichen selbstständigen Handlungen Menschen vorsätzlich aus niedrigen Beweggründen grausam getötet.

Die Taten sind strafbar als Verbrechen des Mordes gem. §§ 211, 74 StGB.

Best. Nr. 281
(StP. 4) Haftbefehl (§§ 112 ff. StPO.) — Amtsgericht —
(eosin 6a, A4, 8. 58, 20000, Z)

./.

Bundesarchiv, B 162/2500, Bl. 249.

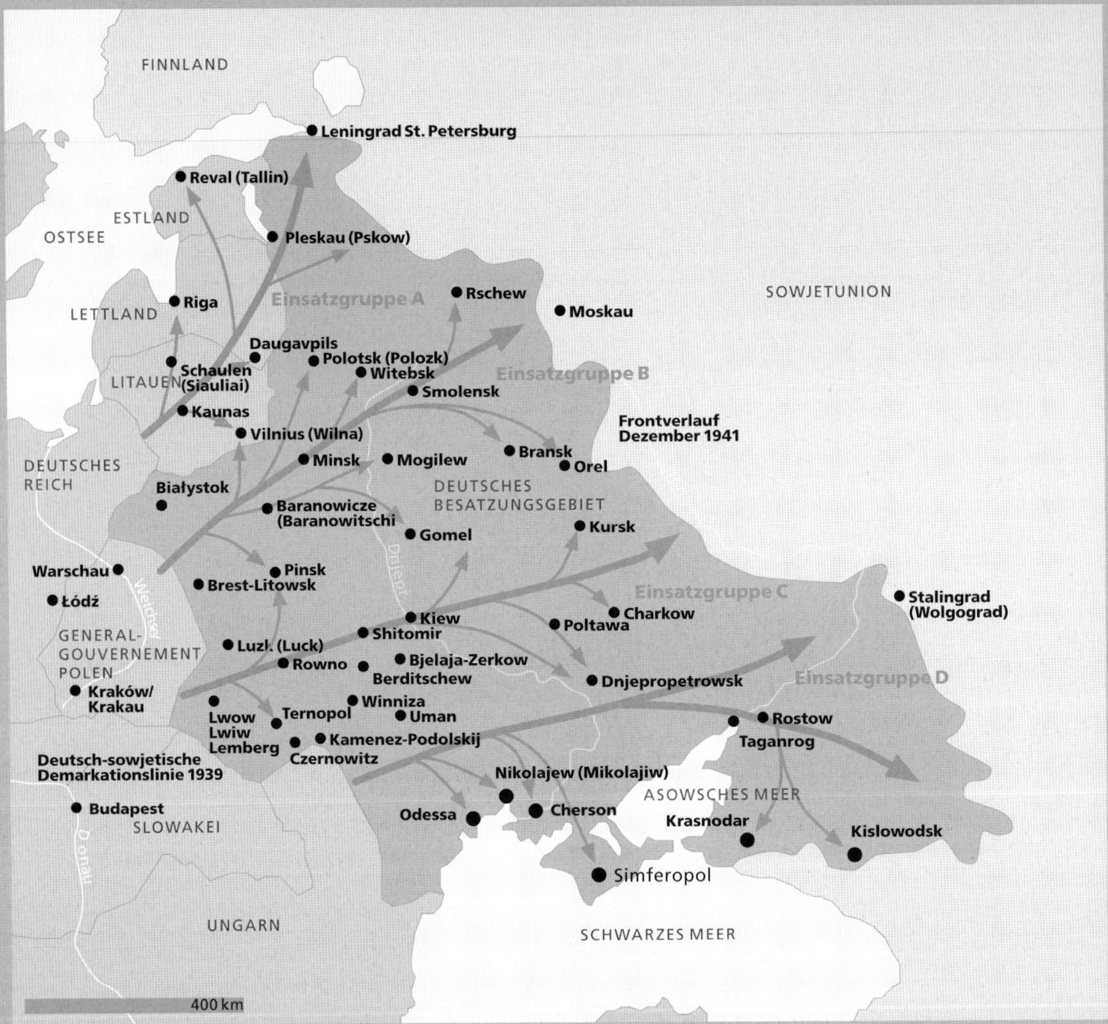

Operationsgebiete der Einsatzgruppen 1941–1943
nach: Richard Rhodes, Die deutschen Mörder. Die SS-Einsatzgruppen und der Holocaust, Bergisch-Gladbach 2004, S. 70.

Der SS-Obersturmführer Joachim Hamann, Jägers Stellvertreter während des Sommers 1941, formierte eine kleine motorisierte und deshalb als Rollkommando bezeichnete Sondereinheit. Diese sollte möglichst rasch in ganz Litauen gegen die jüdische Landbevölkerung vorgehen. Hamann stützte sich dabei maßgeblich auf litauische Kollaborateure. Als ein weiterer Verantwortlicher für Einzel- und Massentötungen mit Tausenden von Opfern trat der SS-Hauptscharführer Helmut Rauca hervor. Dieser war als Sachbearbeiter in der Abteilung IV (Gestapo) der KdS-Dienststelle formell zuständig für Fragen antideutschen Widerstands. Ein Sonderauftrag Jägers machte Rauca zum „Inspekteur" für alle im Zusammenhang mit der jüdischen Bevölkerung durchzuführenden Maßnahmen. Er wurde dadurch besonders bei den Erschießungen im jüdischen Ghetto von Kowno federführend. Die Dienstgrade der beiden Täter Hamann und Rauca lassen im Übrigen keine Rückschlüsse auf ihre tatsächliche Einflussnahme auf das Geschehen zu; sie bekleideten nach militärischen Rangverhältnissen lediglich Leutnants- bzw. Feldwebeldienstgrade.

Formell hatte die Wehrmacht bis zur Errichtung der Zivilverwaltung im Juli 1941 für etwa vier Wochen die vollziehende Gewalt im besetzten Litauen. Ihr oblag in dieser Zeit die elementare Pflicht einer Besatzungstruppe, für ein Mindestmaß an öffentlicher Ordnung und für den Schutz der Bevölkerung zu sorgen. Angesichts der gewaltsamen Ausschreitungen nationalistischer und antisemitischer Litauer gegen ihre jüdischen Mitbürger, insbesondere in Kowno, blieben militärische Stellen aber untätig. Viele Soldaten berichteten ihren Vorgesetzten von dem Geschehen. Sie wurden von höheren und höchsten militärischen Stellen angewiesen, die Ereignisse gemäß vorangegangener Absprachen mit der SS als außerhalb der Zuständigkeit der Wehrmacht liegend zu betrachten. Mit der Politik eines rassenideologischen Eroberungs-, Ausbeutungs-, Versklavungs- und Vernichtungskrieges hatten sich die führenden Militärs längst arrangiert. Das Verhalten der Wehrmacht vor Ort war ambivalent: Es reichte vom Protest und Einschreiten über Wegschauen, die logistische Unterstützung der Einsatzkommandos bis hin zur Personalgestellung für Erschießungskommandos, so etwa in den litauischen Städten Krottingen und Polangen am 24. Juni 1941.

Zeugnisse der Verbrechen

„Ich kann heute feststellen, dass das Ziel, das Judenproblem für Litauen zu lösen, vom EK 3 erreicht worden ist. In Litauen gibt es keine Juden mehr."

Mit diesen Worten kommentierte SS-Standartenführer Karl Jäger in einem Bericht vom 1. Dezember 1941 die in Litauen sowie im lettischen Dünaburg und im weißrussischen Minsk in den Monaten Juli bis November 1941 durchgeführten Einzel- und Massenerschießungen. In buchhalterischer Manier listete Jäger darin Datum, Ort und die Opfer der Exekutionen auf (z. B. „22. 8. 41 [in] Aglona Geisteskranke: 269 Männer, 227 Frauen, 48 Kinder"). Der Bericht stellt ein in dieser Form einzigartiges Dokument der NS-Verbrechen dar. Eine Kopie des in damals sowjetischen Archiven verwahrten neunseitigen Originals gelangt allerdings erst spät, nämlich im Jahr 1963, nach Ludwigsburg (Bundesarchiv, B 162/21160, Bl. 89). Eine Reproduktion des Dokuments ist in der Ausstellung im Schorndorfer Torhaus zu sehen.

Auch ohne dessen Kenntnis ergeben die Vorermittlungen ein hinreichend konkretes Bild über die deutschen Verbrechen in Litauen. Auf der Grundlage anderer erhaltener zeitgenössischer Dokumente, insbesondere aber aus den Aussagen überlebender Opfer, unbeteiligter Zeugen und Beschuldigter erarbeiten sich die Mitarbeiter der Zentralen Stelle einen Überblick über die Vernichtung der jüdischen Bevölkerung in über 200 litauischen Orten. Während die Opfer namenlos bleiben und sich ihr individuelles Leid hinter dürren Worten und abstrakten Zahlen verbirgt, erhalten die Täter Zug um Zug Konturen, Namen und Identität. Auch ohne dass Beschuldigte sich freimütig zu ihren Taten bekennen, entfaltet sich in den Ermittlungsakten ein Panorama verbrecherischer Barbarei.

Die folgenden drei Quellentafeln enthalten exemplarisch aus den Ermittlungsakten ausgewählte Vernehmungsprotokolle. Sie werden ergänzt durch historisch einzigartige Fotoaufnahmen, die den Ermittlern überlassen wurden. Die Quellen ermöglichen einen authentischen Blick auf das Geschehen. Unscheinbare Details bergen wichtige Informationen über den Ablauf der Verbrechen und die spezifischen Situationen.

Quellentafel 1
Noch bevor das Einsatzkommando 3 seine Tätigkeit aufnahm, kam es in der Stadt Kowno zu Erschießungen und wohlorganisierten Pogromen gegenüber der jüdischen Bevölkerung mit mehreren tausend Toten.

Ein Großteil fiel den Ausschreitungen zwischen dem 25. und dem 28. Juni 1941 zum Opfer. Die Täter waren einheimische Kollaborateure, die in den zeitgenössischen Berichten als litauische „Partisanen" oder „Milizionäre" bezeichnet wurden. Sie holten Mitmenschen jüdischen Glaubens aus ihren Häusern und trieben sie auf öffentlichen Plätzen zusammen. Hier wurden sie, zum Teil unter dem Beifall der Bevölkerung, grausam erschlagen oder in die Festungsanlagen der Stadt verbracht und dort erschossen.

Die Verbrechen fielen in die Zeit, in der die Wehrmacht die Stadt und andere Orte Litauens besetzt hatte, d. h. die deutsche Herrschaft bereits errichtet worden war. Deutsche Stellen schritten nicht gegen das Morden ein. Im Gegenteil: Ein zusammenfassender Bericht des Führers der Einsatzgruppe A, des SS-Brigadeführers und Generalmajors der Polizei Dr. Walter Stahlecker, vom Oktober 1941 belegt, dass die Gewaltexzesse maßgeblich von Kräften der Sicherheitspolizei angestoßen wurden. Zufrieden vermerkte Stahlecker, dass es insbesondere in Kowno gelungen sei, „ein Pogrom einzuleiten, ohne dass nach außen irgendein deutscher Auftrag oder eine deutsche Anregung erkennbar wurde."
Bundesarchiv, B 162/20566, Bl. 21f.

„Wesentliche Kampfhandlungen in der Stadt fanden nicht mehr statt. In der Nähe meines ausgemachten Quartiers stellte ich am Nachmittag eine Menschenansammlung fest in einem nach drei Seiten umfriedeten Hof einer Tankstelle, der nach der Straße durch eine Menschenmauer abgeschlossen war. Dort fand ich folgendes Bild vor: In der linken Ecke des Hofes war eine Gruppe von Männern im Alter zwischen 30 und 50 Jahren. Es müssten etwa 45–50 Personen gewesen sein, die von einigen Zivilisten zusammengetrieben und in Schach gehalten wurden. Die Zivilisten waren mit Gewehren bewaffnet und trugen Armbinden, wie sie auf den Bildern, die ich damals machte, abgebildet sind. Ein junger Mann, es muss sich um einen Litauer gehandelt haben [...], mit aufgekrempelten Hemdsärmeln, war mit einer eisernen Brechstange bewaffnet. Er zog jeweils einen Mann aus der Gruppe heraus, erschlug ihn mit der Brechstange durch einen oder mehrere Hiebe auf den Hinterkopf. Auf diese Weise hat er innerhalb einer dreiviertel Stunde die ganze Gruppe von 45 – 50 Personen erschlagen. Von diesen Erschlagenen machte ich eine Reihe von Aufnahmen."

Auszug aus der Aussage des Luftwaffensoldaten Wilhelm G. am 11. November 1958
Bundesarchiv,
B 162/2500 Bl. 131 ff.

„Auf der Fahrt durch die Stadt kam ich an einer Tankstelle vorüber, die von einer dichten Menschenmenge umlagert war. In dieser befanden sich auch viele Frauen, die ihre Kinder hochhoben oder, um besser sehen zu können, auf Stühlen und Kisten standen. Der immer wieder aufbrausende Beifall – Bravo-Rufe, Händeklatschen und Lachen – ließ mich zunächst eine Siegesfeier oder eine Art sportliche Veranstaltung vermuten. [...] Nähertretend aber wurde ich Augenzeuge wohl des furchtbarsten Geschehens, das ich im Verlaufe von zwei Weltkriegen gesehen habe. Auf dem betonierten Vorplatz dieser Tankstelle stand ein mittelgroßer, blonder und etwa 25 jähriger Mann, der sich gerade ausruhend auf einem armdicken Holzprügel stützte, der ihm bis zur Brust reichte. Zu seinen Füßen lagen etwa 15 bis 20 Tote oder Sterbende. Aus einem Wasserschlauch floss ständig Wasser und spülte das vergossene Blut in ein Abflussgully. [...] Beim Armeestab erfuhr ich sodann, dass diese Massen-Exekutionen dort bereits bekannt waren, und dass diese selbstverständlich das gleiche Entsetzen und die gleiche Empörung wie bei mir hervorgerufen hatten. Ich wurde jedoch darüber aufgeklärt, dass es sich hier anscheinend um ein spontanes Vorgehen der litauischen Bevölkerung handle, die an Kollaborateuren der vorausgegangenen Besatzungszeit und an Volksverrätern Vergeltung übe. Mithin müssten diese grausamen Exzesse als rein innerpolitische Auseinandersetzung angesehen werden, mit denen – wie auch ‚von oben' angeordnet worden sei – der Litau'ische Staat selber, das heißt, ohne Eingreifen der deutschen Wehrmacht, fertig zu werden hätte. Die öffentlichen Schau-Hinrichtungen wären bereits verboten worden und man hoffe, dass dieses Verbot ausreiche, um Ruhe und Ordnung wieder herzustellen."

Auszug aus dem Bericht des früheren Obersten von Bischoffshausen vom 19. April 1959
Bundesarchiv, B 162/2500, Bl. 297 ff.

Fotos von einem öffentlichen Massenmord in Kowno am 27. 6. 1941, die der Zeuge Wilhelm G. bei seiner Vernehmung den Ludwigsburger Ermittlern am 11. 11. 1958 übergibt
Bundesarchiv, B 162/364, Bild 3
Bundesarchiv, B 162/364, Bild 1

Quellentafel 2
Die alten Befestigungsanlagen von Kowno waren eine große Tötungsstätte. Hier wurden auf Befehl Jägers durch litauische Kollaborateure tausende Männer, Frauen und Kinder erschossen. In seinem bereits erwähnten Bericht vom 1. Dezember 1941 beschrieb Jäger das dortige Geschehen zynisch als „Paradeschießen [...] gegenüber den oft ungeheuerlichen Schwierigkeiten, die außerhalb zu bewältigen waren".
Bundesarchiv, B162/21160, Bl. 94

Erschossen wurden dort Menschen, die man zuvor im jüdischen Ghetto von Kowno zur Tötung selektiert hatte, sofern die Opfer nicht bereits wahllos auf der Straße umgebracht worden waren. In das im August 1941 eingerichtete Ghetto wurden etwa 30000 Menschen gepfercht. Das Leben dort war geprägt von Schmutz, Hoffnungslosigkeit und Hunger, da die deutschen Stellen eine völlig unzureichende Versorgung gewährleisteten. Die Zuteilung von Lebensmittelrationen hing von der Arbeitskraft ab. Zwangsarbeit außerhalb des Ghettos garantierte etwas Nahrung und bot einen gewissen Überlebensschutz. Denn fast täglich kam es zu Tötungshandlungen der deutschen und in ihren Hilfsdiensten stehenden Ghettobewacher. Zwischen den Festungswällen der Stadt wurden auch 5000 deutsche Juden aus Breslau, München, Frankfurt a.M., Wien und Berlin erschossen. Sie waren auf Hitlers im Spätsommer 1941 ergangene Anordnung, die Juden aus dem Reichsgebiet zu deportieren, in fünf Zügen vom 25. bis 29. November 1941 kurzfristig nach Kowno verschleppt worden. Ein Konzentrationslager bei Riga, wohin die Opfer ursprünglich verbracht werden sollten, war noch nicht fertiggestellt worden.

„Etwa150 m von meinem Quartier entfernt befand sich ein Fort. Anhand der Karte glaube ich zu erkennen, dass es sich um Fort VII handelte. Bisher war ich allerdings der Meinung , dass es in Kowno nur ein Fort gab. Von meinem Quartier aus hörte ich wie auch meine Kameraden in der Nacht Schüsse. Wir gingen anderntags und in den folgenden Tagen der Sache nach, kletterten auf die Wälle des Forts und sahen unter uns Menschenansammlungen, die von bewaffneten SS- oder SD-Leuten bewacht wurden.

Bei den Bewachungsmannschaften handelte es sich nur um Deutsche, nicht um Litauer. Bei einer dieser Besichtigungen hat dann der technische Inspektor, an dessen Namen ich mich nicht erinnere, mit seiner Kamera diese Bilder gemacht.[...] Wir haben damals bei Tag keine Erschießungen mit angesehen. Wie wir hörten, erfolgten diese Erschießungen in der Nacht. Am Tage wurden die Personen, es handelte sich um Männer, Frauen und Kinder, aus Kowno in dieses Fort gebracht. Meiner Erinnerung nach handelte es sich nur um Juden, zumindest sprach man damals nur von solchen Personen. Die Leichen der Erschossenen wurden in einem großen Sprengtrichter, der etwa einen Durchmesser von 15 m hatte und meiner Schätzung nach 3 – 4 m tief war, geworfen. Jede Lage der Leichen wurde mit Chlorkalk zugedeckt. Erzählt hat man damals, dass immer die nachfolgenden Juden die vorher Erschossenen in den Sprengtrichter geworfen [haben] und mit Sand zudecken mussten.

Ich stand selbst einmal an diesem Sprengtrichter, konnte aber keine Leichen sehen, da alles mit Sand zugedeckt war. Bei einem meiner Besichtigungsgänge durch dieses Fort habe ich mich einmal in

Unkenntnis der Zugänge gewissermaßen verirrt. Bei dieser Gelegenheit lief mir eine meiner Meinung nach etwa 30 Jahre alte Jüdin über den Weg. Sie war durch beide Backen geschossen worden, und die Schusswunde war erheblich angeschwollen. Sie bat mich, da sie meine Rotkreuzbinde sah, um einen Verband, den ich ihr auch geben wollte. Ich bemühte mich, mein mitgeführtes Verbandspäckchen aus meinem Rock zu holen, als ein SS- oder SD-Posten mit Gewehr auf mich zukam und mich aufforderte, ich sollte so schnell wie möglich hier verschwinden, die Jüdin brauche auch kein Verbandspäckchen mehr. Die Jüdin wurde dann von dem uniformierten Deutschen wieder zurückgetrieben.

Ich war damals über dieses Erlebnis sehr erschüttert, und ich habe mich hierüber auch mit meinen Kameraden unterhalten, die ebenfalls erschüttert waren. Es wäre damals für mich sinnlos und gefährlich gewesen, mich gegen den SS-Mann aufzulehnen, denn diese waren sehr rigoros. Der Uniformierte bedrohte mich damals, wenn ich nicht weitergehen würde, dann würde er mich über den Haufen schießen. Anlässlich meiner Besichtigungen des genannten Forts habe ich meiner Schätzung nach mindestens 2000 Personen verschiedenen Alters und Geschlechts gesehen, die alle zur Erschießung bestimmt waren und sicherlich auch erschossen wurden. Bei den auf den Bildern dargestellten Personen handelte es sich lediglich um Teilausschnitte."

Auszug aus der Aussage des Sanitätssoldaten Heinrich H. am 11. November 1959
Bundesarchiv, B 162/2500, Bl. 127 ff.

Bundesarchiv, B 162/364, Bild 10
Bundesarchiv, B 162/364, Bild 11

Quellentafel 3
Der überwiegende Anteil der jüdischen Bevölkerung Litauens fiel den Einzel- und Massenerschießungen des Rollkommandos Hamann zum Opfer. Systematisch machte es ganze Landstriche „judenfrei". Die Aussagen von Beschuldigten und Zeugen bestätigen den Ablauf und die Methode dieser Vernichtungsaktionen, wie sie im Jäger-Bericht am Beispiel der Ermordung der Juden von Rokiškis am 15./16. August 1941 beschrieben wurden: „Die Durchführung solcher Aktionen ist in erster Linie eine Organisationsfrage. [...] Die Juden mussten an einem Ort oder an mehreren Orten gesammelt werden. An Hand der Anzahl musste der Platz für die erforderlichen Gruben ausgesucht und ausgehoben werden.
[...]
In Rokiškis waren 3208 Menschen 4 1/2 km zu transportieren, bevor sie liquidiert werden konnten. Um diese Arbeit in 24 Stunden bewältigen zu können, mussten von 80 zur Verfügung stehenden litauischen Partisanen über 60 zum Transport bzw. zur Absperrung eingeteilt werden. Der verbleibende Rest, der immer wieder abgelöst wurde, hat zusammen mit meinen Männern die Arbeit verrichtet."
Bundesarchiv, B 162/21160, Bl. 93 f.

Es gelang den Tätern nicht, die Verbrechen vor den Blicken Unbeteiligter zu verbergen. Das belegen beispielsweise die Aussagen von Wehrmachtsoldaten, die zufällig zu Zeugen von Erschießungen in einem Waldstück bei Ponary (Paneriai) wurden. Bei dem nahe Wilna gelegenen Ort hatten sowjetische Firmen riesige Erdgruben für den Bau von Öltanks ausgehoben. Dort wurden neben Juden, insbesondere aus dem in Wilna eingerichteten Ghetto, auch Kriegsgefangene und andere Menschen erschossen. Die Schätzungen der in Ponary Getöteten beläuft sich auf 25000 Opfer in der zweiten Jahreshälfte 1941 oder 70000 bis 100000 Menschen in den Jahren 1941 bis 1944. Die genaue Bezifferung der Opferzahlen wird hier wie andernorts dadurch erschwert, dass es über die einzelnen Vernichtungsaktionen in der Regel keine schriftlichen Quellen gibt. Zudem begann das NS-Regime ab Mitte 1942, nachdem die Massenmorde in den alliierten Ländern bekannt geworden waren, die Spuren seiner Verbrechen systematisch zu verwischen.

„Von meinem Standplatz aus [...] machte ich sodann zwischen meinen Kameraden hindurch eine Aufnahme von einem Teil des Grabens mit den darin befindlichen Juden [...]. Ich sah dann, wie zunächst 10 Juden aus dem Graben herausgeführt wurden und zwar so, dass ein Angehöriger der Bewachung einen Knüppel seitlich ausgestreckt hielt, woran sich der erste mit beiden Händen festhalten musste. Die anderen 9 gingen hintereinander gebückt und hielten sich mit den Händen am Vordermann fest, denn sie sahen ja nichts. Der Wachmann führte diese 10 Juden zum Weg, wo sie die steile Böschung hinunterrutschten. Ein Teil stürzte dabei hin. Auf dem Grund der Grube mussten sie sich wieder wie vorher formieren und wurden von dem Wachmann an die ostwärtige halbrunde Böschung der Grube geführt. Diese Situation fotografierte ich wieder von meinem Standplatz."

Auszug aus der Aussage des Nachschubsoldaten Otto Sch. am 5. 6. 1959.
Bundesarchiv, B 162/2502, Bl. 1251 ff.

„Als wir an der Stelle ankamen, sahen wir Litauer dass es sich um solche handelte, erfuhren wir etwas später, als wir mit dem Leiter des Kommandos sprachen, die dabei waren, massenweise Juden zu erschießen. Auf dem Wege, der zwischen den beiden Gruben hindurchführte, stand in Richtung zur linken Grube ein leichtes MG, das ebenfalls von den Litauern bedient wurde. Vor dem MG am Grubenrand standen 10 Delinquenten , die von der MG-Bedienung regelrecht in die Grube geschossen wurden. Ich selbst blickte in diese und sah, dass der gesamte Grubengrund bereits mit Leichen bedeckt war. Es lagen jeweils mehrere übereinander. [...] Es war ein grauenhafter Anblick, den ich nie vergessen werde. In dem ausgeschachteten Graben des anderen Teiles dieser Exekutionsstätte befanden sich die noch nicht erschossenen Juden. Es handelte sich ausschließlich um Männer jeden Alters. Ich sah, dass sich diese die Schuhe und Hemden ausziehen und auf den Grabenrand werfen mussten. Die oben stehenden Litauer wühlten in diesen Sachen .Ich sah auch, dass an einer Stelle vor dem Graben ein großer Berg Schuhe und Kleider lag. Die Litauer schlugen während dem Auskleiden der Juden mit langen dicken Knüppeln und Gewehrkolben auf die im Graben befindlichen Juden ein. Sie wurden dann jeweils zu 10 aus dem Graben vor das MG geführt."

Auszug aus der Aussage des Nachschubsoldaten Fritz H. am 5. 6. 1959.
Bundesarchiv, B 162/2502, Bl. 1256

Bundesarchiv, B 162 Bild/86
Bundesarchiv, B 162 Bild/85

Täter und Tatverhalten

Die Ermittlungen verfolgen das Ziel, diejenigen festzustellen, die für ihr Handeln strafrechtlich fassbar sind. Dazu müssen die Einzelheiten des Tatgeschehens rekonstruiert werden. Erst dadurch geraten die an den Verbrechen beteiligten Einzelpersonen in den Blick. Was zuvor verschwommen und undeutlich im Vergangenen liegt oder abstrakt in zeitgenössischen Dokumenten überliefert ist, erhält nun persönliche Konturen. Beteiligte werden namentlich bekannt. Es erfordert einen immensen und nicht immer von Erfolg gekrönten Aufwand, die Identität und den Aufenthalt eines Betroffenen zu ermitteln, bevor man diesen überhaupt als Beschuldigten oder Zeugen vernehmen kann.

Die übergeordnete Verantwortung für die Verbrechen lag zweifellos bei der Regimespitze des Dritten Reichs. Für die Ausführung der verbrecherischen Politik bedurfte es jedoch vieler. Und die Ermittlungen widerlegen schnell die damals wie heute verbreitete Auffassung, wonach die Täter nur als winzige, unselbstständige Rädchen agierten, die zwanghaft in die vermeintlich apparaturhaft funktionierende Vernichtungsmaschinerie eingebunden waren. Unübersehbar treten in den Aussagen Beschuldigte hervor, die in unterschiedlicher Weise selbständig, von persönlichen Antrieben geleitet, handelten.

Wegen der Feststellung persönlicher Verantwortung und Schuld fokussieren die Ermittlungen individuelle Verhaltensweisen, Zwänge, Motive und Bewusstseinslagen. Denn sie haben gewissermaßen neben den übergeordneten Intentionen und organisatorischen Zielsetzungen der politischen Herrschaft einen wesentlichen Anteil an der Entstehung der kollektiven Verbrechen. Die in den Ermittlungsakten niedergeschriebenen Eindrücke und Erkenntnisse liefern weder Eindeutigkeit noch klare Antworten. Sie ermöglichen jedoch den Zugang zu den inneren und äußeren Wirkungszusammenhängen des nationalsozialistischen Zivilisationsbruchs. Die folgenden Ausführungen vermitteln einen ersten, oberflächlichen Eindruck von dem weitreichenden Erkenntnispotential der in den Akten gespeicherten Ermittlungsergebnisse.

Freimütig bekennt sich keiner der Beschuldigten zu seinen Taten; ein persönliches Schuldeingeständnis ist nirgends erkennbar. Viele geben vor, sich nicht an die Ereignisse erinnern zu können, streiten ihre Beteiligung ab oder schieben die Verantwortung weiter. Ein aufrichtiges Mitgefühl für die Opfer wird in den Aussagen nur sehr selten geäußert. Stattdessen dominiert die in Selbstmitleid gekleidete Darstellung, man habe unter der Situation gelitten, ihr aber nicht ausweichen können. Die Rechtfertigungen gehen so weit, dass Beschuldigte angeben, sie seien glücklich gewesen, anstelle der Säuglinge nur kleine Kinder erschießen zu müssen. Der scheinbare Zynismus verstört. Doch die Darstellungs- und Rechtfertigungsweisen erklären sich teilweise durch die besondere Situation eines Strafverfahrens. Schließlich drohen den Betroffenen schwere Konsequenzen. Auch das zurückhaltende, bisweilen gleichförmige Aussageverhalten von Zeugen dürfte durch die Sorge motiviert gewesen sein, nicht selbst zufällig oder zu Recht in den Kreis der Beschuldigten zu geraten. Die Betroffenen haben zudem das soziale Bedürfnis, ihr damaliges Handeln dem vernehmenden Gegenüber verständlich zu machen und nicht als „schlechtere" Menschen zu erscheinen. Dennoch: Persönliche Schuldgefühle sind anscheinend bei den meisten der Beschuldigten nicht vorhanden, weder zum Zeitpunkt des Tatgeschehens noch während der Ermittlungen.

Ein wesentliches Augenmerk der Ermittlungen richtet sich auf die Rolle Karl Jägers. Dieser trug qua Amt die wesentliche Verantwortung für die in Litauen verübten Verbrechen. So eindeutig diese Feststellung und so evident die Spuren seines Wirkens sind, so widersprüchlich erscheint Jäger bei genauerer Betrachtung. Von allgemeiner Bedeutung ist seine beiläufige Aussage, dass er sich gar nicht genau erinnern könne, ob ihm und den anderen vor dem Einsatz im Osten versammelten Führern der Einsatzgruppen und -kommandos mitgeteilt wurde, dass alle Juden erschossen werden müssten. Ausgerechnet der Hauptbeschuldigte Jäger weicht ab von der seit den Nürnberger Prozessen verbreiteten Auffassung, wonach Hitler im Vorfeld des Krieges gegen die Sowjetunion befohlen habe, alle angetroffenen Juden sowie weitere Bevölkerungsteile zu töten. Die Quellenlage ist unvollständig und widersprüchlich. Der Umstand, dass erst nach Ablauf einer gewissen Zeit massenhaft auch Frauen und Kinder getötet wurden, deutet auf eine schrittweise Radikalisierung der Vernichtungsaktionen durch die Einsatzkommandos hin. Neben anderen Quellen wird

Jägers Aussage heute als Indiz dafür gewertet, dass die Führer der Einsatzkommandos einen erheblich größeren Spielraum besaßen, als dies die erwähnte Nürnberger Entlastungsstrategie vermuten lässt. Und Handlungsspielraum impliziert Verantwortlichkeit.

Jäger bestreitet in seinen Vernehmungen, Exekutionen jemals persönlich angeordnet zu haben. Er versucht vielmehr den Eindruck zu erwecken, er habe auf die quasi wie von selbst ablaufenden Erschießungen gar keinen Einfluss gehabt. Von Anderen wird er jedoch beschuldigt, er habe seine Offiziere aufgefordert, sich persönlich an den Erschießungen zu beteiligen, und diejenigen, die sich verweigerten, sogar mit der Waffe bedroht. Einem anderen Vorwurf zufolge habe Jäger seine Untergebenen belasten wollen und selbst die Liquidierungsbefehle erteilt.

Aus Personalunterlagen und seinen Aussagen lassen sich Grundzüge von Karl Jägers Biografie rekonstruieren. Im Jahr 1888 geboren, erlebte Jäger den Ersten Weltkrieg als Soldat und geriet infolge der gesellschaftlichen Verwerfungen der 1920er Jahre in den Bann völkisch-nationalistischer Kreise. Bereits im Jahr 1923 trat er der NSDAP bei. Die Weimarer Demokratie erlebte er als eine Zeit auch des persönlichen wirtschaftlichen und sozialen Niedergangs. Damals scheiterte seine Ehe. Jäger, der sich seit längerem ehrenamtlich in der SS engagiert hatte, wurde erst 1936 hauptamtlicher SS-Führer. Wie viele andere „Alte Kämpfer" stieg er in den Folgejahren schnell in der SS-Hierarchie auf und wurde im Frühjahr 1940 zunächst zum SS-Obersturmbannführer (Oberstleutnant), kurz darauf zum SS-Standartenführer (Oberst) ernannt. Seit 1938 war er im Hauptamt des Sicherheitsdienstes der SS in Berlin tätig. Gerade einmal drei Jahre später wurde ihm der Aufbau und die Konsolidierung sicherheitspolizeilicher Strukturen in Litauen übertragen. Nach gut zwei Jahren, im August 1943, wurde Jäger aus Litauen abberufen. Die nachfolgenden Verwendungen brachten ihm, ungewöhnlich für damalige Verhältnisse, keine Verbesserung seines SS-Status.

Jägers frühes Engagement für den Nationalsozialismus lässt ein festgefügtes ideologisches Weltbild vermuten. Der regelrechte Vernichtungsjargon, den er in seinem berühmt-berüchtigten Bericht vom 1. Dezember 1941 anschlug, lässt ihn als fanatischen NS-Täter erscheinen. Im Gegensatz zu seinem späteren Bemühen, die Verantwortung für die Erschießungsaktionen des Teilkommandos Hamann von sich zu weisen, stellte sich Jäger in dem Bericht als der eigentliche Initiator und Ideengeber für diese hochbewegliche Tötungstruppe dar. Auffällig ist die beifallheischende Art und Weise, mit der er seine Meldungen verfasste. Spiegelte die regelrecht buchhalterische Manier, mit der er die Opferzahlen addierte, Stolz und Zufriedenheit über das „Geleistete" wider? Heinz Jost, ab 1942 als Kommandeur der Einsatzgruppe A Jägers direkter Vorgesetzter, bescheinigte ihm ein schlichtes Gemüt. Jäger habe ihm gegenüber sogar von Schlafstörungen und anderen psychischen Stress- und Abwehrreaktionen auf das Tötungsgeschehen berichtet, unter denen er gelitten habe. Andere wiederum gaben zu Protokoll, dass sich Jäger im Beisein Dritter, vor allem in alkoholisiertem Zustand, mit den Erschießungszahlen brüstete. Seine Zahlenversessenheit sei für Untergebene Anlass zu Spott gewesen. Seinem Stellvertreter Schmitz zufolge versuchte Jäger auf diese Art und Weise, sein Unvermögen zu kaschieren. Schmitz hielt ihn in seiner Funktion für intellektuell überfordert.

Hierin mag der Grund zu finden sein, warum Jäger ausweislich verschiedener Aussagen seinen Untergebenen einen ungewöhnlich großen Handlungsspielraum gewährte. Vor allem der junge und dynamische Joachim Hamann scheint diese Situation für sich genutzt zu haben. Aussagen beschreiben Hamann, der am Beginn einer Polizeikarriere stand, als besonders ehrgeizig, stets auf Selbstdarstellung bedacht, brutal und als einen fanatischen Judenhasser. Noch in der Folgezeit habe Hamann in seinem Umfeld Missfallen dadurch erregt, dass er damit prahlte, wie viele Juden er und seine Männer umgebracht hätten. Hamann war einer der Kristallisationskerne für eine kleine, verschworene Clique. Diejenigen, die sich nicht ihrer tötungswilligen bzw. -freudigen Gruppenmentalität anpassten, wurden als Feiglinge geschnitten.

Im Mittelpunkt der Vernehmungen stehen die Erschießungsaktionen. Persönliche Mitteilung und die Schilderung der Tötungshandlungen weisen häufig keinen Zusammenhang auf, Beschuldigte und Zeugen berichten darüber mit entpersonalisierter Distanz. Über das Töten, dem in unserer Gesellschaft die schwersten dies- und jenseitigen Strafen drohen, lässt sich auch unter normalen Umständen nicht ohne Brüche kommunizieren. Dies gilt erst recht im Zusammenhang mit strafrechtlichen Ermittlungen. Und doch bergen die Aussagen viele Anknüpfungspunkte für weitreichende sozialpsychologische Deutungen. Vor allem der systematische und planmäßige Ablauf der Tötungen sticht hervor. Die Vernichtungsaktionen weisen den Darstellungen zufolge einen regelrecht arbeitsteiligen Charakter auf. Die Opfer wurden zuvor versammelt und geschlossen, teilweise in mehreren Marschgruppen, zum etwas abseits gelegenen Erschießungsort geführt. Dort mussten die Menschen ihre Wertsachen abgeben und sich in der Regel bis auf die Unterwäsche entkleiden. Beschuldigte und Zeugen berichten darüber, dass die Opfer mal gefasst, mal bis zur letzten Minute arglos, mal entsetzt und verzweifelt, mal apathisch in den Tod gingen. Auf der Täterseite fällt insbesondere der Routine- bzw. Arbeitscharakter der Vernichtungsaktionen auf. Es kam vor, dass man um die Mittagszeit eine Pause einlegte, damit sich die Schützen an der mitgeführten Feldküche stärken konnten. Währenddessen warteten die Menschen darauf, als nächste erschossen zu werden. Vereinzelt klingen in den Zeugenaussagen Abscheu und die empfundene Hilflosigkeit an, die vorgefundene Situation nicht beeinflussen zu können. Dem aufmerksamen Betrachter offenbart sich auch, dass Individuen der Situation vollkommener Macht Vorzüge abgewannen. Es bildete sich ein zynisches Expertentum in der effizienten „Beschickung" der Erschießungsgruben heraus. Während sich die einen von der offenen Gewalt abwandten, weckte sie bei anderen voyeuristische Neugierde. Die Vernehmungsniederschriften enthalten Belege, dass manche sich an der Habe der Opfer bereicherten, Persönlichkeiten sadistische Wesenszüge offenbarten und sexuelle Neigungen ausgelebt wurden, etwa wenn sich gut aussehende Frauen vor den Augen ihrer Mörder entkleiden mussten.

Die Fülle menschlicher Grausamkeiten, die sich dem Leser der Ermittlungsakten bietet, macht eindringlich klar: Der Kreis der an den Untaten Beteiligten reicht von der Spitze des NS-Staates über die sogenannten Schreibtischtäter bis hin zu denen, die durch ihr persönliches, konkretes Tun und Handeln Menschen töteten. Die Zahl der Täter reicht ins Riesenhafte, von den Zuschauern und Mitwissern ganz abgesehen. Was den Ermittlern bereits früh deutlich wird, bestätigen später zahlreiche historische Forschungsarbeiten. Dass nämlich die Angehörigen keiner Altersgruppe, keiner Bildungsschicht, keiner Konfession und keines sozialen Herkunftsmilieus der deutschen Gesellschaft immun waren gegenüber den Versuchungen der terroristischen Herrschaft. Der Verschiedenheit der Täter entspricht die Vielfältigkeit ihrer Taten. Und diese Tatsache entzieht jedem Versuch, das Täterverhalten durch griffige, vermeintlich eindeutige Aussagen erklären zu wollen, die Grundlage. Stereotype wie z. B. ideologischer Fanatismus oder, quasi entgegengestellt, den eigenen Willen entkleidender Befehlsgehorsam, besitzen keine überzeugende Erklärungskraft für eine hochkomplexe Wirklichkeit, deren Bild nicht von Schwarz und Weiß, sondern von Grautönen in den unterschiedlichsten Nuancen beherrscht wird.

In den Ermittlungsakten bestimmen nicht roboterhafte Wesen, sondern menschliche Individuen das Geschehen. Bei der Lektüre der Täter-, Zeugen- und Opferaussagen kommt man zu dem Schluss, dass den Taten ganze Ursachenbündel zugrunde lagen, deren Bestandteile nur schwer voneinander isoliert werden können. Das Verhalten der Menschen wird strukturiert durch Mentalität, die zugleich das Potenzial für Verhaltensmöglichkeiten birgt. Mentalität setzt sich zusammen aus sozialisationsbedingten Meinungen, Attitüden, und Wertvorstellungen. Diese stehen in einem Wirkungszusammenhang mit individuellen Charakterzügen und den Handlungsoptionen einer spezifischen Situation. Denkmuster, Einstellungen und Handlungsdispositionen schlagen sich nieder in konkretem menschlichen Handeln. Gruppendynamische Prozesse, emotionale Identifikation oder soziale Bindungen an eine Gruppe können darauf einen hemmenden oder einen verstärkenden Einfluss haben.

Ungeachtet aller Ursachen- und Formenvielfalt nationalsozialistischer Gewaltverbrechen lässt sich aber ein Ausgangspunkt benennen: die Auflösung verbindlicher humanitärer Werte durch Rassismus und Antisemitismus mit der Folge von moralischer Verrohung, Entsolidarisierung, Desinteresse und Gleichgültigkeit gegenüber den Opfern. In den Akten findet sich der Bericht eines Augenzeugen, wonach „ein von SS-Leuten bewachtes Arbeitskommando von Juden [...] aus einer Garage mit den Händen Mist herausholen musste. Den Mist mussten sie mit den Händen tragen, und alles musste im Laufschritt gehen. Damals war es sehr heiß, und die Juden hatten dicke Wintermäntel an." (Bundesarchiv, B 162/2514, Bl. 6065)

Sozialpsychologische Experimente belegen, wie normale, unauffällige Menschen unter besonderen Bedingungen zu Brutalität, Erniedrigung und Entmenschlichung veranlasst werden können. Die Schwelle zum Vernichten von Menschenleben kann dann schnell überschritten werden.

Der Abbau von Tötungshemmungen

„1. Entlastungen durch die Berufung auf höherrangige politische Zielsetzungen, kollektive Interessen sowie politische oder militärische Notwendigkeiten,
2. Entlastungen durch gruppendynamische Einflüsse, Gruppenbindungen und Gruppenloyalitäten, durch die gegenläufige moralische Verpflichtungen begründet werden,
3. Schwächungen des Mitgefühls durch distanzierte Täter-Opfer-Beziehungen, etwa durch die Entpersönlichung, Dehumanisation oder Stigmatisierung des Opfers oder Gegners,
4. generelle sozialpsychologische Gesetzmäßigkeiten, die zur Folge haben, dass soziale Entfernung oder optische und akustische Wahrnehmungsdistanz gegenüber dem Opfer und den Wirkungen des eigenen Handelns die Hemmungen und Schuldgefühle mindern,
5. Desensibilisierungsprozesse, die mit der Beteiligungsdauer an kollektiver Gewalt und Gewöhnungsvorgängen zusammenhängen,
6. die Möglichkeit, das eigene Handeln von Verhaltensweisen, die dem stigmatisierenden Alltagsverständnis von Kriminalität entsprechen, abzugrenzen."

aus: Herbert Jäger
Verbrechen unter totalitärer Herrschaft. Studien zur nationalsozialistischen Gewaltkriminalität
Neuauflage
Frankfurt a. M. 1982, S. 385

Schuld und Sühne

Joachim Hamann, Führer des nach ihm benannten Rollkommandos, begeht bereits 1945 Selbstmord. Später auch Karl Jäger, der sich in der Nacht zum 22.6.1959 in seiner Zelle in der Untersuchungshaft im Landesgefängnis Hohenasperg erhängt. Die gegen ihn erhobenen Vorwürfe weist Jäger zuvor zurück. Verantwortlich macht er vor allem seinen Stellvertreter Heinrich Schmitz. Dieser wird im Oktober 1959 verhaftet. Schmitz wird beschuldigt, dass er als Leiter der Abteilung IV (Gestapo) des KdS sämtliche Zwangsmaßnahmen gegen die jüdische Bevölkerung in Kowno anordnete. So habe er u. a. zahlreiche Personen einschließlich ihrer Familienangehörigen erschießen lassen, weil diese sich verbotenerweise Lebensmittel im Ghetto beschafft hatten.

Die Zentrale Stelle schließt ihre Vorermittlungen im Oktober 1959 ab. Gemäß ihrem Auftrag hat sie Verbrechenstaten ermittelt, die Tatzeitpunkte und -orte festgestellt und mutmaßliche Täter benannt. Der Hauptbeschuldigte Heinrich Schmitz wohnt in Frankfurt am Main, weshalb das Verfahren an die dortige Staatsanwaltschaft abgegeben wird. Diese führt fortan aufgrund des Ausmaßes der Verbrechen ein Sammelverfahren gegen sämtliche Angehörige des Einsatzkommandos 3 und der daraus hervorgegangenen Dienststelle des KdS. Im September 1961 beantragt die Staatsanwaltschaft Frankfurt die gerichtliche Voruntersuchung beim zuständigen Landgericht Wiesbaden. Die Ermittlungen richten sich zu dieser Zeit noch gegen 17 Beschuldigte, darunter Heinrich Schmitz und der Lagerarzt im Ghetto bzw. KZ Kowno, Dr. Karl Böhmischen. Während Beweise gesucht und hunderte Zeugen vernommen werden, sterben 1963 und 1964 Schmitz und Böhmischen. Schließlich werden die übrigen Beschuldigten außer Verfolgung gesetzt. Trotz der Evidenz der Verbrechen sieht man keine Möglichkeit, Einzelne strafrechtlich zu belangen. So zum Beispiel den Beschuldigten Eisenbarth, damals kurzzeitig Leiter der Außenstelle des KdS in Vilnius. Er wird verdächtigt, wöchentliche Erschießungen in Ponary angeordnet zu haben. Eisenbarth gibt indes zu Protokoll, nur dafür verantwortlich gewesen zu sein, Jäger über die Situationen in Vilnius und Umgebung Bericht erstattet zu haben. Und Mitbeschuldigte wie Zeugen belasten Eisenbarth nicht konkret. Anderen Beschuldigten kann die Anwesenheit an den zahlreichen Tatorten zum fraglichen Zeitpunkt nicht nachgewiesen werden. Häufig fehlen in den Zeugenaussagen wichtige Angaben zur Identifizierung der Täter oder zum Tatzeitpunkt. Die Aussagen, viele Jahre nach dem Tatgeschehen entstanden, sind nicht frei von Widersprüchen. Die große Zahl der in zeitgenössischen Dokumenten überlieferten Tötungshandlungen genügt nicht, den erforderlichen individuellen Schuldnachweis zu erbringen. Es liegt aber nicht nur an der mühevollen Rekonstruktion von Befehls- und Hierarchiestrukturen, dass die Ermittlungen über viele Jahre andauern. Personalmangel sowie insbesondere die strafrechtlichen Hürden, einem Beschuldigten neben seiner faktischen Teilnahme an einem Mordverbrechen auch eine entsprechende Gesinnung nachzuweisen, schlagen sich in der Verfahrensdauer nieder.

Auch andernorts werden in den sechziger Jahren Verfahren wegen in Litauen verübter deutscher Besatzungsverbrechen eingeleitet; sie gehen zum Teil ebenfalls auf die Vorermittlungen der Zentralen Stelle zurück. So zum Beispiel gegen Aloys Wehner, der sich laut einer Anzeige damit brüstete, an Exekutionen in Kowno teilgenommen zu haben. Aufgrund der unzureichenden Beweislage wird das Verfahren gegen ihn im Dezember 1965 eingestellt. Zur Verurteilung der Täter kommt es in diesem Zusammenhang in der Bundesrepublik nur in zwei Fällen: August Hering und Martin Weiß. Beide werden wegen Beihilfe zum Mord in Vilnius und Umgebung in der Zeit von Oktober 1941 bis Juli 1943 in 4000 Fällen bzw. in mindestens 30000 Fällen zu lebenslanger Haft verurteilt. Die Urteile ergehen bereits im Februar 1950 vor dem Schwurgericht am Landgericht Würzburg.

Schließlich ist die bundesdeutsche Justiz für eine nennenswerte Gruppe an Tätern nicht zuständig: Einheimische Täter werden von der ab 1944 in Litauen herrschenden sowjetischen Staatsmacht verfolgt, während andere nach dem Krieg u. a. nach Australien, Großbritannien, Kanada und in die USA auswandern. Auch hier gestaltet sich die Strafverfolgung der Täter wegen des Mangels an Belastungszeugen sowie der politischen Verhältnisse des Kalten Krieges und des Umbruchs in den 1990er Jahren in Litauen als große juristische Herausforderung. Statt Strafverfahren beschreiten insbesondere die Behörden in den USA und in Kanada den Weg der „zivilrechtlichen Ahndung“: Betroffenen wird wegen des Vorwurfs, sie hätten bei der Einbürgerung die Zugehörigkeit zu einer NS-Organisation verschwiegen, die Staatsbürgerschaft aberkannt; dies kann die Ausweisung der Betroffenen zur Folge haben.

Trotz der Bemühungen der bundesdeutschen Justiz wurden kaum Täter für die in Litauen begangenen Verbrechen zur Rechenschaft gezogen. Die im Zuge der zum Teil langwierigen Ermittlungen entstandenen umfangreichen Justizakten sind aber eine wichtige Quelle für die historische Forschung. Die Aussagen von Opfern und Beschuldigten gestatten Rückschlüsse auf die Motivation und die Handlungsspielräume der Täter und zeigen die individuelle Verantwortlichkeit eines jeden Beteiligten auf. Abläufe und Zusammenhänge der Ereignisse können so rekonstruiert werden. Und nicht zuletzt belegen Fotoaufnahmen die Verbrechen.

Die im Zuge der systematischen Aufklärungsarbeit der Zentralen Stelle entstandenen 18000 Blatt Ermittlungsaktenschriftgut sind ein Wissensquell darüber, was in den Jahren 1941 bis 1944 in Litauen unter deutscher Besatzungsherrschaft geschehen ist. Der abgebildete Aktenstapel aus der Ausstellung „Die Ermittler von Ludwigsburg“ veranschaulicht den Umfang nur dieses einen Ermittlungsverfahrens.

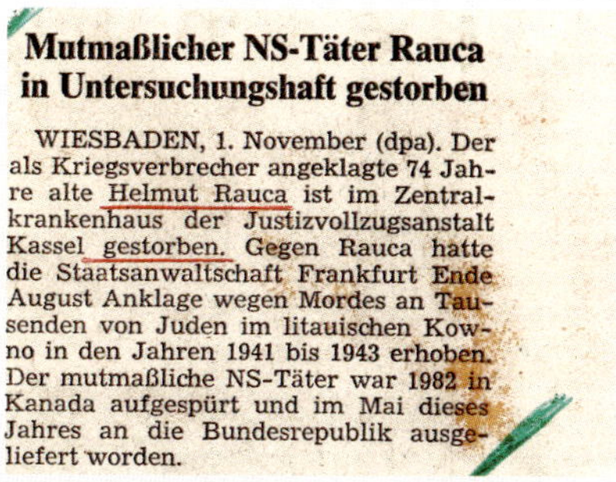

Mutmaßlicher NS-Täter Rauca in Untersuchungshaft gestorben

WIESBADEN, 1. November (dpa). Der als Kriegsverbrecher angeklagte 74 Jahre alte Helmut Rauca ist im Zentralkrankenhaus der Justizvollzugsanstalt Kassel gestorben. Gegen Rauca hatte die Staatsanwaltschaft Frankfurt Ende August Anklage wegen Mordes an Tausenden von Juden im litauischen Kowno in den Jahren 1941 bis 1943 erhoben. Der mutmaßliche NS-Täter war 1982 in Kanada aufgespürt und im Mai dieses Jahres an die Bundesrepublik ausgeliefert worden.

Zeitungsausschnitt
Bundesarchiv, B 162/27682, Bl. 105

Zentrale Stelle der
Landesjustizverwaltungen
Ludwigsburg
Schlußvermerk: Bl.
Hiermit verbunden:
Bundesarchiv
B 162/ 15008
Aufbewahren
Benutzersaal/
Datum:
Gesch.-Z.:
IVB 33001—33025
LP
Offz. u. Beamte d. Lw.
wegen Mordes/Beihilfe zum Mord
Abgegeben am
Anklageschrift Bl.
Einstellungsvfg. Bl.
Urteil: Bl.
Bundesarchiv
B 162/ 9952
AR-Z
AR
Weggelegt: 19
Aufbewahren
Bundesarchiv
B 162/ 9973
AR-Z
AR
Bundesarchiv
B 162/ 9894

IV

Schlüsselprobleme der Strafverfolgung von NS-Verbrechen

IV 1
Wahrheitsfindung

Durchschnittliche Dauer der zwischen 1962 und 1977 mit einem erstinstanzlichen Urteil abgeschlossenen NS-Verfahren:
Vorermittlungen der Zentralen Stelle, staatsanwaltschaftliches Ermittlungsverfahren, gerichtliche Voruntersuchung, Vorbereitung und Durchführung der Hauptverhandlung.

aus:
Adalbert Rückerl
Die Strafverfolgung von NS-Verbrechen 1945 – 1978. Eine Dokumentation
Heidelberg und Karlsruhe 1979, S. 102

Rechtsstaatlichkeit bedeutet, dass ein Mensch allein aufgrund eines ausreichenden, individuellen Schuldnachweises für eine Tat verurteilt und bestraft wird. Das überzeugendste Beweismittel in einem Strafprozess ist das Geständnis des Angeklagten. Bleibt es aus, muss das Gericht seine Entscheidung auf Zeugen- und Urkundenbeweise stützen.

Die Unterschiede in der Täterschaft bedingen auch verschiedene Beweissituationen. Der „Schreibtischtäter" wirkt durch große zeitliche und räumliche Distanz an der Tat mit. Nur mit genauer Kenntnis von Zuständigkeiten und Befehlsstrukturen kann seine Verantwortlichkeit bemessen werden. Wichtige Detailinformationen dazu könnte das engere Umfeld des Täters liefern. Dessen Angehörige müssen aber davon ausgehen, dass sie vom Angeklagten belastet werden und dadurch selbst in den Kreis der Beschuldigten geraten. Die Bereitschaft der Betroffenen, zur Erhellung der Zusammenhänge beizutragen, fördert dies erfahrungsgemäß nicht. Vor allem erhalten gebliebene Dokumente können deshalb, sofern sie eindeutige Hinweise auf seine Person und die Art des Tatbeitrages enthalten, den „Schreibtischtäter" seiner Taten überführen.

Bei den tatnahen Tätern stellt sich dies umgekehrt dar. Denn die Angehörigen von Erschießungskommandos oder der Lagermannschaften eines Konzentrationslagers werden aufgrund ihrer untergeordneten Stellung und ihres niederen Ranges nur in wenigen Fällen in Dokumenten, die sich auf die Tat beziehen, namentlich erwähnt. Der bloße Nachweis der Zugehörigkeit des Beschuldigten zu einer Einheit, die aufgrund eines Einsatzbefehls mit verbrecherischen Handlungen in Verbindung gebracht werden kann, genügt keinesfalls für einen rechtsstaatlichen Prinzipien verpflichteten individuellen Schuldnachweis.

Die unmittelbare Tatbeteiligung lässt sich in der Hauptsache durch Zeugenaussagen beweisen. Allerdings gibt es keinen absolut objektiven Zeugen. Zwar haben als Sachverständige von Gerichten beauftragte Psychologen und Psychiater wiederholt festgestellt, dass Zeugen, obgleich sie länger zurückliegenden Extrembelastungen ausgesetzt waren, einprägsame Erlebnisse in Erinnerung behalten und diese auch nach langer Zeit im Kern zuverlässig wiedergeben. Vor Veränderungen und Verzerrungen seines Erinnerungsvermögens ist indes kein Zeuge gefeit.

Die wenigsten Opfer überlebten die NS-Verbrechen, sodass der größte Teil der in NS-Verfahren auftretenden Zeugen im weitesten Sinne der Seite der Täter angehörte. Augenscheinlich ist, dass in deren Aussagen mangelndes Erinnerungsvermögen oder die Behauptung schlichter Unkenntnis dominieren. Ob dies allein auf die Befürchtung zurückzuführen ist, durch wahrheitsgemäße Angaben selbst in ein Strafverfahren verwickelt zu werden, muss der Spekulation überlassen bleiben.

Überlebende Opfer ausfindig zu machen ist eine sehr zeit- und arbeitsintensive Herausforderung. Die ermittleten Zeugen müssen dann bereit sein, sich nach Jahren erneut mit Ereignissen auseinanderzusetzen, die extrem belastend für ihre persönliche Psyche sind. In bestimmten Fällen müssen sie ihren damaligen Peinigern sogar Auge in Auge gegenübertreten. Bringt der Zeuge dazu die Kraft auf, so erwartet er, dass seinen Ausführungen Aufmerksamkeit zuteil wird. Das Unverständnis eines überlebenden Häftlings von Auschwitz ist verständlich, wenn seine Ausführungen über den schmerzhaften Verlust von Familienangehörigen durch eine Selektion in den Hintergrund treten gegenüber der aus seiner Sicht vielleicht weniger bedeutsamen Detailfrage, an welchem Tag und zu welcher Uhrzeit [!] die Selektion denn erfolgte. Der Nachweis, dass ein Beschuldigter an solch einer Tat teilgenommen hat, hängt unter Umständen aber von der Feststellung solcher Details ab. Schnell kann es zu Widersprüchen im Aussageverhalten kommen, unter denen die Glaubwürdigkeit des Zeugen bzw. die Überzeugungskraft seiner Aussage leiden, mit schwerwiegenden Folgen für die Beweisführung, aber auch für das Gefühlsleben des Zeugen.

Jedem Menschen fällt es schwer, über einen längeren Zeitraum Selbsterlebtes und Gehörtes zuverlässig zu trennen. Und viele Opfer tauschen sich regelmäßig mit Leidensgefährten, beispielsweise anlässlich von Gedenktagen, aus. Für die Beweisführung ist der Unterschied allerdings beträchtlich, ob der Zeuge ein Geschehen persönlich erlebt hat oder darüber nur durch Hörensagen weiß. Der Umstand, dass polizeiliche Vernehmungen eines Zeugen und seine spätere Aussage vor Gericht voneinander abweichen, überrascht nicht zwingend. Denn viele Zeugenaussagen werden mit begrenzten Kenntnissen der deutschen Sprache getätigt oder nicht im exakten Wortlaut protokolliert. Die Zahl der Fälle, in denen Opferzeugen vorsätzlich falsch aussagen, ist dagegen nicht nennenswert.

Die Hürden eines rechtsstaatlichen Verfahrens sind hoch. Für NS-Verfahren stehen, wenn überhaupt, nur sehr wenige Zeugen noch zur Verfügung. Die Herausforderungen der Beweisführungen spiegeln sich auch in der steigenden Dauer der Verfahren wider. Adalbert Rückerl resümiert bereits im Jahr 1979: „Die Chancen, einen [...] NS-Täter auf die Anklagebank zu bringen, sind [...] aus den bereits genannten Gründen – Alter des Beschuldigten, zunehmende Ermittlungs- und Beweisschwierigkeiten, relativ lange Verfahrensdauer – nur noch äußerst gering."

aus: Adalbert Rückerl,
Die Strafverfolgung von NS-Verbrechen 1945 – 1978. Eine Dokumentation
Heidelberg und Karlsruhe 1979, S. 124

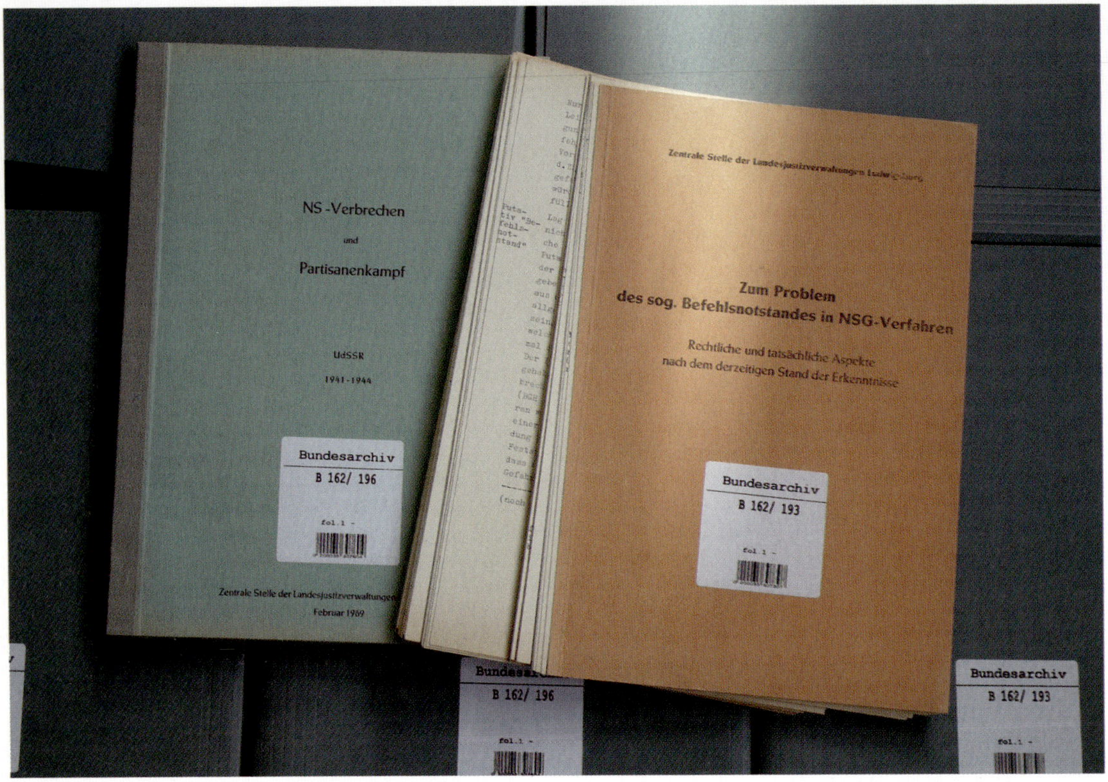
NS-Verbrechen
und
Partisanenkampf
UdSSR
1941-1944
Bundesarchiv
B 162/ 196
Zentrale Stelle der Landesjustizverwaltungen
Februar 1989
Zum Problem
des sog. Befehlsnotstandes in NSG-Verfahren
Rechtliche und tatsächliche Aspekte
nach dem derzeitigen Stand der Erkenntnisse
Bundesarchiv
B 162/ 193
Bundesarchiv
B 162/ 193

IV 2
Persönliche Verantwortlichkeit trotz Befehl und Gehorsam

Die meisten NS-Täter waren in die strenge hierarchische Ordnung des Militär-, SS- oder Polizeiapparates eingebunden und dem Prinzip von Befehl und Gehorsam unterworfen. Gebetsmühlenartig bringen Beschuldigte denn auch vor, die Ausführung auch verbrecherischer Befehle sei unausweichlich gewesen, die Nichtausführung hätte für den Betroffenen schwerwiegende Folgen, vielleicht sogar eine Verurteilung zum Tode gehabt. Dieses Klischee hält sich hartnäckig bis in die Gegenwart. Im Hintergrund scheint die Vorstellung zu stehen, dass die Wehrmachtjustiz sowie die SS- und Polizeigerichte besonders drakonisch gewesen seien.

Von einer vom NS-Regime unabhängigen Justiz kann insgesamt nicht gesprochen werden. Auch die Militärjustiz erwies sich als ein system- und ideologiekonformer Motor, der von sich aus Terror erzeugte und die Soldaten der Wehrmacht im Verlauf des Krieges immer schärfer disziplinierte. Allerdings lässt sich bis heute kein einziger Fall benennen, in dem die Nichtausführung eines verbrecherischen Befehls ein Verfahren vor der Militär-, SS- und Polizeigerichtsbarkeit zur Folge hatte.

Dennoch berufen sich Beschuldigte, die ihre Tatbeteiligung objektiv nicht bestreiten können, auf die Notstandsvorschriften des Strafgesetzbuchs (§§ 52 und 54 StGB a.F.). In vielen Fällen müssen sich die Gerichte mit dem zur Rechtfertigung des persönlichen Handelns vorgebrachten Argument des Befehlsnotstandes auseinandersetzen. Für die Rechtsprechung liegt dann ein Befehlsnotstand vor, wenn dem Befehlsempfänger bei Nichtausführung des Befehls eine gegenwärtige Gefahr für Leib und Leben drohte. Diese Gefahr oder Schädigung musste bei Weiterentwicklung der gegebenen Sachlage absehbar sein; die bloße Möglichkeit einer Schädigung reicht hingegen nicht aus. Des Weiteren musste sich der Betroffene in einer konkreten Gefahrensituation befunden haben, die er, außer durch die Befehlsausführung, nicht selbst verändern konnte. Um Befehlsnotstand geltend zu machen, durfte der Betroffene nicht den für ihn bequemeren, einfacheren Weg gewählt haben. Schließlich musste der Beschuldigte durch eine mit gegenwärtiger Gefahr für Leib und Leben verbundenen Drohung zu der Handlung genötigt werden. Nicht die vielleicht objektive Drohkulisse einer totalitären Herrschaft und ihres Zwangs- und Terrorsystems, sondern die konkrete Drohung, die den Beschuldigten in seinem Willen beugte, können einen Befehlsnotstand begründen.

Weder durch zeitgenössische Dokumente noch im Verlauf der Ermittlungen kann ein tatsächlicher Fall von Befehlsnotstand in Verbindung mit der Ausführung verbrecherischer Befehle belegt werden. Dies schließt allerdings nicht aus, dass ein solcher in der Vorstellung des Täters bestand. Dies meint nicht die rückschauende, nachträgliche Konstruktion zur Entlastung. Entscheidend ist, was das Denken des Täters im Augenblick der Tat bestimmte. Juristisch wird dies als Putativ-Nötigungsstand oder -Notstand bezeichnet. Ob sich ein Beschuldigter tatsächlich gedanklich in einer für ihn bedrohlichen und unausweichlichen Situation gesehen hat, lässt sich nur unter Berücksichtigung individueller und situativer Momente klären. Die Antwort auf diese komplexe Frage hat Auswirkungen auf die Feststellung der individuellen Schuld.

Der Bundesgerichtshof setzt in seinen Urteilen allerdings enge Maßstäbe für den Befehlsnotstand. Das Argument von Beschuldigten, sie hätten Menschen getötet, weil sie für die Sicherheit ihrer Person keine Alternative gesehen hätten, erhält vor den Gerichten keine tatsächliche Bedeutung für die Feststellung von Schuld an einem Verbrechen.

IV 3
Verjährung von Straftaten

Das Strafgesetzbuch sieht vor, dass die Verfolgung von Straftaten nach Ablauf einer bestimmten Frist verjährt (§ 67 StGB a.F.). Hinter dieser gesetzlichen Bestimmung steht der Gedanke, dass der Zeitablauf die Aufklärung von Straftaten erschwere und das Bedürfnis für Strafe vermindere und schließlich ganz entfallen lasse. Die Dauer der Verjährungsfrist richtet sich nach der Schwere der Straftat. Totschlag verjährt nach 15 Jahren. Für eine Mordtat gilt zunächst eine zwanzigjährige Verjährungsfrist. Nach Ablauf darf die Tat nicht mehr verfolgt werden.

Der Bundestag setzt sich mit der Verjährungsproblematik von seiner 3. Wahlperiode an auseinander. Die Debatten des Parlaments stehen im Widerstreit zwischen der neu gewonnenen Rechtsstaatlichkeit und Überlegungen der Rechtssicherheit einerseits und dem Streben nach Gerechtigkeit und Wiedergutmachung andererseits. Der Gewissensüberzeugung, den Opfern nationalsozialistischer Verbrechen Gerechtigkeit und Sühne zukommen zu lassen, stehen die grundsätzlichen Bedenken gegen eine Sondergesetzgebung für die Verjährung nationalsozialistischer Verbrechen aus rechtsstaatlichen Überlegungen gegenüber.

Am 20. November 1964, kurz vor Ablauf der zwanzigjährigen Verjährungsfrist für die vor 1945 begangenen Mordverbrechen, ruft die Bundesregierung unter Kanzler Ludwig Erhard das Ausland auf, Unterlagen für die Einleitung von Ermittlungsverfahren zur Verfügung zu stellen. Gegenüber dem Bundestag berichtet der damalige Bundesminister der Justiz, Dr. Bucher, am 9. Dezember 1964: „Die Staatsanwaltschaften und Gerichte der Bundesrepublik bemühen sich seit vielen Jahren, die unter der Herrschaft des Nationalsozialismus verübten Untaten zu ahnden. [...] In dem Bestreben, die nationalsozialistischen Mordtaten restlos aufzuklären, hat die Bundesregierung am 20. November 1964 einen Aufruf an alle Regierungen, Organisationen und Einzelpersonen im In- und Ausland erlassen, bisher noch nicht bekanntes Material der Zentralen Stelle in Ludwigsburg im Original, in Ablichtung oder auf Mikrofilm zur Verfügung zu stellen. Sämtliche diplomatischen und berufskonsularischen Vertretungen der Bundesrepublik Deutschland sind beauftragt, angebotenes Material entgegenzunehmen und weiterzuleiten. [...] Die Justizminister und -senatoren der Länder haben mit mir am 20. November 1964 in Bonn eingehend die Frage erörtert, welche Komplexe nationalsozialistischer Straftaten noch der Aufklärung bedürfen und welches bisher noch nicht ausgewertete Material für eine weitere Sachaufklärung in Betracht kommt. Dabei bestand Einigkeit darüber, das gesamte vorhandene Dokumentationsmaterial und alle sonstigen Beweismittel über nationalsozialistische Verbrechen auch weiterhin systematisch auszuwerten, um die Verjährung bei allen Personen, gegen die ein Verfahren in Betracht kommt, rechtzeitig unterbrechen zu können."

Der Zustrom von Belastungs- und Beweismaterial ist so stark, der Aufklärungs- und Ermittlungsbedarf so umfangreich, dass das ohnehin schon große Arbeitsaufkommen der Zentralen Stelle sich schlagartig vergrößert. Unter dem Eindruck zahlreicher ungeklärter Verbrechen beschließt der Bundestag, die Verjährungsfrist für Mord zu verlängern. Insbesondere die Debatte am 10. März 1965 gilt als ein Höhepunkt der deutschen Parlamentsgeschichte. Die große Sachlichkeit und der Ernst, mit der die verschiedenen Argumente vorgebracht und die Standpunkte in zum Teil sehr persönlichen Bekenntnissen vertreten werden, kommen in den nebenstehenden Redeauszügen zum Ausdruck.

Weil der NS-Staat auf die Sanktionierung der Verbrechen verzichtete, beginnt die Verjährungsfrist zunächst im Jahre 1945. Wegen des Stillstandes bzw. der Beschränkungen der Rechtspflege bis zum Jahr 1949, so eine spätere Argumentationslinie des Bundestagskompromisses von 1965, wird die Verjährung zunächst bis zum Jahr 1969 verlängert. Dann muss sie erneut um 10 Jahre, bis zum Jahr 1979 aufgeschoben werden. Eine gewisse Klärung in die verfassungsrechtliche und rechtspolitische Diskussion bringt die Entscheidung des Bundesverfassungsgerichts vom 26. Februar 1969, das die rückwirkende Verlängerung der Verjährungsfristen durch den Gesetzgeber als verfassungskonform erklärt.

Erst das 16. Strafrechtsänderungsgesetz vom 16. Juli 1979 regelt das Problem abschließend, indem generell die Verjährung für Mord sowohl für künftige als auch für früher begangene Taten aufgehoben wird. Seitdem gilt: Mord verjährt nicht.

Zur Verjährung nationalsozialistischer Verbrechen. Dokumentation der parlamentarischen Bewältigung des Problems 1960–1979
3 Bände
Bonn 1980

Verjährungsdebatte im Deutschen Bundestag am 10. März 1965
Presse- und Informationsamt der Bundesregierung

„Was können wir tun, um im Einklang mit der Stimmung, mit dem Willen der Welt zu sein? Sollen wir mit ihr hassen, verfluchen, Schuld und Sühne verewigen? Können wir dadurch den Schaden von unserem Volke wenden? Nein, wir können der Welt nur schlicht und fest unseren Willen zum Recht tun. Ein Mehr gibt es nicht. [...] Zum Recht, zu unserem Recht gehört es auch, dass Schuld, dass jede Schuld verjährt. Auch das gehört zu den Erfahrungen meines Lebens, dass der Mangel an Recht, der Mangel an Rechtsstaatlichkeit Schaden bringt. Der Weg zum Staat des Unrechts ist dadurch gebahnt worden, dass der Wille zur unbedingten Rechtstaatlichkeit nicht lebendig genug war."
Thomas Dehler, FDP

„Der Rechtsstaat heute muss auch die Gerechtigkeit anstreben, wobei er natürlich das wichtige Rechtsgut der Rechtssicherheit weder vergessen noch auch nur vernachlässigen kann. Er muss, wie es das Bundesverfassungsgericht sagt, diese nicht einfache Abwägung im Einzelfall vornehmen; er muss sich dabei entscheiden, die Gerechtigkeit zu verwirklichen."
Ernst Benda, CDU / CSU

„Wir haben nicht nur daran zu denken, dass der Gerechtigkeit wegen, auf die wir uns berufen, die überführten Mörder abgeurteilt werden sollen, sondern wir haben auch den Opfern das Recht zuteil werden zu lassen, schon allein durch den richterlichen Ausspruch, dass das hier ein Mord war. Schon dieser Ausspruch ist ein Tropfen, ein winziger Tropfen Gerechtigkeit, der noch zu erwarten ist zur Ehre aller derer, die in unbekannten Massengräbern draußen in der Welt liegen. Nicht dass wir jüngstes Gericht spielen wollen; das steht uns nicht zu. Nicht dass es hier eine iustitia triumphans gäbe! Es geht darum, eine sehr schwere und im Augenblick leider noch ganz unpopuläre Last und Bürde auf uns zu nehmen. Es geht darum, dass wir dem Gebirge an Schuld und Unheil, das hinter uns liegt, nicht den Rücken kehren, sondern dass wir uns als das zusammenfinden, was wir sein wollen: kleine, demütige Kärrner, Kärrner der Gerechtigkeit, nicht mehr."
Adolf Arndt, SPD

IV 4
Schuld und Strafzumessung

Auf den ersten Blick beeindruckt die Gesamtbilanz bundesdeutscher NS-Verfahren, schließlich wurde gegen mehr als einhunderttausend Beschuldigte ermittelt und mehrere tausend Täter verurteilt (vgl. S. 82). Und doch gerät man ins Nachdenken, wenn man diese Zahlen dem millionenfachen Tod und dem unermesslichen menschlichen Leiden gegenüberstellt. Daher ist wiederholt der Vorwurf erhoben worden, die Strafverfolgung sei zu spät erfolgt, die Täter zu milde bestraft worden. Dem wird man in Einzelfällen beipflichten. Doch pauschal erhoben, dürfte dieser Vorwurf der tatsächlichen Komplexität der Thematik nicht angemessen sein. Vor diesem Hintergrund dienen die folgenden Ausführungen einer ersten Orientierung; zugleich sollen sie die kritische wie konstruktive Diskussion anregen. Sie können, dies sei nachdrücklich betont, weder vollständig sein noch ein abschließendes Urteil fällen und müssen, der allgemeinen Verständlichkeit wegen, stark vereinfachen.

Das Strafgesetz verbietet jede Handlung, die den Tod oder die Verletzung eines anderen Menschen zur Folge hat. Ursächlich für den Tod des Opfers ist aber z. B. nicht nur das Schießen des Täters, sondern auch das Hinlocken des Opfers oder das Bereitstellen von Waffen und Transportkapazitäten. Das Zutun des Erbauers der Gaskammer, des Lieferanten von Giftgas, des Organisators der Vernichtungsaktionen oder des Lokführers, der den Transportzug an die Rampe von Auschwitz-Birkenau steuerte, kann nicht weggedacht werden, ohne dass das Ergebnis, der Tod von Menschen, wegfiele. Eine weite Auslegung dieses sogenannten Kausalitätsprinzips hat den Vorzug, dass auch diejenigen Täter strafrechtlich belangt werden können, die als „Hintermänner" wirkten und sich nicht selbst „die Finger schmutzig" machten. Bei bürokratisch organisierten Verbrechen, an denen weite Teile des Staatsapparates in unterschiedlichster Weise beteiligt waren, führt diese tatbestandsmäßige Betrachtung von Handeln allerdings zu einer regelrechten Explosion des Täter- bzw. Beschuldigtenkreises. Wie engmaschig kann und muss das Netz der Strafverfolgung sein, damit Verbrechen in einem überschaubaren Zeitrahmen aufgeklärt und Täter zur Rechenschaft gezogen werden können?

Ausschlaggebend für das Strafmaß ist die Frage, ob ein Verbrechen als Mord (§ 211 StGB) oder als Totschlag (§ 212 StGB) bewertet wird. Ein Mörder muss nach dem Gesetz zu einer lebenslangen Haftstrafe verurteilt werden, wohingegen die Höchststrafe für Totschlag bei 15 Jahren Gefängnis liegt. Als Mörder handelt, wer aus Mordlust oder aus sogenannten niederen Beweggründen einen Menschen tötet. Dazu zählen z. B. Habgier oder die Befriedigung des Geschlechtstriebes. Hinzu kommen weitere Motive, die nach dem gesunden Empfinden sittlich verachtenswert sind. Für einen vernünftigen und moralischen Menschen ist auch Fremden- oder Rassenhass, die zur Tötung eines andersartigen Menschen führen, eine sittlich verachtenswerte Einstellung. Schließlich qualifiziert auch die Ausführung eine Tat als Mord, indem sie nämlich heimtückisch, grausam oder gemeingefährlich begangen wird.

Angesichts des für nationalsozialistische Verbrechen typischen Charakters von Organisationsverbrechen ist die Art und Weise der Teilnahme ein wesentliches Kriterium für die Verurteilung der Täter. Für Täterschaft, Mittäterschaft und Anstiftung zum Mord ist die Höchststrafe, d. h. die lebenslange Haft vorgeschrieben. Im Gegensatz dazu können die Richter in Fällen von Beihilfe zu einem Mord geringere Strafen verhängen. Bei der Verurteilung der Täter muss die bürokratische Organisation und die staatliche Befehlskette der Verbrechen berücksichtigt werden. Vor allem in den 1950er Jahren betrachten viele Schwurgerichte Hitler, Himmler, Heydrich und andere an der Spitze der Befehlskette als die Hauptverantwortlichen für die Straftaten. Bei den darunter stehenden Personen unterscheiden die Richter zwischen Mittätern der Hauptverantwortlichen und deren Tatgehilfen. Die milden Strafen, zu denen die mehrheitlich als Gehilfen verurteilten NS-Täter verurteilt werden, lösen seit jeher öffentlichen Widerspruch aus.

Tatsächlich bestehen sowohl in der Rechtsprechungspraxis als auch in der rechtswissenschaftlichen Lehre unterschiedliche Auslegungen der Abgrenzung von Täter und Gehilfen. Eine Schlüsselfrage ist in diesem Zusammenhang, wer aus dem Kreis der an einer Tat Beteiligten die strafrechtlich ausschlaggebende Tatherrschaft hat. Auf eine Differenzierung könnte verzichtet werden bei der Annahme, dass, um es überspitzt darzustellen, Hitler und der ausführende Schütze eines Erschießungskommandos gleichermaßen den konkreten Geschehensablauf beherrscht hätten. Zweifellos bestimmten diejenigen, die direkt töteten, zu einem ganz wesentlichen Anteil das Tatgeschehen. Gleichzeitig wuchs aber, je weiter die Befehlskette nach unten ging, die Bindung des Ausführenden, und der Spielraum der Ausführung wurden enger. Bereits die wenigen Gedanken verdeutlichen, dass die Anwendung des allgemein gültigen Strafrechts auf nationalsozialistischen Staatsterrorismus und kollektive Gewaltkriminalität weitreichende Fragen und Probleme aufwirft, die sich einer einfachen wie verbindlichen Antwort entziehen.

Infolge der Entscheidungen des Bundesgerichtshofs setzt sich eine subjektive Abgrenzungstheorie durch. In deren Mittelpunkt steht die Frage nach dem Interesse des Täters am Taterfolg. Demnach gilt derjenige, der durch seine Handlung den äußeren Tatbestand des Mordes zwar voll verwirklicht, sich dabei aber ohne eigenes Interesse am Taterfolg dem Willen eines anderen vollständig unterordnet, nicht als Täter, sondern als Gehilfe. Diese Auslegung ermöglicht die Abgrenzung an jeder Stelle einer Befehlskette nach der verbrecherischen Intensität des einzelnen Handelns, nach dem individuellen verbrecherischen Willen. In den Blick geraten damit auch die sogenannten Schreibtischtäter, die selbst nie tatausführend im engeren Sinne geworden sind. Die Maßgabe allerdings, die Täter auf der Grundlage ihrer Tatgesinnung zu verurteilen, stellt die Beweisführung vor große Hürden (vgl. S. 107).

Der § 49 Abs. 2 StGB a.F. gibt den Gerichten die Möglichkeit, im Falle der Beihilfe zu einem Mordverbrechen alternativ zur lebenslangen auch eine zeitlich befristete Strafe zu verhängen. Im Jahr 1968 erlässt der Bundestag dann allerdings eine Rechtsnorm, welche die Strafmaße in NS-Verfahren grundlegend beeinflusst. Das Einführungsgesetz zu dem neuen Ordnungswidrigkeitengesetz soll eigentlich die im Zuge der Studentenproteste der 1960er Jahre verhängten Strafen mildern. Eine unscheinbare Bestimmung in diesem Gesetz macht aus der erwähnten Kann-Bestimmung des § 49 StGB eine nicht mit einem Ermessensspielraum ausgestattete gesetzliche Muss-Vorschrift. Hatte ein Richter bislang die Möglichkeit, einen Beihilfetäter zur Höchststrafe zu verurteilen, so muss das Strafmaß fortan zwingend gemildert werden. Die nächst mildere Strafe nach der lebenslangen Haft ist die 15 Jahre währende Haftstrafe. Doch dieses Strafmaß unterliegt bereits seit dem Jahr 1960 der Verjährung (vgl. S. 108 f.). Von den Auswirkungen dieser gesetzlichen Bestimmungen profitieren insbesondere die sogenannten Schreibtischtäter, denen zwar ihr Tatbeitrag, nicht aber ihre Tatgesinnung als Mörder nachgewiesen werden kann. Unmittelbar zeigt sich dies im abrupten Ende der seinerzeit umfangreichen Ermittlungen gegen Angehörige des Berliner Reichssicherheitshauptamtes.

Ohnedies schöpfen viele Gerichte bei der Verurteilung von Mordgehilfen nicht den möglichen Strafrahmen aus und tendieren zu milden Entscheidungen. Die Richter begründen diese u. a. mit der Verwirrung der sittlichen und moralischen Werte durch den Nationalsozialismus oder mit dem zeitspezifischen Obrigkeitsdenken, welches das Denken und Handeln der Täter beeinflusste. Ein weiteres Argument lautet, dass die Täter die zum Teil lange zurückliegenden Taten innerlich längst gesühnt hätten. Schließlich sehen die Richter in vielen Fällen keine Gefahr dafür, dass der Täter wieder straffällig werden könnte, ist dieser doch häufig als „ehrbarer" Bürger längst in die Gesellschaft integriert.

Die Strafverfolgung der Täter dient nicht der Rache, sondern der Wiederherstellung der Gerechtigkeit. Selbst die höchste von irdischen Gerichten verhängte Strafe kann erfahrenes menschliches Leid oder den Verlust von Menschenleben nicht ungeschehen machen. Die Opfer sowie deren Hinterbliebene haben aber ein Anrecht darauf, dass ihr Schicksal Gegenstand einer möglichst objektiven Wahrheitsfindung ist. Die Strafverfolgung von NS-Verbrechen bedeutet ein klares Signal, dass keine Untat, auch wenn sie unter totalitärer Herrschaft begangen wurde, der individuellen Verantwortlichkeit enthoben ist. Die Tötung wehr- und hilfloser Menschen war auch unter der NS-Herrschaft kein Kavaliersdelikt minderer Schuld und Schwere, sondern auch nach damals geltendem Recht ein Verbrechen. Recht muss aber für jede einzelne Tat, für den einzelnen Täter sowie nach seiner individuellen Schuld gesprochen werden. Die Befolgung dieses grundsätzlichen Gebots des Rechtsstaats führt zu Ergebnissen, die nicht jede moralische Erwartungshaltung befriedigen können und dadurch Widersprüche hervorrufen. Doch hat die damit einhergehende Diskussion nicht vielleicht eine größere Bedeutung für unsere heutige wie zukünftige gesellschaftliche Selbstvergewisserung als eine möglicherweise eher vordergründige Genugtuung über die Verurteilung eines Täters, die uns schnell zu anderen Themen übergehen lassen könnte?

Urteile im Überblick
Justiz und NS-Verbrechen. Die deutschen Strafverfahren wegen nationalsozialistischer Tötungsverbrechen. Zusammengestellt im Institut für Strafrecht der Universität von Amsterdam von
Prof. Dr. C.F. Rüter und
Dr. D.W. de Mildt
www1.jur.uva.nl/junsv/

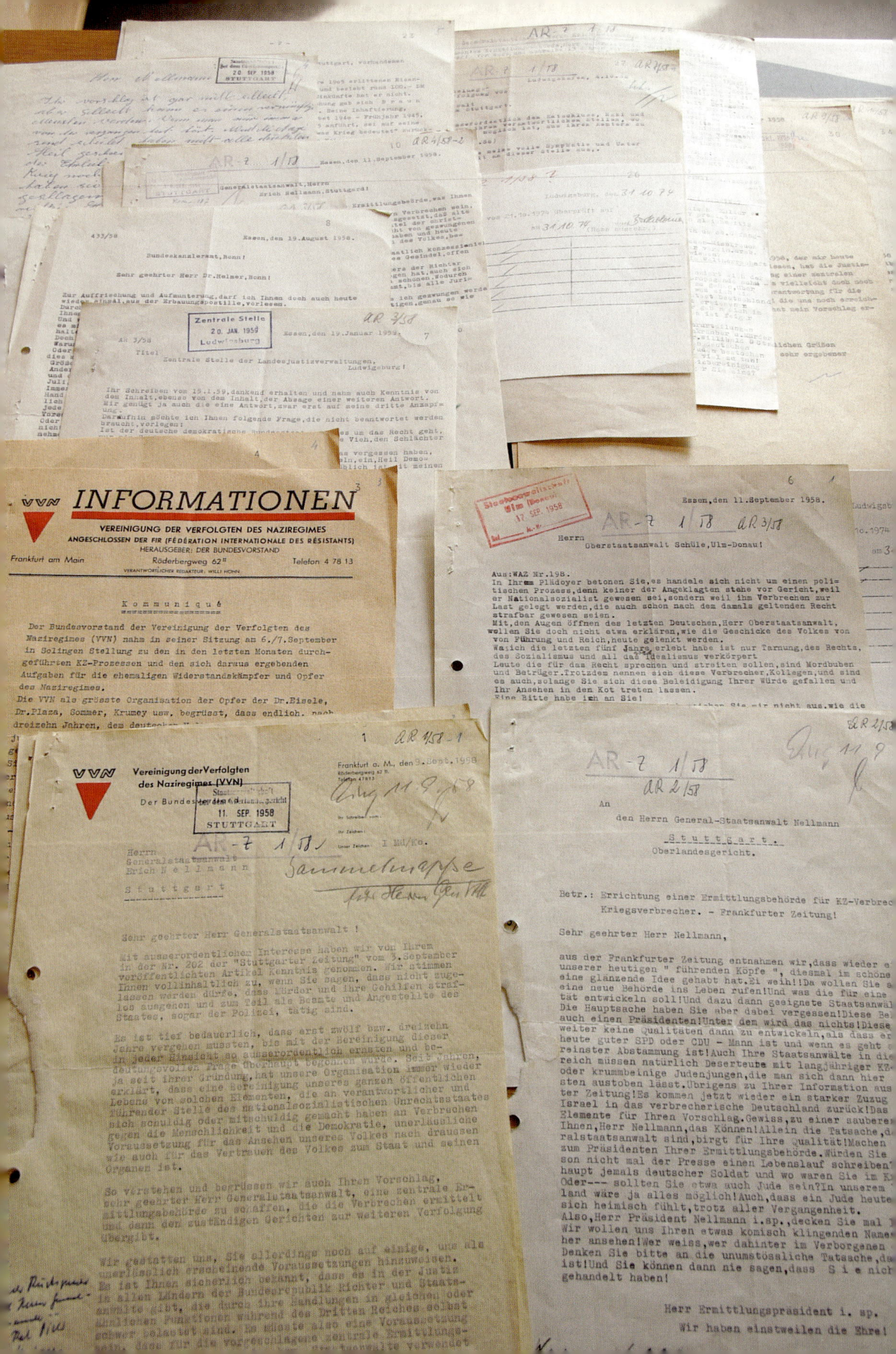

433/58

Essen, den 19. August 1958.

Bundeskanzleramt, Bonn!

Sehr geehrter Herr Dr. Helmer, Bonn!

Zur Auffrischung und Aufmunterung, darf ich Ihnen doch auch heute wieder einmal aus der Erbauungspostille, verlesen.

Zentrale Stelle
20. JAN. 1959
Ludwigsburg

AR 3/58

Essen, den 19. Januar 1959.

Titel

Zentrale Stelle der Landesjustizverwaltungen,
Ludwigsburg!

Ihr Schreiben vom 15.1.59, dankend erhalten und nahm auch Kenntnis von dem Inhalt, ebenso von dem Inhalt der Absage einer weiteren Antwort. Mir genügt ja auch die eine Antwort, zwar erst auf meine dritte Anzapfe ...
Darauf hin möchte ich Ihnen folgende Frage, die nicht beantwortet werden braucht, vorlegen!
Ist der deutsche demokratische ...

AR-Z 1/58

Essen, den 11. September 1958.

Generalstaatsanwalt, Herrn
Erich Nellmann, Stuttgart!

INFORMATIONEN

VVN

VEREINIGUNG DER VERFOLGTEN DES NAZIREGIMES
ANGESCHLOSSEN DER FIR (FÉDÉRATION INTERNATIONALE DES RÉSISTANTS)
HERAUSGEBER: DER BUNDESVORSTAND

Frankfurt am Main — Röderbergweg 62 II — Telefon 4 78 13

VERANTWORTLICHER REDAKTEUR: WILLI HOHN

Kommuniqué

Der Bundesvorstand der Vereinigung der Verfolgten des Naziregimes (VVN) nahm in seiner Sitzung am 6./7. September in Solingen Stellung zu den in den letzten Monaten durchgeführten KZ-Prozessen und den sich daraus ergebenden Aufgaben für die ehemaligen Widerstandskämpfer und Opfer des Naziregimes.
Die VVN als grösste Organisation der Opfer der Dr. Eisele, Dr. Plaza, Sommer, Krumey usw. begrüsst, dass endlich nach dreizehn Jahren, dem deutschen ...

Staatsanwaltschaft
Ulm (Donau)
17. SEP. 1958

6

Essen, den 11. September 1958.

AR-Z 1/58 AR 3/58

Herrn
Oberstaatsanwalt Schüle, Ulm-Donau!

Aus: WAZ Nr. 198.
In Ihrem Plädoyer betonen Sie, es handele sich nicht um einen politischen Prozess, denn keiner der Angeklagten stehe vor Gericht, weil er Nationalsozialist gewesen sei, sondern weil ihm Verbrechen zur Last gelegt werden, die auch schon nach dem damals geltenden Recht strafbar gewesen seien.
Mit, den Augen öffnen des letzten Deutschen, Herr Oberstaatsanwalt, wollen Sie doch nicht etwa erklären, wie die Geschicke des Volkes von von Führung und Reich, heute gelenkt werden.
Was ich die letzten fünf Jahre erlebt habe ist nur Tarnung, des Rechts, des Sozialismus und all das Idealismus verkörpert
Leute die für das Recht sprechen und streiten sollen, sind Mordbuben und Betrüger. Trotzdem nennen sich diese Verbrecher, Kollegen, und sind es auch, solange Sie sich diese Beleidigung Ihrer Würde gefallen und Ihr Ansehen in den Kot treten lassen.
Eine Bitte habe ich an Sie!

---

1 AR 1/58-1

VVN

Vereinigung der Verfolgten des Naziregimes (VVN)
Der Bundesvorstand

Frankfurt a. M., den 9. Sept. 1958
Röderbergweg 62 II
Telefon 47813

Staatsanwaltschaft bei dem Oberlandesgericht
11. SEP. 1958
STUTTGART

AR-Z 1/58

Ihr Schreiben vom
Ihr Zeichen
Unser Zeichen: I Bd/Ko.

Herrn
Generalstaatsanwalt
Erich Nellmann

Stuttgart

Sammelmappe

Sehr geehrter Herr Generalstaatsanwalt !

Mit ausserordentlichem Interesse haben wir von Ihrem in der Nr. 202 der "Stuttgarter Zeitung" vom 3. September veröffentlichten Artikel Kenntnis genommen. Wir stimmen Ihnen vollinhaltlich zu, wenn Sie sagen, dass nicht zugelassen werden dürfe, dass Mörder und ihre Gehilfen straflos ausgehen und zum Teil als Beamte und Angestellte des Staates, sogar der Polizei, tätig sind.

Es ist tief bedauerlich, dass erst zwölf bzw. dreizehn Jahre vergehen mussten, bis mit der Bereinigung dieser in jeder Hinsicht so ausserordentlich ernsten und bedeutungsvollen Frage überhaupt begonnen wurde. Seit Jahren, ja seit ihrer Gründung, hat unsere Organisation immer wieder erklärt, dass eine Bereinigung unseres ganzen öffentlichen Lebens von solchen Elementen, die an verantwortlicher und führender Stelle des nationalsozialistischen Unrechtsstaates sich schuldig oder mitschuldig gemacht haben an Verbrechen gegen die Menschlichkeit und die Demokratie, unerlässliche Voraussetzung für das Ansehen unseres Volkes nach draussen wie auch für das Vertrauen des Volkes zum Staat und seinen Organen ist.

So verstehen und begrüssen wir auch Ihren Vorschlag, sehr geehrter Herr Generalstaatsanwalt, eine zentrale Ermittlungsbehörde zu schaffen, die die Verbrechen ermittelt und dann den zuständigen Gerichten zur weiteren Verfolgung übergibt.

Wir gestatten uns, Sie allerdings noch auf einige, uns als unerlässlich erscheinende Voraussetzungen hinzuweisen. Es ist Ihnen sicherlich bekannt, dass es in der Justiz in allen Ländern der Bundesrepublik Richter und Staatsanwälte gibt, die durch ihre Handlungen in gleichen oder ähnlichen Funktionen während des Dritten Reiches selbst schwer belastet sind. Es müsste also eine Voraussetzung sein, dass für die vorgeschlagene zentrale Ermittlungs- ...

AR 2/58

AR-Z 1/58
AR 2/58

An
den Herrn General-Staatsanwalt Nellmann

Stuttgart.
Oberlandesgericht.

Betr.: Errichtung einer Ermittlungsbehörde für KZ-Verbrec...
Kriegsverbrecher. - Frankfurter Zeitung!

Sehr geehrter Herr Nellmann,

aus der Frankfurter Zeitung entnahmen wir, dass wieder e... unserer heutigen " führenden Köpfe ", diesmal im schöne... eine glänzende Idee gehabt hat. Ei weih!! Da wollen Sie ... eine neue Behörde ins Leben rufen! Und was die für eine ... tät entwickeln soll! Und dazu dann geeignete Staatsanwäl... Die Hauptsache haben Sie aber dabei vergessen! Diese Be... auch einen Präsidenten! Unter dem wird das nichts! Diese ... weiter keine Qualitäten dann zu entwickeln, als dass er ... heute guter SPD oder CDU - Mann ist und wenn es geht ... reinster Abstammung ist! Auch Ihre Staatsanwälte in die... reich müssen natürlich Deserteure mit langjähriger KZ-... oder krummbeinige Judenjungen, die man sich dann hier ... sten austoben lässt. Übrigens zu Ihrer Information aus ... ter Zeitung! Es kommen jetzt wieder ein starker Zuzug ... Israel in das verbrecherische Deutschland zurück! Das ... Elemente für Ihren Vorschlag. Gewiss, zu einer saubere... Ihnen, Herr Nellmann, das Können! Allein die Tatsache, d... ralstaatsanwalt sind, birgt für Ihre Qualität! Machen ... zum Präsidenten Ihrer Ermittlungsbehörde. Würden Sie ... son nicht mal der Presse einen Lebenslauf schreiben? ... haupt jemals deutscher Soldat und wo waren Sie im K... Oder--- sollten Sie etwa auch Jude sein? In unserem ... land wäre ja alles möglich! Auch, dass ein Jude heute ... sich heimisch fühlt, trotz aller Vergangenheit.
Also, Herr Präsident Nellmann i.sp., decken Sie mal ... Wir wollen uns Ihren etwas komisch klingenden Name... her ansehen! Wer weiss, wer dahinter im Verborgenen ... Denken Sie bitte an die unumstössliche Tatsache, da... ist! Und Sie können dann nie sagen, dass S i e nich... gehandelt haben!

Herr Ermittlungspräsident i. sp.

Wir haben einstweilen die Ehre!

V

Zentrale Stelle und Öffentlichkeit

„So reicht z. B. die Beurteilung und die ‚Wertschätzung' der Zentralen Stelle in der Öffentlichkeit von vertrauensvoller Zustimmung über kühle Ablehnung bis Hass und üblen Drohungen. Die Anschrift verrät oft schon, aus welcher Ecke die Zuschrift kommt. Die dienstliche Bezeichnung unserer Dienststelle ist auch langatmig und wenig einprägsam mit:
Zentrale Stelle der Landesjustizverwaltungen
zur Aufklärung von nationalsozialistischen
Verbrechen

Es nimmt nicht wunder, dass kürzere und prägnantere Bezeichnungen gesucht und gefunden wurden, wie folgende Beispiele zeigen:
An die Sammelstelle für NS-Verbrecher
An die Zentralbehörde des 3. Reiches
An das Institut der NSDAP
An das Wiedergutkleistergericht Ludwigsburg
Zentralstelle für Verfolgung der Juden
An die Staatsanwaltschaft für die Endlösung
der Judenfrage, Ludwigsburg."

Ausarbeitung
von Oberstaatsanwalt Dr. Heinz Artzt
aus dem Jahr 1977
Bundesarchiv B 162/62

Sammlung von Briefen
an die Zentrale Stelle

1 AR-Nr. 452/59

Erna [redacted] 1 AR

5

Stuttgart- Bad Cannstatt, den 17. lo.

[redacted]

An die

Zentralstelle zur Ermittlung von NS. Verbrechen

in L u d w i g s b u r g

======================

Zentrale Stelle
19. OKT. 1959
Ludwigsburg

Jch möchte keine Anzeige machen, aber wäre es Jhnen möglich einen Mann zu überprüfen der bei uns im Haus wohnt. Er fällt uns durch sein etwas eigenartiges Benehmen auf. Er ist ca 46 Jahre alt, war nach den Aussagen seiner Freundin Frau Wilfert ein hoher SS.Führer, er ist den ganzen Tag zu Hause, wenn es klingelt, dann macht er nicht auf, wenn man aber im nächsten Augenblick die Rufnummer wählt, dann kommt er an den Apparat und sagt einen falschen Namen(534 o9). Er geht auch allem so aus dem Wege.

Mit vorzüglichster Hochachtung

Erna [redacted]. 13 Rcr.

Bundesarchiv, B 162/21027, Bl. 40

1 AR-Nr. 214/59

Ich lese mit Erstaunen, dass im November 1958 Ihre Stelle gegründet würden, also 14 Jahre nach dem Kriege scheint man erst richtig anzufangen, den Nationalsozialisten nachzugehen. Aus ganz bestimmten Gründen: Wir Deutsche sollen für das Friedensdiktat präpariert werden, also ein neues Versailles. Lord Buckmaster bezeichnete das erste Versailler Diktat als ehrlosen Akt, der niemals ausgetilgt werden könn Dass Sie es wissen, ich war niemals Nationalsozialist im Gegenteil, aber wie diese deutschen Weltarschlöche dauernd ihr eigenes Nest beschmutzen, ist zum Kotzen. Sie werden ihre Strafe genau so bekommen, wie alle diese Hetzer sie bekommen haben. Man lese nur, wie sie verreckt sind, dieser Northcliffe, jetzt wieder der Gross, der in Amerika seine Gemeinheiten nicht anbringen konnte. nur in Deutschland.

Bundesarchiv, B 162/20530, Bl. 82

Jakob R[redacted]
679 Landstuhl
[redacted]tr. 41

Landstuhl, den 11.11.67

Zentrale Stelle
13. NOV. 1967
Ludwigsburg

An die
Zentrale Stelle
der Landesjustizverwaltungen
Ludwigsburg

Bereits schon am 28.10.1959 habe ich mich an Sie gewendet, und zwar in einer Sache gegen den früheren Oberleutnant der Polizei Ludwig [redacted] von hier, der einer der Hauptschuldigen war, dass meine Ehefrau und ich im 3. Reich jahrelang inhaftiert wurden. Die Sache wurde damals an den Oberstaatsanwalt in Zweibrücken zur Erledigung weitergeleitet. Geschehen ist in dieser Sache, so wie auch in vielen anderen nichts. Als politisch Erfolgter bin ich interessier dass all jene, die im 3. Reich sich Verbrechen zu schulden kommen liessen, zur Rechenschaft gezogen werden. Dass derartige Menschen m.E. auch heute noch in verantwortlichen Stellen anzutreffen sind, ist schon oft bewiesen wurden. Nur einige Fälle, die Verhaftung des Leiters des Landeskriminalamtes von Rheinland-Pfalz Dr. Georg Häuser sowie die neuliche V erhaftung des ehemaligen Obersturmbandführers Paul Japp (Bebra) sowie die Verhaftung eines früheren Polizeipräsidenten und eines Oberregierungsrates, die bis dato ungeschoren blieben.
Ich bin der Ansicht, dass alle Behörden um endlich mal den letzten schuldigen aus dem 3. Reich festzustelen, mal genau überprüft werden Auch das Bezirkswiedergutmachungsamt Neustadt/Weinstr., und zwar einer Überprüfung im gesamten. Dass bei Wiedergutmachungsämtern schon Dinge geschahen, dass sich die Gerichte damit befassen mussten, ich verweise dabei auf ein Urteil der Strafkammer Koblenz, wobei Regierungsräte und sonstige Beamte zu hohen Zuchthausstrafen verurteilt wurden. Dass es auch heute immer noch falsche Namensträger gibt, ist ja bekannt.
Ich bitte, eine Überprüfung dieses Amtes vorzunehmen, denn ich habe einen bestimmten Verdacht, und zeichne

Hochachtend

J. [redacted]...

Das Ergebnis Ihrer Überprüfung bitte ich mir mitzuteilen.

Bundesarchiv, B 162/21027, Bl. 174

3 AR-Nr. 482/1959. 3 AR

1

An die Zentralstelle zur Aufklärung nationalsozialistischer Gewaltverbrechen.

Der in Mülheim-Ruhr geborene Kriminalbeamte Heinz Schultze (1905-1906oder 1907) hält sich jahrelang unter falschem Namen wahrscheinlich in Bielefeld (Wohnort der Schwiegereltern?)auf. Er gehörte während des Krieges der berüchtigten Einheit Dirlewanger an, wie bekannt wurde? Es müssen wohl schwerwiegende Gründe gewesen sein, weshalb er sich in dieser Weise verbarg, das darf wohl angenommen werden? Ob er immer noch unter falschem Namen lebt, ist zurzeit nicht bekannt.
Eine Diffamierung ist keinesfalls beabsichtigt, aber es liegt ja bei Ihnen, festzustellen, ob er an Gewaltverbrechen der Nazis beteiligt ist, denn umsonst verbirgt man ja nicht seinen Namen?
Seine Stiefschwester, geb.Schneller-Schultze, Frau Weimar, wohnt in Mülheim-Ruhr, Dimbeck 92, und müssten evtl.Nachforschungen evtl. von hier aus erfolgen. Vielleicht ist das nicht so leicht, denn ehemalige Freunde und jetzige amtierende Personen werden ihn zu schützen suchen.

Hochachtungsvoll

[Unterschrift]

1/ Vermerk:

Aus der Anzeige ergeben sich keine Anhaltspunkte für ein strafbares Verhalten. „Heinz Schultze" ist ein weit verbreiteter Name. Identitätsfeststellungen mit gleichnamigen Personen sind nicht erfolgversprechend.

2/ In der Z.Kartei erfassen.
(Kriminalbeamter, der der Einheit Dirlewanger angehört haben soll)

[Paraphe]

3/ Wgl.

L. 28.10.
[Paraphe]

Bundesarchiv, B 162/21027, Bl. 126

AR-Nr. 490/1959 AR 2

Karl [redacted]

Hamburg, den 23. Oktober 1959.
[redacted]

Zentrale Stelle
29. OKT. 1959
Ludwigsburg

An die
Zentralstelle für die Aufklärung
nationalsozialistischer Verbrechen
Ludwigsburg.

Endlich ist auf Drängen des Auslandes eine Zentralstelle geschaffen worden, die die Aufgabe hat, nationalsozialistische Verbrechen aufzuklären und die Verbrecher endlich zur Verantwortung zu ziehen. Leider ist mir aufgefallen, dass bislang nur einige K.- Z.- Wächter bestraft worden sind, sodass der Volksmund von den kleinen Dieben spricht, die man hängt.
Jch beantrage daher, die Zentralstelle für die Aufklärung nationalsozialistischer Verbrechen wolle in eine Nachprüfung der unmenschlichen Urteile eintreten, die während des 1000 jährigen Windes vom Volksgerichtshof und den Sondergerichten gefällt worden sind. Gegen ~~die~~ sämtliche Richter und ~~die~~ Generalstaatsanwälte dieser Gerichte bitte ich ein Ermittelungsverfahren einzuleiten.
Wie zahlreiche Rundfunkreportagen ergeben, werden heute noch Pensionen bis zu DM. 3.000.- mtl. gezahlt (Generalstaatsanwalt Lautz) u.s.w. oder sie befinden sich heute noch in guten Stellungen.
Kommen Sie mir nicht mit dem Straffreiheitsgesetz oder sogar mit Verjährung, denn einmal müssen auch diese Urteile nachgeprüft werden.
Jch habe keiner verbrecherischen Organisation während des 1000 jährigen Reiches angehört und ich glaube deshalb ein Recht zu haben, diesen Antrag zu stellen.

K. [redacted]

Bundesarchiv, B 162/21027, Bl. 151

VI

Literaturempfehlungen

NS-Verbrechen

Frank Bajohr, Dieter Pohl
Der Holocaust als offenes Geheimnis. Die Deutschen, die NS-Führung und die Alliierten
München 2006

Boris Barth
Genozid. Völkermord im 20. Jahrhundert. Geschichte, Theorien und Kontroversen
München 2006

Wolfgang Benz
Der Holocaust
München 2001

Christopher Browning
Ganz normale Männer. Das Reserve-Polizeibataillon 101 und die „Endlösung" in Polen
Reinbek 1993

Hans Buchheim, Martin Broszat, Hans-Adolf Jacobsen, Helmut Krausnick
Anatomie des SS-Staates
2 Bände
Olten 1965

Enzyklopädie des Holocaust. Die Verfolgung und Ermordung der europäischen Juden
Hrsg. von Eberhard Jäckel, Peter Longerich, Julius H. Schoeps
3 Bände
Berlin 1993

Die nationalsozialistischen Konzentrationslager
Hrsg. von Ulrich Herbert, Karin Orth und Christoph Dieckmann
2 Bände
Frankfurt a. M. 2002

Raul Hilberg
Täter, Opfer, Zuschauer. Die Vernichtung der Juden 1933–1945
Frankfurt a. M. 1996

Ernst Klee
Auschwitz, die NS-Medizin und ihre Opfer
Frankfurt a. M. 2001

Ernst Klee
„Euthanasie" im NS-Staat. Die „Vernichtung lebensunwerten Lebens"
Frankfurt a. M. 1985

Peter Longerich
Politik der Vernichtung. Eine Gesamtdarstellung der nationalsozialistischen Judenverfolgung
München 1998

Dieter Pohl
Verfolgung und Massenmord in der NS-Zeit 1933–1945
Darmstadt 2003

„Schöne Zeiten". Judenmord aus der Sicht der Täter und Gaffer
Hrsg. von Ernst Klee, Willi Dreßen und Volker Rieß
Frankfurt a. M. 1988

Wolfgang Sofsky
Die Ordnung des Terrors. Das Konzentrationslager
Frankfurt a. M. 1993

Sybille Steinbacher
Auschwitz. Geschichte und Nachgeschichte
München 2004

Die Täter der Shoah. Fanatische Nationalsozialisten oder ganz normale Deutsche
Hrsg. von Gerhard Paul
Göttingen 2002

Verbrechen der Wehrmacht. Bilanz einer Debatte
Hrsg. von Christian Hartmann, Johannes Hürter und Ulrike Jureit
München 2005

Harald Welzer
Täter. Wie aus ganz normalen Menschen Massenmörder werden
Frankfurt a. M. 2005

Kriegsverbrechen im 20. Jahrhundert
Hrsg. von Wolfram Wette, und Gerd R. Ueberschär
Darmstadt 2001

Aufarbeitung und Strafverfolgung

Hannah Arendt
Eichmann in Jerusalem. Ein Bericht von der Banalität des Bösen
München 1964

Willi Dreßen
Die Zentrale Stelle der Landesjustizverwaltungen zur Aufklärung von NS-Verbrechen in Ludwigsburg
in: Erinnern oder Verweigern
Dachauer Hefte; 6 (1994), S. 85–93

Michael Greve
Der justitielle und rechtspolitische Umgang mit den NS-Gewaltverbrechen in den sechziger Jahren
Frankfurt a. M. 2001

Michael Greve
Von Auschwitz nach Ludwigsburg. Zu den Ermittlungen der Zentralen Stelle der Landesjustizverwaltungen zur Aufklärung nationalsozialistischer Gewaltverbrechen" in Ludwigsburg
in: Im Labyrinth der Schuld. Täter, Opfer, Ankläger. Jahrbuch zur Geschichte und Wirkung des Holocaust. Hrsg. vom Fritz Bauer Institut, Frankfurt a. M. 2003, S. 41–63

Reinhard Henkys
Die nationalsozialistischen Gewaltverbrechen. Geschichte und Gericht
Berlin 1964

Thomas Horstmann, Heike Litzinger
An den Grenzen des Rechts. Gespräche mit Juristen über die Verfolgung von NS - Verbrechen
Frankfurt a. M. 2006

Herbert Jäger
Verbrechen unter totalitärer Herrschaft. Studien zur nationalsozialistischen Gewaltkriminalität
Neuauflage,
Frankfurt a. M. 1982

Barbara Just-Dahlmann/ Helmut Just
Die Gehilfen. NS-Verbrechen und die Justiz nach 1945
Frankfurt a. M. 1988

Marc von Miquel
Ahnden oder amnestieren? Westdeutsche Justiz und Vergangenheitspolitik in den sechziger Jahren
Göttingen 2004

Ingo von Münch
Geschichte vor Gericht. Der Fall Engel
Hamburg 2004

NS-Gewaltherrschaft. Beiträge zur historischen Forschung und juristischen Aufarbeitung
Hrsg. von Alfred Gottwaldt, Norbert Kampe und Peter Klein
Berlin 2005

Heribert Ostendorf
Die widersprüchlichen Auswirkungen der Nürnberger Prozesse auf die westdeutsche Justiz
in: Gerd Hankel, Gerhard Stuby (Hrsg.) Strafgerichte gegen Menschheitsverbrechen. Zum Völkerstrafrecht 50 Jahre nach den Nürnberger Prozessen
Hamburg 1995, S. 73–97

Der Prozess gegen die Hauptkriegsverbrecher vor dem Internationalen Militärgerichtshof Nürnberg. 14. November 1945 – 1. Oktober 1946. Amtlicher Wortlaut in deutscher Sprache
42 Bände
Nürnberg 1947–1949

Peter Reichel
Vergangenheitsbewältigung in Deutschland: Die Auseinandersetzung mit der NS-Diktatur in Politik und Justiz
Überarbeitete Auflage,
München 2007

Adalbert Rückerl
Die Strafverfolgung von NS-Verbrechen 1945 – 1978. Eine Dokumentation
Heidelberg 1979

Adalbert Rückerl
NS-Prozesse. Nach 25 Jahren Strafverfolgung: Möglichkeiten, Grenzen, Ergebnisse
Karlsruhe 1971

Adalbert Rückerl
NS-Verbrechen vor Gericht. Versuch einer Vergangenheitsbewältigung
Heidelberg 1982

Transnationale Vergangenheitspolitik. Der Umgang mit deutschen Kriegsverbrechern in Europa nach dem Zweiten Weltkrieg
Hrsg. von Norbert Frei
Göttingen 2006

Der Nationalsozialismus vor Gericht. Die alliierten Prozesse gegen Kriegsverbrecher und Soldaten
Hrsg. von Gerd R. Ueberschär
Frankfurt a. M. 1999.

Vergangenheitsbewältigung durch Strafverfahren? NS-Prozesse in der Bundesrepublik Deutschland
Hrsg. von Jürgen Weber und Peter Steinbach
München 1984

Annette Weinke
Die Nürnberger Prozesse
München 2006

Annette Weinke
Die Verfolgung von NS-Tätern im geteilten Deutschland. Vergangenheitsbewältigungen 1949–1969, oder: Eine deutsch-deutsche Beziehungsgeschichte im Kalten Krieg
Paderborn 2002

NATIONALSOZIALISTISCHEN GEWALTVERBRECHEN
TEN JEST Z OJCZYZNY MOJEJ
Menschenrechte
Dokumente und Deklarationen
Bundeszentrale für politische Bildung
Täter im Vernichtungskrieg
Propyläen
Der Überfall auf die Sowjetunion und der Völkermord an den Juden
Herausgegeben von Wolf Kaiser
Die Deutschen und die Judenverfolgung im Dritten Reich
Herausgegeben von Ursula Büttner
Grenzen der Wiedergutmachung
Die Entschädigung für NS-Verfolgte in West- und Osteuropa 1945 – 2000
Herausgegeben von Hans Günter Hockerts, Claudia Moisel und Tobias Winstel
Wallstein
Bialystok in Bielefeld
Nationalsozialistische Verbrechen vor dem Landgericht Bielefeld 1958 bis 1967
Verlag für Regionalgeschichte
G 73200-63
Propyläen
1939-1942
ECON

Zur öffentlichen Reaktion auf die Gründung der Zentralen Stelle

Heike Krösche

„[...] In Wahrheit hat man aber [...] eigentlich überhaupt noch nichts Systematisches gegen die Verbrecher aus jener Zeit unternommen. [...]"
Süddeutsche Zeitung vom 30./31. 8. 1958

Voraussetzung für die Gründung der Zentralen Stelle im Jahr 1958 war eine Sensibilisierung der westdeutschen Öffentlichkeit für die „unbewältigte" Vergangenheit und die Notwendigkeit einer systematischen Strafverfolgung von NS-Tätern. Zunächst waren die fünfziger Jahre jedoch von einer Stagnation der Ermittlungstätigkeit in der Bundesrepublik gekennzeichnet, die ihren Tiefpunkt 1954 mit nur 183 eingeleiteten Ermittlungsverfahren erreichte. Zudem trug das 1951 verabschiedete „131er-Gesetz" dazu bei, die ohnehin weit fortgeschrittene Reintegration der NS-belasteten Elite weiter voranzutreiben. Erst am Ende des Jahrzehnts schärfte sich dann das öffentliche Bewusstsein von den „Mördern unter uns", wozu letztendlich eine Reihe von NS-Prozessen, darunter der Ulmer Einsatzgruppenprozess von 1958, beigetragen hat.

Bislang galt das Ulmer Verfahren, bei dem sich vom 28. April bis zum 29. August 1958 zehn ehemalige Mitglieder des Einsatzkommandos Tilsit für die Ermordung von 5 502 Juden und Kommunisten im deutsch-litauischen Grenzgebiet verantworten mussten, als erste Zäsur in der Geschichte der strafrechtlichen Verfolgung von NS-Verbrechen in der Bundesrepublik, da es die bis dahin unzureichende juristische Auseinandersetzung mit den nationalsozialistischen Gewaltverbrechen offenbarte. In der neueren Forschung wird jedoch insbesondere die direkte Auswirkung des Ulmer Einsatzgruppenprozesses auf die Gründung der Zentralen Stelle der Landesjustizverwaltungen zur Aufklärung nationalsozialistischer Verbrechen in Ludwigsburg infrage gestellt. Tatsache ist, dass bereits vor dem offiziellen Beginn des Ulmer Einsatzgruppenprozesses Stimmen laut wurden, die die unzureichende strafrechtliche Aufklärung des nationalsozialistischen Unrechts nach 1945 kritisierten. Dazu gehörte die Stellungnahme des Bundesrichters Günther Willms, der 1957 in der Juristenzeitung konstatierte, dass die Aufklärung von NS-Massenverbrechen „nur schleppend und verspätet in Gang" gekommen sei. Um dieses Defizit auszugleichen, wäre „eine zentrale Leitung der Ermittlungen durch aktives Eingreifen der Landesjustizverwaltungen unerlässlich" gewesen. Willms sah in diesem Versäumnis eine Verletzung des Legalitätsprinzips, das Kern des Rechtsstaates sei. Konsequenzen hatte die Stellungnahme des Bundesrichters nicht. Allerdings belegt sein Aufsatz, dass es nicht erst des Ereignisses des Ulmer Einsatzgruppenprozesses bedurfte, um die Stagnation der NS-Strafverfolgung in der Bundesrepublik ins Bewusstsein zumindest der Rechtsexperten zu rücken.

In Reaktion auf das Urteil im Ulmer Einsatzgruppenprozess vom 29. August 1958 wurde dann auch von Seiten der Presse die Forderung nach einer Intensivierung der Ermittlungen gegen NS-Gewalttäter laut. Zentral war die Stellungnahme des Journalisten und Juristen Ernst Müller-Meiningen in der Süddeutschen Zeitung vom 30./31. 8. 1958. Er nahm den Prozessausgang in Ulm zum Anlass, den strafrechtlichen Umgang mit dem verbrecherischen Erbe des Dritten Reiches generell und die Problematik der NS-belasteten Juristen im Besonderen zu reflektieren: „Redliche und Unredliche fordern aus Anlaß der späten Prozesse mit erhobener Stimme: Macht Schluß mit diesen Dingen, jetzt dreizehn Jahre nach Kriegsende! In Wahrheit hat man aber [...] eigentlich überhaupt noch nichts Systematisches gegen die Verbrecher aus jener Zeit unternommen." Vor dem Hintergrund des Prozesses gegen die ehemaligen Mitglieder des Einsatzkommandos Tilsit, den er als „Zufallsprodukt einer Zufallsjustiz" bezeichnete, forderte Müller-Meiningen eine Intensivierung der Ermittlungsarbeit gegen NS-Verbrechen. Gleichzeitig zweifelte er an der dafür notwendigen Integrität der deutschen Justiz. Die Verstrickung von Richtern und Staatsanwälten in das nationalsozialistische Unrechtsregime stelle den deutschen Rechtsstaat infrage.

„13 Jahre nach dem Kriege endlich reinen Tisch machen"
DIE WELT vom 1. 9. 1958

„[...] Wir dürfen nicht zulassen, dass Mörder und ihre Gehilfen, die wir mit systematischem und planvollem Vorgehen erreichen können, straflos ausgehen und zum Teil als Beamte und Angestellte des Staates, sogar der Polizei, tätig sind. [...]"
Stuttgarter Zeitung vom 3. 9. 1958

Am Ende seines Kommentars zur Urteilsverkündung in Ulm schlug Carl Steinhausen in der WELT am 1. 9. 1958 ganz konkret die Einrichtung „einer zentralen, bevollmächtigten Ermittlungsbehörde" vor, die „13 Jahre nach dem Kriege endlich reinen Tisch machen" solle. Ein ganz ähnliches Postulat war zwei Tage zuvor in der Stuttgarter Zeitung zu lesen. Aus dem Zufallscharakter des Ulmer Verfahrens leitete Heinz Lauser die Forderung nach einer Änderung der strafrechtlichen Praxis ab. Er regte die Einrichtung einer „zentralen Ermittlungsbehörde" an, „wenn man wirklich mit der Vergangenheit reinen Tisch machen will", und sah darin die „Hauptlehre" des Ulmer Prozesses. Als Gründe für die bislang nur halbherzig erfolgte Strafverfolgung des NS-Unrechts führte er sowohl die personelle Kontinuität der im Dritten Reich und der Bundesrepublik tätigen Juristen als auch die fehlende Sachkenntnis der Ermittlungsbeamten an.

Gemeinsam ist diesen Beiträgen eine inhaltliche Verknüpfung des Abschlusses des Ulmer Einsatzgruppenprozesses mit der Forderung nach einer Systematisierung der Ermittlungstätigkeit gegen NS-Täter. Andererseits fällt auf, dass die Pressevertreter nicht allein mit der Erfahrung aus dem Ulmer Prozess argumentierten. Vielmehr, so Lauser, hätten sowohl das Bayreuther Verfahren gegen den ehemaligen Arrestverwalter im Konzentrationslager Buchenwald, Gerhard Martin Sommer, als auch die sich daran anschließende Flucht des SS-Arztes Hans Eisele die „allgemeine Unlust" an der strafrechtlichen Bewältigung von nationalsozialistischen Gewaltverbrechen illustriert. Auch wenn es sich nur um vereinzelte Pressekommentare handelt, zeigen diese doch, dass 1958 in der deutschen Öffentlichkeit zumindest eine Sensibilisierung für die bis dahin nur halbherzig erfolgte juristische Aufarbeitung des NS-Erbes und die Unumgänglichkeit einer Zentralisierung der Ermittlungstätigkeit stattgefunden hat.

Erst nach den genannten Pressereaktionen meldete sich der Stuttgarter Generalstaatsanwalt Erich Nellmann zu Wort und nahm zu den Schlussfolgerungen, die aus dem Ulmer Einsatzgruppenprozess zu ziehen seien, Stellung. Er kritisierte nicht nur den Zufallscharakter der bisherigen Strafverfolgung, sondern gleichzeitig die Wiedereinstellung vieler NS-Täter in den Staatsdienst; beides Kriterien, die auf den Ulmer Prozess zutrafen und die bereits von Pressevertretern genannt worden waren. In der Stuttgarter Zeitung vom 3. 9. 1958 forderte er: „Wir dürfen nicht zulassen, dass Mörder und ihre Gehilfen, die wir mit systematischem und planvollem Vorgehen erreichen können, straflos ausgehen und zum Teil als Beamte und Angestellte des Staates, sogar der Polizei, tätig sind."

Einen Monat nach dieser Stellungnahme Nellmanns einigten sich am 3. Oktober die Justizminister anlässlich einer Konferenz in Bad Harzburg auf die Gründung einer zentralen Ermittlungsbehörde. In der Verwaltungsvereinbarung der Länder vom 6. November wurde dann die Arbeitsweise und Zuständigkeit dieser Institution festgelegt und gleichzeitig eingegrenzt. Als Konsequenz aus dem Ulmer Einsatzgruppenprozess wurde die Ermittlungsarbeit der Ludwigsburger Behörde, die am 1. Dezember ihre Tätigkeit aufnahm, jedoch auf die Erfassung ganzer Tatkomplexe ausgedehnt. Denn in Ulm war erstmals ein ganzer Verbrechenskomplex, nämlich die Einsatzgruppenverbrechen im deutsch-litauischen Grenzgebiet, nachhaltig aufgeklärt worden.

„[...] Ein Schritt voran ist getan worden, aber das Ziel ist noch weit. [...]“
Stuttgarter Zeitung vom 7. 10. 1958

Sowohl auf den Beschluss der Justizminister vom 3. Oktober 1958 zur Einrichtung der Institution als auch auf den Beginn ihrer Tätigkeit am 1. Dezember desselben Jahres reagierte die westdeutsche Presse eher zurückhaltend. Viele Tageszeitungen wie das Massenblatt BILD informierten nur in Meldungen oder kurzen Berichten über das Ereignis. Weder dem SPIEGEL noch dem STERN war die neue Behörde auch nur eine Zeile wert. Weniger überraschend ist dagegen das Schweigen der DDR-Tageszeitung Neues Deutschland. Denn in die propagandistisch gefärbte Prozessberichterstattung des SED-Organs, in deren Mittelpunkt die Kampagne gegen NS-belastete Juristen und die mangelnde Bereitschaft zur vergangenheitspolitischen Aufarbeitung in Westdeutschland stand, passte die Nachricht über die Gründung der Zentralen Stelle keineswegs. Der Widerspruch zur offiziellen Argumentation der DDR wäre zu offensichtlich gewesen.

An die Argumentationen des Bundesrichters Willms und des Generalstaatsanwalts Nellmann anknüpfend, formulierte Heinz Schlegel in der Stuttgarter Zeitung vom 11. 9. 1958 klare Erwartungen an die bevorstehende Justizministerkonferenz. Er forderte „Konsequenzen aus den Prozessen der letzten Zeit gegen KZ-Aufseher und SS-Mörder“, womit er nicht nur auf den Ulmer Einsatzgruppenprozess, sondern auch auf den Bayreuther Sommer-Prozess anspielte. Zwischen der Erfahrung der Prozessereignisse von 1958 und der Erkenntnis, dass eine Intensivierung der Ermittlungstätigkeit notwendig geworden war, bestand demnach für Schlegel ein unmittelbarer Zusammenhang. Kritik übte er an der unzureichenden öffentlichen Wirkung der Nürnberger Prozesse, der Entnazifizierungspraxis und den Besatzungsmächten, die keine Akten herausgegeben hätten. Mit den Fehlern der deutschen Rechtsprechung setzte er sich dagegen nicht auseinander. Wie Nellmann sah er die Bedeutung des Ulmer Prozesses vor allem darin, dass mit der Anklage ein ganzer Verbrechenskomplex aufgearbeitet wurde, statt wie bisher üblich nur gegen einzelne Täter zu verhandeln. Damit wurde die notwendige Koordinierung der Strafverfolgung unterstrichen. Bezeichnend ist jedoch der Titel des Leitartikels. Von einer zentralen Ermittlungsbehörde erwartete der Journalist demnach eine „Generalabrechnung“, was die Aussicht auf ein Ende der strafrechtlichen Verfolgung von nationalsozialistischen Gewaltverbrechen in absehbarer Zeit implizierte. Diese Sichtweise war weit verbreitet und fand ihren Niederschlag in der zeitlichen Begrenzung der Tätigkeit der Zentralen Stelle durch die Verwaltungsvereinbarung vom 6. November 1958. Andererseits zweifelte Schlegel an einer breiten gesellschaftlichen Akzeptanz einer derartigen Institution und ahnte wahrscheinlich kaum, wie viel Wahrheit in seiner Vermutung steckte.

Der Beschluss zur Gründung der Zentralen Stelle wurde dann zwar in der Stuttgarter Zeitung vom 7. 10. 1958 begrüßt, aber gleichzeitig vor zu viel Enthusiasmus gewarnt: „Ein Schritt voran ist getan worden, aber das Ziel ist noch weit.“ Im Unterschied zu dem Leitartikel vom September wurde nun gerade die Aussicht auf eine „rasche Aufhellung und Erledigung aller Untaten“ infrage gestellt. Als Grund für die Skepsis wurden die bisherigen Erfahrungen mit der Rechtspraxis angegeben: „Die Neigung, Entschuldigungsgründe zu finden, ist sehr groß. Selbst die beste Zentralstelle kann daher wenig ausrichten, wenn nicht die Gerichte den festen Willen haben, die Untaten jener Jahre zu sühnen.“ Bestätigt wird diese Einschätzung heute durch die vorliegenden Daten, die zeigen, dass der großen Anzahl an Vorermittlungsverfahren, die von der Zentralen Stelle eingeleitet wurden, ein weitaus geringerer Anteil an Verurteilungen gegenübersteht.

„[...] Machen wir selbst nicht in unserem Bereich reinen Tisch, so wird und muß das eine der Ursachen dafür werden, daß unser Staat und unsere Gesellschaft an innerer Fäulnis zugrunde geht. [...]"
Süddeutsche Zeitung vom 6./7. 12. 1958

Die Frankfurter Rundschau reagierte dagegen bereits auf die Forderung einer zentralen Ermittlungsstelle durch Generalstaatsanwalt Nellmann zurückhaltend, deren Gründung einen Monat später die Redaktion dann nicht mehr kommentierte. Nicht der Vorschlag selbst wurde infrage gestellt, sondern der Zeitpunkt, an dem er in die Öffentlichkeit getragen wurde, nämlich laut Kommentar der Frankfurter Rundschau vom 5. 9. 1958 „zehn Jahre zu spät". Fragwürdig erschienen dem Autor vor allem die Erfolgsaussichten einer Behörde, die selbst keine Strafverfahren einleiten sollte. Besonders wenig Vertrauen hatte er in die Gerichte, an die die Ermittlungsergebnisse weitergeleitet werden sollten. Da die personelle Kontinuität in der deutschen Justiz besonders groß war, befürchtete er ähnlich wie die Stuttgarter Zeitung, dass letzten Endes „alles beim alten bleiben würde".

Am 3. 10. 1958, am selben Tag, als in Bad Harzburg die Justizminister für den Aufbau einer Zentralen Stelle zur Aufklärung nationalsozialistischer Gewaltverbrechen stimmten, beklagte Carl Steinhausen in einem Beitrag der WELT, dass diese notwendige Entscheidung nicht auf der Tagesordnung der Konferenz stehe. Daran wird deutlich, wie kurzfristig sich die Befürworter einer Koordination der Strafverfolgung tatsächlich erst durchsetzen konnten. Zu dem Zeitpunkt, als er seinen Artikel verfasste, ahnte Steinhausen also nichts vom bevorstehenden Beschluss der Justizministerkonferenz und referierte lediglich die Vorstellungen Nellmanns zur Organisation einer solchen Institution. Dass die Aufgabe der Ermittlungsbehörde in der Öffentlichkeit als endgültige Abrechnung mit den in der deutschen Gesellschaft untergetauchten NS-Tätern wahrgenommen wurde, zeigt Steinhausens folgende Feststellung: „In der Öffentlichkeit, im Bundestag und selbst in der Justizverwaltung mehren sich die Stimmen für eine Generalbereinigung, die Leute wie Fischer-Schweder und Eisele erfaßt, bevor es zu neuen Skandalen kommt." Mit der von Anfang an betonten zeitlichen Befristung der Ermittlungstätigkeit wurde der Öffentlichkeit die Fähigkeit der Zentralen Stelle zur abschließenden Bewältigung der NS-Vergangenheit, eine Art Schlussstrich-Garantie, suggeriert.

Skepsis ist in der Kommentierung der Einrichtung der Zentralen Stelle durch die Frankfurter Allgemeine Zeitung vom 6. 10. 1958 deutlich herauszulesen. Wie in der Frankfurter Rundschau wurde nicht an der Koordinierung der Ermittlungen, sondern mit dem Verweis auf die „psychologischen Handicaps der Richter" an der Objektivität der Gerichte gezweifelt. Der Autor des Beitrags vertrat außerdem die Ansicht, dass die Ermittlungsbehörde notwendig geworden sei, „weil die Entnazifizierung seinerzeit von den falschen Leuten nach falschen Methoden befohlen wurde, weil man diesen schmerzhaften Prozeß nicht uns selbst zugemutet hat, weil er nicht ausgestanden wurde". Die Kritik an der Entnazifizierung bezog sich auf die Maßnahmen der Alliierten. Dabei verkannte der Verfasser, dass die politische Säuberung in der amerikanischen Besatzungszone bereits im März 1946 an deutsche Behörden übertragen worden war, die erheblichen Anteil an ihrem Scheitern hatten.

„Die Unterlassung der strafrechtlichen Verfolgung würde eine Identifizierung des Volkes mit Elementen bedeuten, die den Amtsmißbrauch oder sogenannte politische Motive zur Tarnung ihrer kriminellen Triebhaftigkeit benutzt hatten [...]".
Allgemeine Wochenzeitung der Juden in Deutschland
vom 10.10.1958

Am ausführlichsten und kritischsten setzte sich Ernst Müller-Meiningen in der Süddeutschen Zeitung vom 6./7. 12. 1958 mit der Gründung der Zentralen Stelle auseinander, die er bei Abschluss des Ulmer Einsatzgruppenprozesses ausdrücklich gefordert hatte. Auch Müller-Meiningen sprach von der „letzten Phase der Ahndung", die jedoch „nicht von Haß und Rache bestimmt sein" dürfe. Im Jahr 1958 rechnete keiner der deutschen Journalisten damit, dass die Ludwigsburger Behörde bis ins 21. Jahrhundert bestehen bleiben und Ermittlungen durchführen würde. Im Unterschied zu einigen seiner Kollegen lag es Müller-Meiningen jedoch fern, von „Generalabrechnung" oder „Generalbereinigung" zu sprechen. Seine Aufforderung zu unumschränkter Aufklärung der NS-Verbrechen verknüpfte er zudem mit einer deutlichen Kritik an der deutschen Justiz, die den „Scheusalen aus jener Zeit oft [...] goldene Brücke gebaut" habe. Konkret nannte er die strafrechtlichen Kategorien „Befehlsnotstand", „Verbotsirrtum" und „mangelndes Bewusstsein der Rechtswidrigkeit", auf die sich Angeklagte zu ihrer Verteidigung immer wieder beriefen und die sich häufig strafmildernd auswirkten. Mit dem Verweis auf die Beihilfekonstruktion kritisierte Müller-Meiningen gleichzeitig das Ulmer Urteil, in dem Hitler und Himmler als Haupttäter eingestuft und alle Angeklagten lediglich wegen Beihilfe zum Mord verurteilt worden waren. Dem Rückzug der Angeklagten auf ihre vermeintliche Gehorsamspflicht war das Urteil dagegen nicht gefolgt.

Die Kommentare von Müller-Meiningen sind weniger distanziert als die Beiträge anderer Pressevertreter. Er schrieb in der ersten Person Plural und wandte sich damit direkt an die Leser. Seine ganze Argumentation ist weitaus konkreter als die seiner Kollegen. So verwies er nicht nur auf die vergangenheitspolitische Hypothek der deutschen Justiz, sondern unterbreitete den Vorschlag, dass die zentrale Ermittlungsstelle sich „auch mit den Sündern aus den eigenen Reihen der Justiz befassen" solle. Ausgesprochen weitsichtig war zudem seine Mahnung zur Sorgfalt bei der personellen Besetzung der Behörde. Die Auswahl „charakterlich und politisch einwandfreier Persönlichkeiten" war für ihn Voraussetzung für die moralische Glaubwürdigkeit ihrer Tätigkeit, insbesondere gegenüber dem Ausland. Dass die Glaubwürdigkeit einige Jahre später ausgerechnet durch die nationalsozialistische Vergangenheit ihres ersten Leiters Erwin Schüle, der Mitglied der NSDAP und der SA gewesen war, erschüttert wurde, war zu diesem Zeitpunkt noch nicht absehbar. Schließlich erkannte der Journalist der Süddeutschen Zeitung die gesellschaftliche Bedeutung einer konsequenten strafrechtlichen Aufarbeitung der NS-Vergangenheit und wandte sich gegen eine Aufrechnung mit den an der deutschen Bevölkerung begangenen Verbrechen: „Machen wir selbst nicht in unserem Bereich reinen Tisch, so wird und muß das eine der Ursachen dafür werden, daß unser Staat und unsere Gesellschaft an innerer Fäulnis zugrunde geht." Als „einen bemerkenswerten Beschluß" kommentierte die Allgemeine Wochenzeitung der Juden in Deutschland am 10.10.1958 die Entscheidung der Justizminister für eine zentrale Ermittlungsstelle zur Verfolgung von NS-Verbrechen. Während viele Journalisten in ihren Beiträgen fälschlicherweise von „Kriegsverbrechen" sprachen, für die die Zentrale Stelle gar nicht zuständig war, verwandte der Verfasser des Beitrags demonstrativ den Begriff der Kapitalverbrechen, um deutlich zu machen, dass die juristische Bewältigung der nationalsozialistischen Vergangenheit auf der Grundlage des deutschen Strafrechts erfolge und eine „Wiederaufnahme der Denazifizierungsbestrebungen" nicht einmal in Erwägung gezogen worden sei. Indem er den Begriff „Kapitalverbrechen" benutzte, konnte er den Lesern die Tätig-

„Gerechtigkeit – keine Hexenjagd"
Schwäbische Donau-Zeitung vom 9.10.1958

keit der Ludwigsburger Behörde als natürliche Aufgabe des Rechtsstaates plausibel machen: „Es ist eine selbstverständliche Pflicht des Rechtsstaates, Kapitalverbrechen aufzudecken und zu sühnen, da sonst aus individueller Schuld eine Verantwortlichkeit der Gemeinschaft wird." Eine Unterlassung dieser Pflicht zur strafrechtlichen Verfolgung der nationalsozialistischen Gewaltverbrechen bedeutete in dieser Sichtweise eine Belastung der ganzen deutschen Gesellschaft. Zudem würde ein solches Versäumnis, so wurde in dem Beitrag weiter argumentiert, „eine Identifizierung des Volkes mit Elementen bedeuten, die den Amtsmißbrauch oder sogenannte politische Motive zur Tarnung ihrer kriminellen Triebhaftigkeit benutzt hatten". Demnach ging der Autor von einer erzieherischen Verantwortung des Staates gegenüber der Bevölkerung aus. Dem Selbstverständnis der jüdischen Wochenzeitung als Vermittler zwischen Juden und Nichtjuden entsprechend war in dem Artikel weder von Abrechnung noch von Rache in Zusammenhang mit der Gründung der Zentralen Stelle die Rede. Im Gegenteil, der Entschluss der Justizminister zur Intensivierung der Ermittlungsarbeit wurde als „Normalisierung" interpretiert.

Neben der Stuttgarter Zeitung kommentierte noch die in Ulm erscheinende Schwäbische Donau-Zeitung den Beschluss zur Einrichtung der Zentralen Stelle für die Leser in der Region. Bezeichnend war bereits der Titel des von Heinz Lauser am 9.10.1958 verfassten Leitartikels, der „Gerechtigkeit – keine Hexenjagd" lautete und somit den Rachegedanken negierte. Lauser, der bereits in der Stuttgarter Zeitung vom 30. August eine zentrale Ermittlungsbehörde gefordert hatte, bedauerte nun, dass diese erst so spät eingerichtet wurde, und vermutete, dass sie selbst zu diesem Zeitpunkt eher zufällig zustande gekommen sei: „Wäre das Gewissen der Oeffentlichkeit nicht durch die rein zufällige Häufung von NS-Prozessen im Frühjahr und Sommer dieses Jahres wachgerüttelt worden, dann hätte sich an der bisherigen Praxis, die alle Maßnahmen weitgehend vom Zufall abhängig machte, ganz sicher nichts geändert." Lauser vertrat also die Meinung, dass sich die Erfahrung der jüngsten NS-Prozesse auf die Forderung nach einer Koordinierung der Ermittlungen unmittelbar ausgewirkt habe. Konkret nannte er neben den beiden Verfahren in Bayreuth und Ulm noch den „Fall Eisele". Er zeigte sich davon überzeugt, dass die strafrechtliche Auseinandersetzung des Jahres 1958 für das öffentliche Bewusstsein über die Versäumnisse der deutschen Justiz von Bedeutung gewesen sei. Ähnlich wie in dem Kommentar der Allgemeinen Wochenzeitung der Juden in Deutschland sprach Lauser nicht von Kriegsverbrechen, sondern ging davon aus, dass sich die Tätigkeit der Zentralen Stelle auf die „schlimmsten Kapitalverbrechen" konzentrieren werde. Indem er forderte, dass nicht „die Masse der verführten Sünder kleineren und mittleren Grades" Gegenstand der Ermittlungen sein sollte, versuchte er die Furcht der deutschen Gesellschaft vor einer Ausweitung der Strafverfolgung auf breite Bevölkerungskreise zu entkräften.

Von der Notwendigkeit der Konstituierung einer Behörde, in der die strafrechtlichen Ermittlungen gegen NS-Gewalttäter koordiniert und systematisiert werden, zeigten sich alle deutschen Pressevertreter überzeugt. Dennoch waren die meisten Beiträge von einem skeptischen Grundton geprägt. Problematisch erschien den Journalisten vor allem die Schlagkraft einer Zentralen Stelle, die nicht selbst Anklage erheben durfte, sondern ihre Ermittlungsergebnisse an Gerichte weitergeben sollte, deren Durchsetzung mit NS-belastetem Personal inzwischen ein offenes Geheimnis war. Gerade vor diesem Hintergrund erschien einigen Kommentatoren der Beschluss der Justizminister der Länder spät, wenn nicht gar zu spät zu kommen.

Dass einige Pressevertreter in ihren Beiträgen irrtümlich von Kriegsverbrechen sprachen, lag daran, dass auf der Justizministerkonferenz Anfang Oktober 1958 die Gründung einer zentralen Ermittlungsbehörde zwar beschlossen, die konkrete Aufgabe und Organisation der Institution jedoch noch nicht festgelegt worden war. Viele der zu diesem Zeitpunkt noch offenen Fragen wie die Zuständigkeit für bestimmte Tatkomplexe, Personalfragen, Probleme des föderalistischen Prinzips in Hinblick auf die Rechtsprechung oder die Beschaffung von Beweismaterial und Zeugen wurden in der deutschen Presse nicht diskutiert. Außer Ernst Müller-Meiningen erkannte keiner der Pressevertreter den Beitrag, den die Ludwigsburger Behörde zur Aufklärung der Öffentlichkeit über den verbrecherischen Charakter des Nationalsozialismus unabhängig vom strafrechtlichen Erfolg leisten würde.

Dem hessischen Generalstaatsanwalt Fritz Bauer war die gesellschaftliche Aufgabe der Zentralen Stelle dagegen von Anfang an bewusst. Er schrieb in dem Aufsatz „Mörder unter uns" (1958): „Nachdem 15 bis 20 Jahre seit den entsetzlichen Geschehnissen verflossen sind, sind einer umfassenden strafrechtlichen Bereinigung Grenzen gesetzt, nicht aber einer Feststellung und möglichst allseitigen Erkenntnis der Wahrheit. Sie sollte unter allen Umständen angestrebt werden. Schon sie könnte die heimische Flut bequemen Vergessens eindämmen, zu einer Klärung dessen führen, was rechtlich gut und böse war, und – frei von jeder Splitterrichterei – die vergangene und zukünftige Verantwortung aller Bürger für das politische und menschliche Geschehen in ihrem Staat ins öffentliche Bewußtsein rücken."

Für viele Pressevertreter bedeutete die Erfahrung mit den NS-Prozessen in den späten fünfziger Jahren die Voraussetzung für den Beschluss zur Gründung der Zentralen Stelle. Auch wenn der Anstoß zur Nachdenklichkeit durch Rechtsexperten wie Günther Willms nicht unterschlagen werden darf, besteht doch ein unmittelbarer Zusammenhang zwischen dem Ereignis des Ulmer Einsatzgruppenprozesses und der Thematisierung einer Koordinierung der Ermittlungstätigkeit gegen NS-Verbrecher. Andererseits bezogen sich einige Pressevertreter in ihrer Argumentation auch auf andere NS-Prozesse Ende der fünfziger Jahre, insbesondere den Sommer-Prozess in Bayreuth. In einem Interview mit Josef Müller-Marein in der ZEIT vom 10.10.1958 bestätigte sogar Bundesjustizminister Fritz Schäffer den unmittelbaren Zusammenhang zwischen den Prozessen in den späten fünfziger Jahren und der Einrichtung der Ludwigsburger Behörde. Um die Teile der Öffentlichkeit zu beruhigen, die eine Intensivierung der Strafverfolgung keineswegs befürworteten, fügte Schäffer relativierend hinzu, dass keine „Neuauflage der Denazifizierungsgerichte" beabsichtigt sei. Vielmehr sollten lediglich „Untersuchungsergebnisse zentral zusammenlaufen", damit „Verbrecher gefaßt und Verbrechen jener Zeit aufgeklärt werden können". Diese zurückhaltende Beschreibung des Aufgabenbereiches der zentralen Ermittlungsbehörde, zudem von Seiten des Bundesjustizministers, war kaum dazu geeignet, der deutschen Gesellschaft die Bedeutung der Institution plausibel zu machen. Trotz des erschütterten Vertrauens in den deutschen Rechtsstaat war der Öffentlichkeit und Teilen der Medien die Dimension der Aufgabe der Zentralen Stelle nicht bewusst, da ein Abschluss der Ermittlungen gegen NS-Täter in absehbarer Zeit erwartet wurde.

„[...] Versagt haben fast ausschließlich die Gerichte, die mit ihren Urteilen dem Unrechtsgehalt der Taten nicht gerecht wurden. [...]"
aus einem Leserbrief
in der ZEIT vom 17. 10.1958

Die Ludwigsburger Bevölkerung reagierte überwiegend ablehnend auf die Gründung der Zentralen Stelle. Das bekamen die Mitarbeiter der Behörde im Alltag deutlich zu spüren, denn die gesellschaftliche Integration in das Stadtleben blieb ihnen verwehrt. Die Vorbehalte gegen die Ermittlungsstelle beschränkten sich nicht auf das Jahr 1958, sondern hielten lange Jahre an. Bezeichnend war z. B., dass ein Teil der Trauergäste, die im April 1966 den Sarg des verstorbenen ehemaligen SS-Oberstgruppenführers Joseph (Sepp) Dietrich durch Ludwigsburg begleiteten, auf der Höhe der Zentralen Stelle bewusst die Straßenseite wechselte. Die Gegner der Zentralen Stelle bekamen außerdem durch den Ludwigsburger Oberbürgermeister Anton Saur Unterstützung. Der promovierte Jurist bekannte in dem TV-Magazin „Panorama" vom 16. Mai 1966, dass die Behörde zwar keine Belastung darstelle, aber einen „bestimmten Geruch" über die Stadt bringe. Eine Förderung der gesellschaftlichen Akzeptanz der Ermittlungsarbeit gegen NS-Täter konnte sich nach dieser offiziellen Stellungnahme wohl niemand erhoffen. Dennoch löste die Aussage von Anton Saur nicht nur Zustimmung, sondern auch Empörung aus. So forderte beispielsweise eine Frau den Oberbürgermeister in einem Brief zum Rücktritt auf.

Ein Grund für das Unbehagen gegenüber der Ermittlungsbehörde war die Befürchtung, dass ihre Tätigkeit eine neue Denazifizierungswelle zur Folge haben könnte. Daran zeigt sich, wie stark die Erinnerung an die Entnazifizierung im öffentlichen Bewusstsein präsent war. Noch im Dezember 1958, nachdem die Behörde offiziell ihre Tätigkeit aufgenommen hatte, sah sich der baden-württembergische Justizminister Haußmann dazu veranlasst, das in breiten Bevölkerungskreisen vorherrschende verzerrte Bild von der Aufgabe der Ermittlungsstelle zu korrigieren. Er erklärte im Süddeutschen Rundfunk, es gehe „nicht darum, Gesinnungen zu prüfen und zu bestrafen, sondern Verbrechen aufzuklären und abzuurteilen."

Ein ganz anderes Bild von der Haltung der Bevölkerung zur Gründung der Zentralen Stelle ergibt sich anhand der in der Presse veröffentlichten Leserbriefe. Den Zuschriften ist die allgemeine Zustimmung zur Einrichtung der Behörde gemeinsam. Dabei ist zu berücksichtigen, dass einerseits nur sehr wenige Leserbriefe zu dem Thema veröffentlicht wurden und diese natürlich keineswegs repräsentativ waren. Zudem werden derartige Schreiben von den Redaktionen gezielt und nach bestimmten Kriterien ausgewählt, sodass offen bleiben muss, wie das Verhältnis von Zustimmung und Widerspruch tatsächlich war. Ansonsten folgten die Absender der Briefe in ihrer Argumentation weitgehend den Pressebeiträgen, auf die sie reagierten. So kam in einem Großteil der Schreiben, ähnlich wie in der Presseberichterstattung, die Skepsis zum Ausdruck, ob die neue Institution erfolgreich sein werde. Die Bedenken waren eine Folge der Erfahrung mit der deutschen Rechtsprechung bei NS-Verbrechen der vergangenen Jahre. Wie sehr der Glaube an unabhängige Gerichte und damit an den deutschen Rechtsstaat erschüttert war, verdeutlicht ein Brief, den die ZEIT am 17. 10. 1958 veröffentlichte und in dem es hieß: „Versagt haben fast ausschließlich die Gerichte, die mit ihren Urteilen dem Unrechtsgehalt der Taten nicht gerecht wurden." Dass das Strafmaß in vielen Verfahren unbefriedigend ausfiel, führte der Absender auf die allzu große Bereitschaft der Gerichte zur Anerkennung strafmildernder Gründe zurück. Und er war davon überzeugt, dass die Ludwigsburger Behörde an dieser Praxis nichts ändern werde.

Des Weiteren kommt in den Leserbriefen das Bewusstsein von der personellen Kontinuität der bundesdeutschen Eliten zum Ausdruck. Ein Leser der Frankfurter Rundschau zweifelte beispielsweise in der Ausgabe vom 7.10.1958 mit Verweis auf die offensichtliche gesellschaftliche Integration von NS-Tätern an den Möglichkeiten zur Umsetzung der Untersuchungsergebnisse der Zentralen Stelle: „Die Gesetze aber sind so gefaßt, daß sie weite Maschen bieten, durch die besonders jene schlüpfen können, die im Zeichen unserer Aufrüstung für ihre einstige Tat auch nur den geringsten Schimmer einer militärischen Notwendigkeit glaubhaft machen können." Der hier angesprochene Zusammenhang zwischen der Wiederbewaffnung der Bundesrepublik als Bestandteil der Westintegration und der Kriegsverbrecherfrage bewegte die westdeutsche Gesellschaft besonders in der ersten Hälfte der fünfziger Jahre.

Ein anderer Absender begründete in der Stuttgarter Zeitung vom 13.9.1958 seine Vorbehalte vor allem mit dem Mangel an geeignetem unbelasteten Personal für eine zentrale Ermittlungsbehörde und griff damit ebenfalls ein Argument auf, das in der Presse diskutiert worden war. Alle veröffentlichten Leserbriefe illustrieren das Bewusstsein von den Versäumnissen bei der Strafverfolgung nationalsozialistischer Gewaltverbrechen. Sie dokumentieren gleichzeitig, wie stark das Ansehen des deutschen Rechtsstaates durch die halbherzige Aufarbeitung in der Öffentlichkeit erschüttert war. Dass dieses Reaktionsmuster jedoch nicht ohne Weiteres auf die gesamte deutsche Bevölkerung übertragen werden kann, zeigen die Briefe, die direkt an den Stuttgarter Generalstaatsanwalt Erich Nellmann adressiert waren. Da diese Zuschriften, die in der heutigen Außenstelle des Bundesarchivs in Ludwigsburg archiviert sind (Bestand B162), nicht zur Veröffentlichung bestimmt waren, geben sie ein differenzierteres Meinungsspektrum wieder.

„Sehr geehrter Herr Nellmann, aus der Frankfurter Zeitung entnahmen wir, dass wieder einmal einer unserer heutigen ‚führenden Köpfe' diesmal im schönen Stuttgart eine glänzende Idee gehabt hat. Ei Weih! Da wollen sie also wieder eine neue Behörde ins Leben rufen! Und was für eine Produktivität entwickeln soll! Und dazu dann geeignete Staatsanwälte usw. [...]

aus einem Brief vom September 1958
Bundesarchiv B 162/20482

„Sehr geehrter Herr Generalstaatsanwalt Nellmann, wir haben es erfreut vernommen, dass Sie die Sünden der Nationalsozialistischen Verbrecher bekämpfen. Wir begrüssen die ehrliche Antwort von gelernten Juristen. Ihre Mitteilung dass Sie vielleicht uns Hilfe geben können, wird uns freuen. Im Auftrage Ihr [...]"

aus einem Brief vom 10. 9. 1958
Bundesarchiv B 162/20482

Anders als die Leserbriefe zeigen einige der an Nellmann gerichteten Zuschriften eine konsequente Ablehnung des Vorhabens der Justizminister, eine zentrale Ermittlungsbehörde einzurichten. Die Gegner der Zentralen Stelle machten in ihren Briefen an den Generalstaatsanwalt ihrer Wut und Empörung derart Luft, dass der Inhalt oft unklar formuliert und emotional aufgeladen war und auf die Darlegung von Argumenten weitgehend verzichtet wurde. Neben Beschimpfungen, die sich auch an Nellmann persönlich richteten, beinhalteten einige Zuschriften zudem antisemitische Tendenzen. Ohne Bedenken wurden antijüdische Stereotype bemüht, um den Versuch einer Koordinierung der Ermittlungsarbeit gegen NS-Täter im Vorfeld zu diskreditieren.

So schrieb beispielsweise ein aufgebrachter Bürger, dass als „Präsident" der neuen Behörde wohl nur ein „Emigrant" und „Jude reinster Abstammung" infrage komme. Als eine „von Juden angezettelte Kriegserklärung gegen Deutschland" interpretierte ein anderer Absender den Vorschlag Nellmanns, eine zentrale Ermittlungsbehörde ins Leben zu rufen. In dieser Äußerung artikulierte sich ein aus der NS-Zeit überliefertes Feindbild, das die Nazis fast wortgleich verwendet hatten und das „die Juden" für alle möglichen gesellschaftlichen Probleme verantwortlich machte. An tradierte judenfeindliche Stereotype anknüpfend, war in dem Brief vom „ewigen Juden" genauso die Rede wie vom Streben des Judentums nach der Weltherrschaft. Von einem Bewusstsein für das vom deutschen Volk begangene Unrecht ist in dem Schreiben dagegen nichts zu lesen. Im Gegenteil, dem Bild von der jüdischen Weltverschwörung wurde „das saubere deutsche Volk" gegenübergestellt. Der Verfasser empörte sich darüber, dass die „verjährten Handlungen" nach so langer Zeit noch strafrechtlich verfolgt werden sollten. In seiner Verteidigung der „tapferen, sauberen, mutigen, deutschen Soldaten, die in Treue geopfert haben", spiegelt sich die in der deutschen Gesellschaft weit verbreitete Illusion, dass die Soldaten nur ihre Pflicht erfüllt hätten; ein Argument, mit dem sich auch die meisten angeklagten Täter vor Gericht zu verteidigen versuchten. Andererseits illustriert diese Haltung die mangelnde Kenntnis der verschiedenen Tätergruppen, die in die nationalsozialistischen Gewaltverbrechen involviert waren. Dagegen tauchte die in der Presse wiederholt genannte Angst der Deutschen vor einer neuen Entnazifizierungswelle nicht als Argument derjenigen Gegner der Zentralen Stelle auf, die an Erich Nellmann geschrieben hatten.

**„New York, 5. X. 58
Sehr geehrter Herr Generalstaatsanwalt!
Es ist mit ein Herzenbedürfnis, Ihnen zu schreiben angesichts Ihres Appells in der Stuttg. Zeitung. [...] Empfangen Sie meinen tiefst empfundenen Dank für Ihre gutherzige Tat welche jeder anständige Deutsche nur warm begrüssen kann. Aber der Worte sind genug gewechselt - - - - -
Mit erg. Grüssen
Ihr getreuer [...]"**

aus einem Brief vom 5. 10. 1958
Bundesarchiv B 162/20482

**„[...] Ist der deutsche demokratische Bundesstaat, worin es um das Recht geht, nur ein Schlachthof, wo jedes einzelne Mitglied, wie Vieh, den Schlächter erwarten kann und muß, wenn es an der Reihe ist?
N. B. Und weil Sie am Schluß scheinbar etwas vergessen haben, werde ich in gutem Glauben, in Ihrem Sinne zu handeln, ein, Heil Demokratie auf Krücken, Ihnen zurufen, so wie das hier üblich ist, mit meinen Mordbuben vom Amtsgericht [...]"**

aus einem Brief vom September 1958
Bundesarchiv B 162/20482

Nicht alle Schreiben beinhalten eine klare Haltung zur Einrichtung einer zentralen Ermittlungsstelle. Dazu gehört eine Stellungnahme, in der die Initiative des Stuttgarter Generalstaatsanwalts zwar als „wichtig und löblich" bezeichnet, aber gleichzeitig der Vorbehalt geäußert wurde: „Nur habe ich den Eindruck der Sektor den man herausgesucht hat ist viel zu schmal." Die Kritik richtet sich jedoch nicht auf den stark eingegrenzten Zuständigkeitsbereich der Zentralen Stelle durch die Verwaltungsvereinbarung der Länder vom 6. November 1958, die dem Absender noch nicht bekannt gewesen sein konnte. Vielmehr hatte er nur eine sehr diffuse Vorstellung von der Zuständigkeit der zentralen Einrichtung für, so formulierte er ganz allgemein, „ungesühnte Verbrechen". Zu diesen zählte er den Luftangriff des nationalsozialistischen Deutschland auf Rotterdam ebenso wie die alliierten Luftangriffe auf Dresden. Unabhängig davon, dass damit ein zentrales Aufrechnungsargument aufgegriffen wurde, belegt dieser Brief vor allem, dass Ziel und Aufgabe einer zentralen Ermittlungsbehörde zur Aufklärung von NS-Verbrechen weiten Teilen der Bevölkerung kaum bewusst waren. Genau das, was die Bevölkerung am meisten interessierte, nämlich gegen wen ermittelt werden sollte, wurde ihr durch die Presse nur unzureichend dargelegt.

Interessanterweise überwog dennoch in den an Nellmann gerichteten Briefen wie in den Leserbriefen die Zustimmung zur Gründung einer zentralen Ermittlungsbehörde. Allerdings wurde dies selten so vorbehaltlos formuliert wie von einer Frau, die den Generalstaatsanwalt eindringlich bat, sich bedingungslos für die Realisierung seines Vorhabens einzusetzen. Sie schrieb der Bevölkerung insgesamt eine positive Haltung gegenüber dem Beschluss zu. Ihrer Meinung nach sei es eine Erwartung der „Allgemeinheit", dass die „Verfolgung von NS-Verbrechen planvoll und systematisch" betrieben werde. Gleichzeitig gestand die Verfasserin eine Mitschuld der Gesamtbevölkerung an dem begangenen Unrecht ein, indem sie darauf verwies, dass sich diese Schuld wiederhole, wenn die juristische Aufarbeitung versäumt werde. Tatsächlich prägte Ralph Giordano dann dreißig Jahre später in seiner Bilanz der strafrechtlichen Aufarbeitung den Begriff von der „zweiten Schuld".

Nicht nur Privatpersonen wandten sich schriftlich an Generalstaatsanwalt Nellmann, sondern auch Organisationen wie die Vereinigung der Verfolgten des Naziregimes (VVN). Neben der erwartungsgemäßen Zustimmung zur angestrebten Systematisierung der Ermittlungstätigkeit übte der Bundesvorstand der VVN in seinem Schreiben Kritik an der bisherigen Rechtspraxis der Bundesrepublik gegenüber nationalsozialistischen Gräueltaten. Seit ihrer Gründung fordere die Organisation „eine Bereinigung unseres ganzen öffentlichen Lebens von solchen Elementen, die an verantwortlicher und führender Stelle des nationalsozialistischen Unrechtsstaates sich schuldig oder mitschuldig gemacht haben an Verbrechen gegen die Menschlichkeit und die Demokratie". Diese Auseinandersetzung sei „Voraussetzung für das Ansehen unseres Volkes nach draussen wie auch für das Vertrauen des Volkes zum Staat und seinen Organen".

„[...] Ich begrüsse ausserordentlich den Entschluss, Nazi und K.Z.Verbrechern aus ihren verantwortlichen Stellen, wo ihnen Sabotage usw. möglich ist, aus ihren Ämtern zu entfernen (Bildzeitung vom 4.9.58). [...]"
aus einem Brief vom 4. 10. 1958
Bundesarchiv B 162/20482

„Sehr geehrter Herr Saatsanwalt Nellmann, als sechsjähriger Politischer Verfolgter möchte ich Ihnen meinen Herzlichen Dank ausdrücken, daß Sie sich dafür einsetzen wollen (wie BILD berichtet), die ehemaligen Mörder des Naz. Reg. die heute noch unter uns leben, und sogar den Ton angeben, daß Sie Herr Oberstaatsanwalt diese Leute zur Rechenschaft ziehen wollen. [...]"
aus einem Brief vom 6. 9. 1958
Bundesarchiv B 162/20482

Dennoch stimmte der Verband dem Generalstaatsanwalt zu, dass es keine neuen Entnazifizierungsmaßnahmen geben dürfe. Ebenso wie einige Pressevertreter und Briefschreiber gab der Bundesvorstand der VVN zu bedenken, dass viele deutsche Richter und Staatsanwälte durch ihre Tätigkeit im Dritten Reich belastet seien und die Mitarbeiter einer zentralen Ermittlungsbehörde von daher sorgfältig ausgewählt werden müssten. Schließlich legten die Vertreter der Organisation dem Stuttgarter Generalstaatsanwalt eine Zusammenarbeit ausdrücklich nahe. Diesem Vorschlag verliehen sie in einem Kommuniqué Nachdruck, in dem sie ankündigten, sich mit der Forderung „einer Ermittlungsbehörde unter Mitwirkung der Verfolgten-Organisationen" an die staatlichen Stellen zu wenden. Außerdem gingen sie noch einen Schritt weiter als Nellmann und regten eine „Verbrecher-Kartei" an, zu der auch die Öffentlichkeit Zugang haben sollte. Aus der ganzen Argumentation spricht eine hohe Erwartungshaltung der VVN gegenüber einer zukünftigen „Zentralen Stelle zur Aufarbeitung von NS-Verbrechen". Diese dürfte spätestens mit der Konkretisierung des Tätigkeitsbereichs der Institution durch die Verwaltungsvereinbarung der Länder vom 6. November 1958 enttäuscht worden sein.

Obwohl sie nicht repräsentativ sind, zeigen die Briefe vor allem zweierlei: dass die Öffentlichkeit auf die Gründung der Zentralen Stelle sehr emotional reagierte und dass es extrem divergierende Meinungen zu dem Beschluss gab. Trotz der weitgehend positiven Reaktionen tauchten in einigen Zuschriften die bekannten Bedenken gegenüber der Realisierbarkeit des Beschlusses der Justizminister, insbesondere der Frage nach geeignetem, moralisch integrem Personal, erneut auf. Des Weiteren geht aus den Schreiben hervor, dass ein genaues Verständnis für den Zuständigkeitsbereich der Institution fehlte. Insbesondere die Unterschiede zwischen den einzelnen Verbrechenskomplexen waren der Allgemeinbevölkerung nicht bewusst. Anders als in der Presseberichterstattung wurde in einigen Briefen zwar das Versagen der deutschen Gerichte bei der Strafverfolgung von nationalsozialistischen Gewaltverbrechen angeprangert, aber die Unterstützung der Initiative für eine zentrale Ermittlungsstelle nicht konkret aus der Erfahrung des Ulmer Einsatzgruppenprozesses abgeleitet.

Auch wenn der Ulmer Einsatzgruppenprozess nicht das Schlüsselereignis für die Gründung der Zentralen Stelle der Landesjustizverwaltungen zur Aufklärung von nationalsozialistischen Verbrechen gewesen ist, geht aus der Untersuchung der Presseberichterstattung doch hervor, dass das Medienecho auf die NS-Prozesse von 1958, insbesondere den Ulmer Prozess, zur Sensibilisierung der deutschen Öffentlichkeit für die Versäumnisse der deutschen Justiz bei der Strafverfolgung von nationalsozialistischen Gewaltverbrechen und die daraus resultierende Initiative zur Gründung einer zentralen Ermittlungsinstanz beigetragen hat. Dabei wurde insbesondere die personelle Kontinuität innerhalb der Justiz nach 1945 als Hauptgrund für die halbherzige Aufarbeitung erkannt und angeprangert. Die Bedenken gegenüber der Integrität des juristischen Personals und schließlich

**„Herr Nellmann,
Ihr Vorschlag ist gar nicht schlecht, aber schlecht kann es einem vernünftigen Menschen werden. Wenn man nur immer von der Vergangenheit hört. [...]"**
aus einem Brief vom September 1958
Bundesarchiv B 162/20482

gegenüber dem deutschen Rechtsstaat allgemein waren sowohl unter den Pressevertretern als auch in der Allgemeinbevölkerung so groß, dass die Einrichtung der Zentralen Stelle von vornherein von Zweifeln an ihrem Erfolg begleitet war. Während die Notwendigkeit einer Systematisierung und Intensivierung der Strafverfolgung vielen Rechtsexperten und Pressevertretern bewusst war, gab es kaum konkrete Vorstellungen von der Zuständigkeit und Arbeitsweise der zukünftigen Behörde. Die Folge war eine nur unzureichende Aufklärung der deutschen Bevölkerung über die juristische und moralische Kompetenz einer zentralen Ermittlungsstelle. Um vorhandenen Abwehrhaltungen und Vorurteilen entgegenzuarbeiten, hätten Juristen und Journalisten bei der Vermittlung der Konzeption enger zusammenarbeiten und konkreter argumentieren müssen.

Obwohl in einem Großteil der Briefe die Initiative zur Zentralen Stelle ausdrücklich begrüßt wird, lässt sich das genaue Verhältnis von Zustimmung und Ablehnung anhand der (nicht-repräsentativen) Auswahl von Leserbriefen und Zuschriften an den Stuttgarter Generalstaatsanwalt nicht rekonstruieren. Vielmehr geben die Schreiben ganz individuelle Meinungen zur Frage einer Koordinierung der Ermittlungen gegen NS-Täter in den späten fünfziger Jahren wieder. Sie sind nicht nur ein Indiz dafür, dass das Meinungsspektrum breiter war, als die Stilisierung der Bevölkerungshaltung auf eine Ablehnung der zentralen Ermittlungsbehörde suggeriert, sondern bestätigen außerdem die Sensibilisierung der deutschen Öffentlichkeit für die Versäumnisse der Justiz am Ende der fünfziger Jahre.

Andererseits fehlen demoskopische Werte zur Frage der Bevölkerungsreaktion auf die Gründung der Zentralen Stelle. Allein die Tatsache, dass dieses Ereignis den Meinungsforschungsinstituten keine Umfrage wert war, zeigt, welche geringe Bedeutung ihm von dieser Seite zugemessen wurde. Zu den zentralen Themen der Bevölkerung gehörte die Gründung der Ludwigsburger Behörde 1958 jedenfalls nicht. Trotz der genannten positiven Reaktionen ist wohl kaum von einer breiten gesellschaftlichen Akzeptanz für die Intensivierung der juristischen Aufarbeitung der nationalsozialistischen Gewaltverbrechen auszugehen, die eine Konfrontation der deutschen Öffentlichkeit mit ihrer unbequemen Vergangenheit unumgänglich machen sollte. Zwar befürwortete laut einer Umfrage des Allensbacher Instituts für Demoskopie vom August 1958 über die Hälfte der Befragten (54 %) eine Fortsetzung der Strafverfolgung von NS-Verbrechen ausdrücklich, aber gleichzeitig gab es eine beträchtliche Anzahl an Personen (34 %), die einen Schlussstrich forderten.

Eine erweiterte Fassung dieses Beitrags ist in der Zeitschrift für Geschichtswissenschaft 56 (2008), H. 4, unter dem Titel „Die Justiz muß Farbe bekennen". Die öffentliche Reaktion auf die Gründung der „Zentralen Stelle der Landesjustizverwaltungen" 1958 erschienen.

Aus der Arbeit eines Ermittlers in NS-Verfahren: Betrachtungen zum Verfahren gegen Josef Schwammberger

Kurt Schrimm

Josef Schwammberger:
„Ich bin Euer Gott, wenn ich es will, lebst Du, wenn ich es will, bist Du tot."
Bundesarchiv, B 162/14702, Bl. 175
Bundesarchiv, B 162 Bild/508

I

Am 18. Mai 1992 wurde der ehemalige SS-Oberscharführer Josef Schwammberger vom Landgericht Stuttgart zu lebenslanger Freiheitsstrafe verurteilt. Er galt als überführt, insgesamt mindestens 25 Menschen eigenhändig ermordet und zur Ermordung von mindestens weiteren 641 Menschen Beihilfe geleistet zu haben. Die gegen das Urteil eingelegte Revision des Angeklagten hat der Bundesgerichtshof mit Beschluss vom 1. Juli 1993 als offensichtlich unbegründet verworfen. Die Strafvollstreckungskammer des Landgerichts Mannheim hat mit Beschluss vom 18. 3. 2002 entschieden, dass die besondere Schwere der Schuld die Vollstreckung von mindestens 25 Jahren gebietet. Das Gesuch, die Vollstreckung des Restes der Freiheitsstrafe im Gnadenweg auszusetzen, wurde nicht bewilligt.

Obwohl Josef Schwammberger weder von seiner Funktion noch von seinem Rang her mit NS-Verbrechern wie Adolf Eichmann, Josef Mengele oder Alois Brunner verglichen werden kann, wurde das Verfahren im In- und Ausland mit großer Aufmerksamkeit verfolgt. Grund hierfür dürfte zum einen sein, dass Schwammberger über das befohlene Morden hinaus mit äußerster Brutalität gegen die jüdischen Ghettoinsassen der Stadt Przemyśl bzw. die jüdischen Zwangsarbeiter des Lagers Mielec vorging, zum andern aber auch deshalb, weil das Verfahren selbst in mancher Hinsicht bemerkenswert war. Im Vordergrund der Diskussion stand die Frage, weshalb Schwammberger erst im Jahr 1990, also 45 Jahre nach Kriegsende und im Alter von nahezu 80 Jahren vor Gericht gestellt werden konnte. Vor allem mit dieser Frage wird sich der vorliegende Beitrag befassen. Dabei wird auf die Person Schwammberger und die ihm vorgeworfenen Taten nur kurz (II), demgegenüber ausführlicher auf den Verfahrensverlauf und die tatsächlichen und rechtlichen Probleme einer Festnahme und nachfolgenden Auslieferung aus dem Ausland eingegangen werden (III.).

II

Schwammberger wurde am 14.12.1912 im damals zu Österreich gehörenden Brixen geboren. Er wuchs in Innsbruck auf und absolvierte eine dreijährige Lehre als Einzelhandelskaufmann. Schon früh war er bekennender Nationalsozialist und Bewunderer der SS. Am 18. 4.1933 trat er in Österreich der Allgemeinen SS, am 1. Mai 1933 der NSDAP bei. Nachdem beide Organisationen in Österreich am 13. Juni 1933 verboten worden waren, setzte er sich am 25. Juli 1933 ins Deutsche Reich ab. Im Dezember 1935 erwarb er die deutsche Staatsbürgerschaft. Von Anfang an war er in Parteigliederungen aktiv und erhielt bereits vor dem Krieg eine militärische Ausbildung. Nach Kriegsausbruch wurde er zur SS-Verfügungstruppe eingezogen und nach seiner Beförderung zum SS-Unterscharführer (Unteroffiziersrang) einem Ersatzbataillon zugeteilt. Da er aufgrund einer Operation nicht kriegsverwendungsfähig war, wurde er im Oktober zur Dienststelle des SS- und Polizeiführers (SSPF) Krakau abkommandiert. Ende August/Anfang September 1942 wurde er zum Kommandanten verschiedener Zwangsarbeitslager ernannt. In dieser und in den späteren Funktionen war er dem SSPF Scherner unmittelbar unterstellt. Ab Januar/ Februar 1943 war Schwammberger bis Februar 1944 Leiter des Zwangsarbeitslagers der „SS-Instandsetzungswerkstätten" (Ghetto A) in Przemyśl. Hier beging er den Großteil der ihm zur Last gelegten Verbrechen. Das Kriegsende erlebte Schwammberger in Hamburg, wo er mit falschen Wehrmachtspapieren auf den Namen Josef Hackl versorgt wurde.

Am 20. Juli 1945 wurde er in Innsbruck von der damaligen Regierungspolizei für Tirol festgenommen. Im Laufe des Verfahrens räumte er ein, Mitglied der SS gewesen zu sein. Er wurde der französischen Besatzungsmacht übergeben und im Kriegsgefangenenlager „Oradour", später in der Festung Kufstein und schließlich wieder in „Oradour" inhaftiert. Von dort gelang ihm in der Nacht vom 2. zum 3. Januar 1948 mit fremder Hilfe die Flucht. Nachdem ihm von einer kirchlichen Institution das Fluchtgeld vorgeschossen worden war, gelangte Schwammberger von Genua aus auf einem französischen Liberty-Schiff am 19. 3. 1949 nach Buenos Aires. Zur Einwanderung benutzte er einen Roten-Kreuz-Pass, den er in Rom erhalten hatte. Unter Zuhilfenahme dieses Passes erwarb er 1965 die argentinische Staatsbürgerschaft. Am 13. November 1987 wurde Schwammberger in Argentinien festgenommen. Mit Urteil vom 28. November 1988 entsprach das erstinstanzliche Gericht in La Plata in vollem Umfang dem deutschen Auslieferungsersuchen. Am 20. März 1990 bestätigte das Oberste Argentinische Gericht diese Entscheidung in dritter und letzter Instanz. Schwammberger wurde am 2. Mai 1990 einem Vertreter der Staatsanwaltschaft Stuttgart auf dem Flughafen von Buenos Aires übergeben.

Lebenslauf Schwammbergers
gemäß Bundesarchiv, B 162/1413, Bl. 4000-4007

14. Februar 1912	Geburt in Brixen/Südtirol, damals Österreich-Ungarn als viertes Kind eines Postbeamten
2. Hälfte 1920er Jahre	3 Jahre Lehre als Einzelhandelskaufmann in der Farben- und Drogeriebranche
1932	15 Monate Arbeitslosigkeit
April/Mai 1933	Eintritt in die Allgemeine SS und in die NSDAP Österreichs
Sommer 1933	Verbot von Allgemeiner SS und NSDAP in Österreich Schwammberger setzt sich nach Deutschland ab.
16. September 1933	Ausbürgerung aus Österreich
Dezember 1935	Erwerb der deutschen Staatsbürgerschaft
Februar 1936	Tätigkeit bei den Heinkel-Flugzeugwerken in Warnemünde zunächst im Werkschutz, dann als Sicherheitsbeauftragter
1936	Ausscheiden aus der SS-Verfügungstruppe und Feststellung der Kriegsverwendungsunfähigkeit (nach einer Gallenoperation) Schwammberger bleibt aber Mitglied der Allgemeinen SS.
Anfang 1939	Rückkehr nach Innsbruck
August 1939	Eheschließung
1939/1945	Geburt seiner beiden Söhne
November 1939	Einziehung zum 8. SS-Infanterieregiment der SS-Verfügungstruppe (=Waffen-SS) Beförderung zum SS-Unterscharführer (Unteroffiziers-Rang)
Ende 1942/Anfang 1943	Beförderung zum SS-Oberscharführer (entspricht Feldwebel)
ab August/September 1942	Kommandant verschiedener Zwangsarbeitslager im Distrikt Krakau (Polen), u.a. der Lager in Rozwadów und in Przemyśl Bei Kriegsende Aufenthalt in Hamburg anschließend Flucht nach Innsbruck (unter dem Namen Josef Hackl)
20. Juli 1945	Festnahme in Tirol und Überstellung an die französische Besatzungsmacht
1945–Januar 1948	Haft
1948/49	Flucht über Italien nach Argentinien
1949–1978	Tätigkeit an einer Reihe von Arbeitsstellen in Argentinien (u. a. als Nachtportier in einem Hotel, Facharbeiter bei Siemens, bei Auto-Union sowie der Firma Petrochemica, schließlich als Geschäftsführer einer Forellenzucht bei Buenos Aires)
ab 1959	Ermittlungen in Deutschland gegen Schwammberger (erst in Kaiserslautern, dann in Stuttgart)
1965	Erlangung der argentinischen Staatsbürgerschaft
20. September 1972	Erlass eines internationalen Haftbefehls gegen Schwammberger Schwammberger entzieht sich der Festnahme durch Flucht.
1978	Ruhestand: Bezug einer Rente vom argentinischen Staat
13. November 1987	Festnahme
2. Mai 1990	Überstellung an die Bundesrepublik
18. Mai 1992	Verurteilung zu lebenslanger Haft durch das Landgericht Stuttgart
Mai 1996	Eröffnung eines weiteren Verfahrens gegen Schwammberger scheitert an dessen hohem Alter.
August 2002	Anordnung der Haftfortdauer durch das Landgericht Mannheim wegen besonderer Schwere der Schuld
3. Dezember 2004	Tod im Gefängniskrankenhaus Hohenasperg

III 1

Schwammberger und seine Verbrechen waren im Nachkriegsdeutschland lange nicht bekannt. Das Verfahren wurde zunächst ausschließlich in Österreich geführt. Fest steht, dass er bis zu seiner Flucht am 2./3. Januar 1948 in französischem Gewahrsam war, jedoch auch die österreichischen Behörden zumindest zeitweilig gegen ihn ermittelten. Der genaue Verlauf des Verfahrens und der Inhaftierung konnte nicht mehr rekonstruiert werden, da die französischen Akten nicht zur Verfügung standen und die einschlägigen Akten des Landesgerichts Innsbruck – 10 Vr 163/47 – insoweit Lücken aufweisen.

In einem Schreiben des Landesgerichts Innsbruck an die Bundespolizeidirektion Innsbruck vom 5. 3.1956 wird mitgeteilt, dass Schwammberger am 20. 7.1945 „von den Franzosen in das Lager Oradour gebracht" worden sei. Dass zu diesem Zeitpunkt jedoch noch „Der Sicherheitsdirektor für Tirol" gegen den damaligen Beschuldigten Schwammberger ermittelte, geht aus einer Vernehmungsniederschrift vom 23. 7. 1945 hervor, in der er einräumte, im Frühjahr 1944 einen Gefangenen erschossen zu haben, der versucht habe, ihn anzugreifen und ihm die Pistole zu entwenden. Möglicherweise hat diese Aussage die österreichischen Behörden veranlasst, das Verfahren an die Besatzungsmacht abzugeben. Zweifelhaft ist jedoch, ob diese das Verfahren als solches oder nur die Inhaftierung übernahmen. Vieles spricht dafür, dass dies zunächst ungeklärt blieb und dass innerhalb der österreichischen Behörden Verwirrung über den tatsächlichen Aufenthalt Schwammbergers herrschte. So berichtete am 6. Mai 1946, also mehr als 9 Monate nach der Festnahme, die Kriminalpolizeibehörde Steyr der dortigen Staatsanwaltschaft, Josef Schwammberger erscheine in der III. Österreichischen Kriegsverbrecherliste „wegen Ermordung von etwa 30 Juden und Beraubung derselben". Sein Aufenthalt könne nicht ermittelt werden. Dies veranlasste die Staatsanwaltschaft am 10. Mai 1946, beim Kreisgericht Steyr „Antrag auf Abtretung gegen Schwammberger, Josef, an das Landesgericht Linz als Volksgericht" zu stellen. Es kann nach Aktenlage nicht ausgeschlossen werden, dass die österreichischen Ermittlungsbehörden Schwammberger nach Übergabe an die Besatzungsmacht schlicht vergessen haben. Aufgrund eines Auslieferungsersuchens der „Polnischen Mission der Republik Polen in Wien" vom 17. Oktober 1946 beantragte die Staatsanwaltschaft Innsbruck am 12. Februar 1947 beim Untersuchungsrichter die „Einleitung des Auslieferungsverfahrens gegen Schwammberger ..., insbesondere sofortige eingehende Erhebungen der Polizeidirektion Innsbruck zur Feststellung des Aufenthaltes des Beschuldigten". Am 24. 2. 1947 teilte die Bundespolizeidirektion Innsbruck dann der dortigen Staatsanwaltschaft mit, dass sich Schwammberger „dzt. zur Verfügung der französischen Justiz in der Festung Kufstein in Haft" befinde. Bereits am 5. Februar 1947 hatte demgegenüber das Landesgericht Innsbruck dem Bundesministerium für Justiz berichtet, dass „über Antrag der Staatsanwaltschaft Innsbruck ... der Strafakt gegen N. Schwammberger wegen Kriegsverbrechen der Oberstaatsanwaltschaft zur allfälligen Weiterleitung an das Militärgericht der Besatzungsmacht" vorgelegt wurde. Offensichtlich hat die Militärregierung jedoch ihre Zuständigkeit verneint. Am 13. März 1947 berichtete das Landesgericht Innsbruck dem Bundesministerium für Justiz, inzwischen habe die Oberstaatsanwaltschaft Innsbruck die Akten bereits „zur zuständigen Amtshandlung der Staatsanwaltschaft Innsbruck rückübermittelt".

Es sieht so aus, als ob sich die Innsbrucker Ermittlungsorgane von diesem Zeitpunkt an für zuständig erachteten. Am 21. 4. 1947 beantragte die Staatsanwaltschaft Innsbruck, Schwammberger „in der Festung Kufstein ehestens als Beschuldigten abzuhören". Am 26. 7. 1945 und am 31. 7. 1945 wurde Schwammberger von der Regierungspolizei in Tirol vernommen. In diesen Vernehmungen räumte er ein, auf Befehl der Sicherheitspolizei „ungefähr 35 Juden", die nach ihrer Flucht wieder aufgegriffen worden waren, durch Genickschuss getötet zu haben. Am 16. 8. 1947 beantragte die Staatsanwaltschaft Innsbruck beim Untersuchungsrichter Innsbruck „Einleitung der Voruntersuchung gegen Josef Schwammberger". Über den Umfang der Zuständigkeit scheint sich die Staatsanwaltschaft Innsbruck jedoch bis zur Flucht nicht im Klaren gewesen zu sein. Auf eine Anfrage der Staatsanwaltschaft Kaiserslautern (siehe dazu unten) antwortete das Landesgericht Innsbruck, derzeit werde die Frage geprüft, „ob das Landesgericht Innsbruck überhaupt zuständig ist". Bemerkt werde, so das Gericht weiter, „dass das beim Landesgericht Innsbruck anhängige Strafverfahren in erster Linie ein Auslieferungsverfahren" darstelle. Für die Inhaftierung war offensichtlich die Besatzungsbehörde allein zuständig. Die Oberstaatsanwaltschaft Innsbruck ließ den Untersuchungsrichter am 4. April 1948 wissen, „der Beschuldigte Josef Schwammberger" sei „niemals in gerichtlicher Haft gewesen". Am 19. Februar 1949 beantragte die Staatsanwaltschaft Innsbruck, „das weitere Verfahren gegen Josef Schwammberger bis zu seiner Ausforschung und Verhaftung gemäß § 412 StPO auf sich beruhen zu lassen".

III 2
In der Bundesrepublik begann die Strafverfolgung Schwammbergers mit der Einleitung eines Ermittlungsverfahrens durch die Staatsanwaltschaft Kaiserslautern am 5. Dezember 1959, Az.: 7 Js 27/59. Zuvor waren der Staatsanwaltschaft Kaiserslautern am 22.7.1959 die Akten des Landesgerichts Innsbruck übermittelt worden, sodass den deutschen Behörden zu diesem Zeitpunkt die Aussagen Schwammbergers aus den Jahren 1945 und 1947 erstmals vorlagen. Weshalb das Landesgericht Innsbruck der Staatsanwaltschaft Kaiserslautern die Akten übersandte, konnte nicht mehr mit absoluter Sicherheit festgestellt werden. Vieles spricht jedoch dafür, dass die Staatsanwaltschaft die Akten anforderte, nachdem bei ihr eine Anzeige gegen einen ehemaligen Ghettoinsassen, Siegfried K., erstattet worden war. Der Anzeige zufolge sollte K. in Przemyśl Juden ermordet haben. Aufgrund des Akteninhaltes wurde dann wohl das Verfahren gegen Schwammberger von Amts wegen eingeleitet. Die Staatsanwaltschaft Kaiserslautern betrieb das Verfahren zunächst mit Nachdruck. Das Amtsgericht Kaiserslautern erließ am 14. Januar 1960 Haftbefehl wegen dringenden Verdachts des Mordes in mindestens 30 Fällen sowie einer unbestimmten Anzahl von Verbrechen der räuberischen Erpressung. Gleichzeitig mit dem Haftbefehl wurde er zur Festnahme ausgeschrieben. Am 29. März 1960 ersuchte die Staatsanwaltschaft das Bundeskriminalamt Wiesbaden um internationale Fahndung. Mit Schreiben vom 14.10.1960 wurde das Bundeskriminalamt gebeten, die internationale Fahndung auf Argentinien auszudehnen. Die Antwort vom 1. November 1960 ist es wert, teilweise im Wortlaut wiedergegeben zu werden:
„Von einer Einleitung einer internationalen Fahndung nach Schwammberger muss ich Abstand nehmen, weil der Generalsekretär der Internationalen Kriminalpolizeilichen Organisation – INTERPOL – bereits in früheren gleichgelagerten Fällen die Ausschreibung abgelehnt hat. [...] In diesem Zusammenhang möchte ich Ihnen mitteilen, dass Artikel (?) (jetzt Artikel 3) der Statuten der Internationalen Kriminalpolizeilichen Kommission sich dem widersetzt, dass unsere Organisation in Angelegenheiten politischer, religiöser oder rassischer Art interveniert. [...] Der Sachverhalt, der dem Haftbefehl gegen Schwammberger zugrundeliegt, fällt jetzt unter den Artikel 3 der Statuten der Internationalen Kriminalpolizeilichen Organisation. [...] Eine Wiederholung derartiger fehlgeschlagener Interventionen halte ich mit den sich aus der Mitgliedschaft zur Internationalen Kriminalpolizeilichen Organisation ergebenen Pflichten nicht vereinbar."
Es ist aus heutiger Sicht kaum fassbar, dass Interpol eine Zusammenarbeit bzw. internationale Fahndung mit der Begründung ablehnte, die Verbrechen Schwammbergers seien politischer oder „rassischer" Natur.

Parallel zur Staatsanwaltschaft Kaiserslautern bemühte sich die in die Ermittlungen eingeschaltete Zentrale Stelle der Landesjustizverwaltungen zur Aufklärung nationalsozialistischer Verbrechen in Ludwigsburg um die Auffindung weiterer Zeugen. Diese Bemühungen mündeten in einem ersten Ersuchen an das Bezirksgericht Tel Aviv vom 1. Juli 1960 um Vernehmung dort lebender Zeugen.

Gleichzeitig begann jedoch ein Gerangel um die örtliche Zuständigkeit für die weiteren Ermittlungen, das erst durch Beschluss des Bundesgerichtshofes (2 ARs 161/61) vom 12. Dezember 1961 entschieden wurde. Am 18.10.1960 fragte die Staatsanwaltschaft Kaiserslautern beim Landesgericht Innsbruck an, ob dort ein Verfahren gegen Schwammberger anhängig sei. In diesem Fall müsse das „hier" eingeleitete Verfahren eingestellt werden. Mit Antwortschreiben vom 29.11.1960 ließ das Bundesgericht Innsbruck die Staatsanwaltschaft Kaiserslautern wissen, dass am Landesgericht zwar ein Verfahren wegen Mordes anhängig sei, man jedoch derzeit die Frage prüfe, ob dieses überhaupt zuständig sei. Es handle sich wohl in erster Linie um ein Auslieferungsverfahren. Am 12. Dezember 1960 folgte ergänzend noch die Mitteilung, „dass mit Rücksicht auf die nicht österreichische Staatsangehörigkeit des Josef Schwammberger eine Zuständigkeit eines österreichischen Gerichts" nicht in Betracht komme. Die endgültige Ablehnung der Übernahme erfolgte durch Schreiben des Bundesministeriums des Inneren Österreich an das Justizministerium Rheinland-Pfalz am 7. Juni 1961, nachdem man festgestellt hatte, dass Schwammberger am 16. September 1933 die österreichische Staatsbürgerschaft aberkannt worden war. Zwischenzeitlich war in Kaiserslautern bekannt geworden, dass die Staatsanwaltschaft Stuttgart ein Ermittlungsverfahren gegen ehemalige Gestapoangehörige in Przemyśl eingeleitet hatte.
Die Staatsanwaltschaft übersandte daher am 11.7.1961 die Akten an ihre Kollegen nach Stuttgart mit der Bitte „um Übernahme zu dem dort anhängigen Ermittlungsverfahren". Dies darf nicht als Versuch abgetan werden, ein unliebsames Verfahren loszuwerden. Offensichtlich hatte man in Kaiserslautern – zutreffend – erkannt, dass dort keinerlei Zuständigkeit bestand,

„Die von uns errichteten Baracken besaßen keinerlei sanitäre Einrichtungen. Auf dem Lagergelände befanden sich Latrinen. In jeder Baracke befanden sich ungefähr 30–40 Personen. Wir schliefen auf Pritschen mit Strohsäcken. Die Verpflegung bestand aus Hungerrationen. Sie bestand aus Portionen von ungefähr 200 Gramm Brot und ungefähr einen Liter Suppe täglich.
[...]
Dieses Lager war ein typisches Vernichtungslager, was darauf zurückzuführen war, dass infolge der Lebensbedingungen in jeder Woche im Durchschnitt zehn Menschen Hungers starben. Außerdem fanden von Zeit zu Zeit Selektionen der Kranken statt, welche an Ort und Stelle erschossen wurden. Das geschah ungefähr alle zehn Tage."

Zeugenaussage Henryk V.
vom 16. Juni 1975
Bundesarchiv,
B 162/1407, Bl. 2965-2966

„Schwammberger war ein brutaler Mensch. Das äußerte sich darin, daß er der Wachmannschaft alles erlaubte, bis hin zum Totschlag von Häftlingen. [...]
Schwammberger hat mit Vorliebe junge Frauen mit der Reitpeitsche geschlagen, wenn er sie in der Gärtnerei beim Reden erwischt hatte."

Zeugenaussage Willi W.
vom 18. Dezember 1967
Bundesarchiv,
B 162/1408, Bl. 3105-3106

„Eines Tages habe ich einen Brief gelesen, welchen die Mutter des Schwammberger an ihn geschrieben hatte. In diesem Briefe fragte die Mutter, in welcher Formation er Dienst machen müsste und wo er überhaupt Arbeit hätte, denn sie hätte gerüchteweise gehört, dass man sehr schlecht mit Polen und Juden umgehen würde. Was gar nicht nach ihrem Wunsche wäre. [Schwammberger] sagte bei dieser Gelegenheit zu mir: ‚Nicht einmal meine Mutter kann annehmen, was ich hier mache.' [...] Einige Male musste ich zu Schwammberger in den Bereich des Ghettos gehen [...] [Dabei] sah ich auf dem Hofe eines Hauses an einer gut sichtbaren, offenen Stelle ein Eisengerüst aufgestellt, an welchem, [...] auf irgendeine Weise gefesselt, ein Jude hing, der bis zur Hälfte zusammengekrümmt war. Man konnte sehen, dass dieser Mensch sein Leben beendete. Ich habe damals mit einem Mitglied des Judenrates [...] gesprochen und dieser sagte mir damals, dass dieser Mensch seit drei Tagen starb. [Er] hat mir damals auch gesagt, dass Schwammberger selbst den Befehl gegeben hatte, diesen Juden in dieser Position an das Gerüst zu fesseln."

Zeugenaussage Maria B.
vom 17. Februar 1968
Bundesarchiv,
B 162/1407, Bl. 2903-2904

nachdem die Taten im Ausland begangen worden waren und Schwammberger sich mit an Sicherheit grenzender Wahrscheinlichkeit nicht im dortigen Zuständigkeitsbereich aufhielt. Die Staatsanwaltschaft Stuttgart gab die Akten am 7.9.1961 mit dem Bemerken zurück, das Verfahren gehöre wohl zu einem Komplex, den die Staatsanwaltschaft Waldshut gegen Angehörige der Bewachungsmannschaften der Arbeitslager in Galizien ermittle. Am 26.9.1961 lehnte auch die Staatsanwaltschaft Waldshut eine Übernahme ab, da sie einen Zusammenhang mit dem dortigen Verfahren nicht erkennen konnte. Die Staatsanwaltschaft Kaiserslautern legte nunmehr am 16. November 1961 die Akten gemäß § 143 Abs. 3 GVG dem Generalbundesanwalt mit der Bitte vor, eine der genannten Staatsanwaltschaften zu bestimmen, das Verfahren zu übernehmen. Dies war rechtlich der falsche Weg, da § 143 Abs. 3 GVG den Fall regelt, dass sich zwei oder mehrere an sich zuständige Staatsanwaltschaften nicht einigen können. Hier war jedoch keine der genannten Staatsanwaltschaften zuständig, sodass der Generalbundesanwalt die Akten richtigerweise dem Bundesgerichtshof zur Gerichtsstandsbestimmung gemäß § 13 a StPO vorlegte. Mit Beschluss vom 12. Dezember 1961 wurden die Untersuchung und Entscheidung der Sache dem Landgericht in Stuttgart übertragen.

Die zunächst ungeklärte Frage der Zuständigkeit dürfte dazu geführt haben, dass ein wichtiger Hinweis auf den Aufenthaltsort Schwammbergers nicht die nötige Beachtung fand. Das Kriminalkommissariat Mosbach teilte der Staatsanwaltschaft Kaiserslautern am 12.11.1960 mit, „durch vertrauliche Ermittlungen" sei bekannt geworden, „dass Familie Schwammberger in Buenos Aires wohnhaft" sei „und dass der Beschuldigte und sein ältester Sohn bei der Firma Siemens" arbeiteten. Diese Hinweise wurden, soweit ersichtlich, nicht vertieft. Auf entsprechende Recherchen im Jahr 1978 teilte die Firma Siemens mit, Schwammberger sei vom 19.8.1959 bis zum 31.5.1960 und 1.3.1961 bis 4.10.1963 dort angestellt gewesen.

Die Bemühungen der Staatsanwaltschaft Stuttgart in den Folgejahren, den Aufenthaltsort Schwammbergers in Erfahrung zu bringen, können aus Platzgründen hier nicht einzeln dargestellt werden. Der Haftbefehl des Amtsgerichts Kaiserslautern wurde aufgehoben und durch Haftbefehl des Amtsgerichts Stuttgart vom 6. November 1963 ersetzt. In diesem Haftbefehl wurden Schwammberger bereits 33 Einzeltaten zur Last gelegt, die Vorwürfe stützten sich ausschließlich auf die zwischenzeitlich durchgeführten Zeugenvernehmungen. In die Bemühungen, Schwammbergers Aufenthalt zu ermitteln, wurden seine in Deutschland lebende Schwägerin, seine zwischen Argentinien und Deutschland pendelnde Familie und die deutsche Botschaft in Buenos Aires einbezogen, jedoch ohne Erfolg. Mehrere Hinweise auf seine gegenwärtige Adresse erwiesen sich als falsch oder überholt.

Am 7.12.1971 teilte die Organisation SHERIT-HAPLEITAH der österreichischen Botschaft in Buenos Aires mit, Schwammberger wohne in La Plata, Calle 141, und arbeite bei der Firma Petroquimica Sudamericana. Das österreichische Innenministerium leitete diese Information an die Staatsanwaltschaft Stuttgart weiter. Diese bat mit Schreiben vom 14. Januar 1972 die deutsche Botschaft in Buenos Aires um Verifizierung dieser Informationen, gleichzeitig begannen die Überlegungen, ob und gegebenenfalls unter welchen Voraussetzungen eine Auslieferung Schwammbergers an die Bundesrepublik in Betracht kommen könnte. Dabei spielte vor allem die ungeklärte Frage der Staatsangehörigkeit eine wesentliche Rolle. Am 22.2.1972 teilte die Botschaft der Staatsanwaltschaft Stuttgart mit, Petroquimica Sudamericana habe bestätigt, dass Schwammberger dort beschäftigt sei und in La Plata wohne. Am 28.3.1972 unterrichtete die Botschaft das Auswärtige Amt darüber, dass Schwammberger am 24.11.1965 die argentinische Staatsbürgerschaft angenommen hatte. Gleichzeitig wurde auf § 14 des argentinischen Einbürgerungsgesetzes hingewiesen, wonach die Möglichkeit zur Aberkennung der argentinischen Staatsbürgerschaft dann bestehe, wenn bei ihrer Erlangung falsche Angaben gemacht oder wichtige Tatsachen verschwiegen wurden. Offensichtlich war die Staatsanwaltschaft am 15. Mai 1972 noch nicht im Besitz dieser Information. In einem Schreiben an die Staatsanwaltschaft Hamburg heißt es unter diesem Datum u. a.: „Es ist mit weiteren Einzelheiten bekannt, dass Schwammberger in Argentinien leben und die argentinische Staatsangehörigkeit besitzen soll. Dies wird zur Zeit überprüft, wenngleich mit einer Auslieferung nicht gerechnet werden kann." Trotz dieser unverhohlen geäußerten Skepsis betrieb die Staatsanwaltschaft nunmehr das Auslieferungsverfahren, wenngleich sich der Ablauf auf den ersten Blick etwas zäh darstellt. Es darf jedoch nicht außer Acht gelassen werden, dass die Kommunikationstechnik Anfang der 70er Jahre weder über Telefax, geschweige denn über Internet verfügte. Der zwingend vorgeschriebene – zwischenzeitlich nicht geänderte – Rechtshilfeweg (Staatsanwaltschaft – Generalstaatsanwaltschaft – Landesjustizministerium – Bundesjustizministerium – Auswärtiges Amt – Deutsche Botschaft – Argentinisches Außenministerium) ließ eine wesentlich zügigere Bearbeitung damals nicht zu. Am 30.6.1972 berichtete die Staatsanwaltschaft Stuttgart dem Justizministerium Baden-Württemberg, es sei beabsichtigt, den Antrag auf Auslieferung zu stellen, verbunden mit der Anregung, dem Beschuldigten die argentinische Staatsbürgerschaft abzuerkennen. Nach entsprechenden Vorbereitungen wurde am 15.9.1972 ein Auslieferungshaftbefehl beantragt und am 20. September 1972 vom Amtsgericht Stuttgart erlassen. Nach Vervollständigung der Unterlagen brachte die Staatsanwaltschaft Stuttgart das Auslieferungsersuchen über die Generalstaatsanwaltschaft und das Justizministerium am 11. Oktober 1972 auf den Weg. Auf entsprechende Anfrage des Justizministeriums Baden-Württemberg teilte das Bundesjustizministerium am 23. März 1973 mit, das Auswärtige Amt habe der Deutschen Botschaft in Buenos Aires die Auslieferungsunterlagen übermittelt. Man „gehe davon aus, dass die Botschaft das Auslieferungsersuchen zwischenzeitlich übermittelt" habe.

Auffällig in diesem Verfahrensabschnitt ist, dass die beteiligten deutschen Behörden zwar bestrebt waren, den ihnen zustehenden Part zu erledigen, jedoch nur streng über den Dienstweg miteinander kommunizierten. Dass im Zeitalter des Telefons die Staatsanwaltschaft Stuttgart selbst in einem aufsehenerregenden Fall wie diesem über Monate hinweg nicht oder nur auf umständlichem Weg über den Sachstand informiert wurde, ist aus heutiger Sicht nicht mehr nachvollziehbar. Im zweiten Auslieferungsverfahren 1987 bis 1990 standen Staatsanwaltschaft und Botschaft in ständigem telefonischen und fernschriftlichen Kontakt und konnten somit auf Veränderungen der Sach- und Rechtslage unmittelbar reagieren.

Anfang April 1973 wurde bekannt, dass das Ersuchen von der „nationalen Exekutivgewalt" an den Bundesrichter für Strafsachen in Buenos Aires weitergeleitet worden war. Mit Fernschreiben vom 9. April 1973 unterrichtete die Botschaft das Auswärtige Amt davon, dass die argentinische Regierung durch Dekret die Auslieferung Schwammbergers verfügt habe. Das Fernschreiben enthielt den Zusatz: „Gegenwärtiger Aufenthaltsort Schwammberger nicht bekannt." In einem Bericht an das Auswärtige Amt vom 30.5.1973 vertrat die Botschaft die Auffassung, das erwähnte Dekret enthalte bereits die Bewilligung der Auslieferung. Im Falle der Festnahme sei deshalb lediglich ein Beschluss des Untersuchungsrichters zur tatsächlichen Übergabe an die übernehmenden deutschen Polizeibeamten notwendig. Dies veranlasste die Staatsanwaltschaft Stuttgart, die tatsächlichen rechtlichen und tatsächlichen Schritte für die bevorstehende Auslieferung einzuleiten, so z.B. die entsprechend den damaligen Flugrouten erforderlichen Durchlieferungsbewilligungen durch den Senegal und die Schweiz.

Aus den Akten ist nicht eindeutig abzuleiten, ob Schwammberger durch die Presse oder gezielte Informationen von der beabsichtigten Festnahme erfuhr. Mit Note vom 11.10.1973 teilte das argentinische Außenministerium lapidar mit, es sei noch nicht möglich gewesen, Schwammberger festzunehmen. Auch Bemühungen des Bundesministeriums der Justiz im April 1975, auf diplomatischem Weg neue Erkenntnisse über den Aufenthalt Schwammbergers zu erhalten, blieben erfolglos. Nachdem die Botschaft im August 1975 ihre ursprüngliche Rechtsauffassung dahingehend korrigierte, das Auslieferungsverfahren sei ein justizförmliches Verfahren, das erst dann zu laufen beginne, wenn der Auszuliefernde ergriffen sei, schien sich bei den Ermittlungsbehörden eine gewisse Resignation breit zu machen: Nur so ist die Weisung zu erklären, die die Staatsanwaltschaft am 29.8.1975 dem Landeskriminalamt Baden-Württemberg zukommen ließ: „Nach Lage der Dinge hat es den Anschein – wie zu erwarten war –, dass mit der Ergreifung und Auslieferung des Beschuldigten nicht zu rechnen ist. Unter diesen Umständen erscheinen gegenwärtig weitere Ermittlungen nicht geboten."

Ob und in welcher Intensität die argentinischen Behörden in den Folgejahren die Aufspürung Schwammbergers betrieben, kann den Akten ebenfalls nicht entnommen werden. Bei den deutschen Behörden gingen immer wieder Hinweise auf den angeblichen Aufenthaltsort Schwammbergers ein, die jedoch zunächst zu keinem greifbaren Ergebnis führten. Etliche Hinweise auf Kanada erwiesen sich im Nachhinein betrachtet als falsch.

Nach den Jahren vergeblicher Suche kam mit einer Nachricht des Auswärtigen Amtes an die Staatsanwaltschaft Stuttgart am 9. 12. 1985 erneut Bewegung in das Verfahren. Unter diesem Datum wurde mitgeteilt, dass ein deutschstämmiger Malermeister die Botschaft in Buenos Aires davon unterrichtet habe, dass einer seiner Bekannten „bereit sei, den Aufenthaltsort von Josef Schwammberger gegen eine angemessene Belohnung preiszugeben". Nachdem der Botschaft übermittelt worden war, dass für die Ergreifung Schwammbergers eine Belohnung von 10 000 DM ausgesetzt war, ließ diese das Auswärtige Amt am 7. 2. 1986 u.a. wissen: „Gewaehrsmann aeußerte sofort Ueberzeugung, dass der Informant diese Summe mit Sicherheit angesichts des mit Preisgabe von Schwammbergers Aufenthaltsort verbundenen persoenlichen Risikos ... als zu niedrig betrachten und daher wohl die erwartete Information nicht geben werde." Nachdem weitere Nachrichten nicht eingegangen waren, regte die Staatsanwaltschaft am 18. 7. 1986 über den Generalstaatsanwalt beim Justizministerium an, über das Auswärtige Amt bei der Deutschen Botschaft in Buenos Aires anzufragen, ob der Kontakt zu dem Gewährsmann noch bestehe. Bereits am 18. Dezember 1985 hatte die Staatsanwaltschaft das Landeskriminalamt Baden-Württemberg gebeten, die bisher angefallenen Akten auszuwerten.

Es stellte sich heraus, dass die Prognose der Botschaft richtig war: Der Hinweisgeber war nicht bereit, für die ausgelobte Summe sein Wissen über Schwammberger preiszugeben. Während die Botschaft den Kontakt aufrechterhielt, wurde von den politisch zuständigen Gremien in der Bundesrepublik geprüft, bis zu welcher Obergrenze die Auslobung erhöht werden könnte. Am 24. April 1987 unterrichtete das Justizministerium Baden-Württemberg das Bundesjustizministerium davon, dass es mit der von der Staatsanwaltschaft beabsichtigten Auslobung in Höhe von 250 000 DM einverstanden sei. Schon dies war eine Summe, die – soweit ersichtlich – bisher noch nicht einmal annähernd ausgelobt worden war. Mit Fernschreiben vom 1. Juli 1987 wurde das Bundeskriminalamt gebeten, die Interpol-Zentralen aller Staaten, in denen nach Josef Schwammberger gefahndet werde, über die Aussetzung der Belohnung zu benachrichtigen. Der erneuten Bitte der Staatsanwaltschaft Stuttgart im November 1986 um Einleitung der internationalen Fahndung hatte Interpol – anders als noch im Jahr 1966 – dieses Mal entsprochen. Nachdem deutlich geworden war, dass der Hinweisgeber auch die nunmehr ausgelobten 250 000 DM nicht als ausreichend erachtete, lud das Bundesministerium am 4. 9. 1987 zu einer Besprechung ein, an der je ein Vertreter des Bundeskanzleramtes, des Auswärtigen Amtes, des Bundesjustizministeriums und des Justizministeriums Baden-Württemberg teilnahmen. Das Gespräch führte zu dem Ergebnis, dass im Hinblick auf die Schwere des Tatvorwurfs und die nationale und internationale Bedeutung, die der Verfolgung von NS-Straftaten zukomme, eine Erhöhung der Auslobungssumme bis zu dem Höchstbetrag von 300 000 US-Dollar notwendig und sachdienlich sei. Nach entsprechender Einwilligung des Finanzministeriums Baden-Württemberg setzte der Leitende Oberstaatsanwalt Stuttgart mit Zustimmung des Justizministeriums Baden-Württemberg am 9. 10. 1987 eine Belohnung in Höhe von 500 000 DM für die Ergreifung Josef Schwammbergers zum Zwecke seiner Auslieferung aus. Die Nachricht von der Erhöhung wurde diesmal nicht nur von den amtlichen Organen, sondern auf Veranlassung der Anti Defamation League (ADL) of B'nai B'rith von zahlreichen jüdischen Presseorganen in den Vereinigten Staaten und Kanada verbreitet.

Mit Fernschreiben vom 15. 11. 1987 erhielt die Staatsanwaltschaft Stuttgart die Nachricht, dass lt. ap-Meldung vom 14. 11. 1987 Schwammberger von der argentinischen Polizei in der Provinz Cordoba festgenommen worden sei.

Das Justizministerium Baden-Württemberg entschied, dass die Belohnung erst dann ausbezahlt werden dürfe, wenn die Identität des Festgenommenen zweifelsfrei geklärt sei. Ein Vertreter der Staatsanwaltschaft Stuttgart flog deshalb am 19. 11. 1987 in Begleitung eines Daktyloskopen des Landeskriminalamtes Baden-Württemberg nach Buenos Aires, im Handgepäck führten sie ein Fingerabdruckblatt mit sich, das noch aus dem Jahr 1945 stammte. Ein Vergleich mit den Abdrücken des Festgenommenen ergab zweifelsfrei, dass es sich um Josef Schwammberger handelte.

Der Vertreter der Staatsanwaltschaft gab nunmehr die Auszahlung der ausgelobten Summe frei. Sie vollzog sich ohne dessen Beteiligung. Dem Hinweisgeber war wegen dessen persönlicher Gefährdung Vertraulichkeit zugesichert worden. Der Staatsanwaltschaft Stuttgart wurde lediglich bekannt, dass es sich um eine in Südamerika lebende Privatperson handelte.

„Bei den Appellen hat sich Schwammberger die Gefangenen in aller Regel angeschaut, ihm schwach oder gebrechlich erscheinende Männer zu sich vortreten lassen und ihnen den Befehl erteilt, sich zu bewegen. Dabei schlug er dann mit der Reitpeitsche auf sie ein und schrie: ‚Schneller, schneller!‘ Dieses Vorgehen Schwammbergers war für seinen Schäferhund ‚Prinz‘ das Signal, die betreffenden Gefangenen anzufallen und je nach deren Widerstandskraft zu Boden zu werfen. Dort erhielten sie von Schwammberger oder einem anderen SS-Mann aus dessen Pistole den ‚Gnadenschuß‘. Schwammberger hatte im Lager einen oder zwei SS-Leute, die ihn unterstützten. [...] Auf die vorgeschilderte Weise ist mein Vater durch die Hand Schwammbergers in Rozwadów umgekommen.“

Zeugenaussage Felix E. vom 18. August 1989
Bundesarchiv, B 162/1409, Bl. 3299

„In meiner Zeit als Kutscher bei Schwammberger habe ich viele von ihm persönlich vorgenommene Erschießungen miterlebt. Schwammberger tötete am Massengrab, an das sich die betreffenden Juden hinzuknien hatten, durch Genickschuß aus seiner Pistole. Fiel der Getötete nicht von selbst in das bezeichnete Grab, so versetzte ihm Schwammberger noch einen Fußtritt, damit er hineinfiel. [...]
Daß ich Schwammberger selbst nicht zum Opfer fiel, erkläre ich u. a. damit, daß er mich mochte bzw. zu mögen schien. Dazu trug auch bei, daß ich seinen Sohn ‚Horsti‘ anläßlich von Fahrten mit dem Pferdeschlitten für mich einnehmen konnte. Schwammberger begegnete mir normal und menschlich.“

Zeugenaussage Siegfried K. vom 28. Juli 1988
Bundesarchiv, B 162/1409, Bl. 3323-3324

„Im Sommer 1942 [...] wurden eines Abends ca. 10–12 Kameraden meines Zuges bewaffnet zum Heeresverpflegungsamt kommandiert. Spät nachts kamen sie zurück und waren alle sehr bedrückt [...]; einer übergab sich heftig. Sie berichteten uns anderen, daß sie das [...]-Lager hätten durchsuchen müssen. 2 Judenkinder hatten sie gefunden, die sich hatten einschließen lassen, um etwas Eßbares ergattern zu können. Die Aktion war [von Schwammberger] geleitet worden. Dieser SS-Offizier hat dann den Soldaten befohlen, die beiden Kinder mit den Karabinern zu erschießen. Alle haben erklärt, das könnten sie nicht. [...] Da hat dieser Scherge, der Ghetto-Leiter, seine Pistole gezogen und die Kinder vor den Augen der Landser erschossen! [...] Wie Schwammberger die Juden im Ghetto hat umkommen lassen, durch Lagerbedingungen, die nur den Tod zur Folge haben konnten, habe ich 1943 selbst gesehen. (Das war Mord mit teuflisch erdachten Mitteln!) [...]
[Ich habe Schwammberger] wiederholt in einem leichten, offenen Kutschwagen durch die Stadt fahren sehen. Ich erinnere mich des Bildes, wie er mit ausgebreiteten Armen, trotzig im Kutschsitz liegend, wie ein Bonze wirkte.“

Zeugenaussage Wilhelm B. vom 26. März 1992
Bundesarchiv, B 162/1411, Bl. 3865

III 3

Im nachfolgenden Auslieferungsverfahren ergab sich eine Fülle sachlicher und vor allem rechtlicher Probleme, auf die aus Platzgründen nur stichwortartig eingegangen werden kann. Bei der Prüfung der Zulässigkeit der Auslieferung spielten vor allem drei Fragen eine herausragende Rolle:
1) die 1965 erworbene argentinische Staatsbürgerschaft unter gleichzeitigem dauernden Verlust der deutschen Staatsangehörigkeit,
2) die nach argentinischem Recht geltende 20-jährige Verjährungsfrist für Mord,
3) die Frage, ob Schwammberger die Option zustand, vor ein argentinisches Staatsgericht gestellt zu werden.

Der argentinische Verteidiger Schwammbergers führte weitere Argumente gegen eine Auslieferung ins Feld. So wurde insbesondere vorgetragen, die Taten seien auch nach bundesdeutschem Recht verjährt. Darüber hinaus sei die Staatsanwaltschaft Stuttgart für die Strafverfolgung Schwammbergers und somit auch für die Auslieferung nicht zuständig. Obwohl zunächst nicht klar war, ob die beiden letztgenannten Fragen überhaupt entscheidungserheblich waren, wurden auch sie von den befassten argentinischen Gerichten akribisch geprüft. Dies geschah zum einen dadurch, dass von den deutschen Justizbehörden umfangreiche Fachliteratur angefordert wurde. Zum andern wurden auch „Bescheinigungen" u. a. des Amtsgerichts Stuttgart zur Verjährungsfrage und der örtlichen und funktionellen Zuständigkeit der Staatsanwaltschaft Stuttgart verlangt.

Die Lektüre der Akten vermittelt den Eindruck, dass die argentinischen Behörden und Gerichte – anders als noch 1972 – selbst ein erhebliches Interesse an der Auslieferung Schwammbergers hatten, jedoch nur unter striktester Einhaltung der einschlägigen gesetzlichen Vorschriften.

Da lange nicht klar war, welchen Einfluss die argentinische Staatsangehörigkeit auf die Zulässigkeit der Auslieferung haben würde, verfuhren die argentinischen Behörden von Anfang an zweigleisig: Gleichzeitig mit dem Auslieferungsverfahren wurde die Aberkennung der Staatsbürgerschaft betrieben.

In den Akten befindet sich ein „Memorandum im Fall Schwammberger", das vermutlich vom berichterstattenden Richter in der zweiten Instanz stammt. Dieses beschreibt die Probleme für die Auslieferung anschaulich. Es wird daher auszugsweise zitiert:
„Das sich in Verbindung mit dem Auslieferungsverfahren des Josef Franz Leo Schwammberger stellende Problem wurzelt in der Tatsache, daß dieser die argentinische Nationalität im Jahr 1965 erworben hat. [...] Sollte Schwammberger als argentinischer Staatsbürger dafür optieren, sich gegenüber den inländischen Gerichten zu verantworten, müßten ihn diese freisprechen, da nach argentinischem Recht die ihm zur Last gelegten Verbrechen verjährt sind. Die Lösung zur Verhinderung eines solchen Ergebnisses würde darin bestehen, eine Nichtigkeitsfeststellung der Einbürgerungsurkunde zu erwirken, wozu das Führen eines Zivilprozesses vor einem Bundeszivilrichter der Bundeshauptstadt, wo die Einbürgerungsurkunde verliehen wurde, erforderlich wäre. Bei dieser Vorgehensweise würde die Durchführbarkeit der Auslieferung der vorauszugehenden Abwicklung jenes Verfahrens unterworfen sein, das sich als mühselig und zeitaufwendig herausstellen könnte. Außerdem sollte man sich die Frage stellen, was wohl geschehen würde, wenn in der Zwischenzeit der Rechtsanspruch Schwammbergers, sich gegenüber argentinischen Gerichten zu verantworten, durch rechtskräftiges Urteil anerkannt wird, womit zugunsten des Vorgenannten der Zustand einer diesbezüglich rechtskräftig entschiedenen Sache entstanden wäre, der dann die Auslieferung definitiv unmöglich machen würde. Dies führt dazu, Überlegungen in Richtung einer anderen Lösung anzustellen, die ungünstigstenfalls darin bestehen könnte, das Auslieferungsverfahren zeitlich so lange hinauszuzögern, bis man Schwammberger seine argentinische Nationalität entzogen hat, bzw. das günstigstenfalls darauf hinausliefe, daß man die Zustimmung zur Auslieferung selbst für den Fall erteilt, daß der Vorgenannte weiterhin die vorerwähnte Nationalität beibehält."

Letztendlich entscheidend für die positive Bescheidung des Auslieferungsersuchens waren zwei Umstände:

• Schwammberger wurde die Option, vor einem argentinischen Gericht angeklagt zu werden, nicht zugebilligt, da er die Straftaten vor dem Erwerb der argentinischen Staatsangehörigkeit begangen hatte. Damit wurde dem argentinischen Auslieferungsgesetz Nr. 1612 aus dem Jahr 1885 der Vorrang vor der Strafprozessordnung aus dem Jahr 1888 eingeräumt.

• Aus demselben Grund wurde auch die Auslieferung selbst bewilligt. Die vom Gericht herangezogene Bestimmung im Gesetz Nr. 1612 lautet: „Der Auslieferung ist nicht stattzugeben:
1. Wenn der Verfolgte ein gebürtiger bzw. vor der Tat, die Anlass zu dem Auslieferungsverfahren gegeben hat, eingebürgerter argentinischer Staatsbürger ist."

Entgegen der ursprünglichen Diskussion prüfte das Gericht die Verjährungsfrage nur nach deutschem Recht, dies allerdings sehr sorgfältig. Es ist nicht möglich, alle noch die Entscheidung tangierenden Rechtsfragen auch nur aufzuzählen. Um einen Eindruck von der schwierigen Rechtslage zu vermitteln, soll deshalb nachfolgend der Tenor (beglaubigte Übersetzung) des erstinstanzlichen Urteils vom 28. 11. 1988 zitiert werden:
„DEMZUFOLGE VON MIR: und zwar in Übereinstimmung mit der vorstehend durchgeführten Prüfung, nach Anhörung des Staatsanwaltes und des Verteidigers sowie in Anwendung der Bestimmungen in den Artikeln 492, 493, 646, 651, 653, 655, 656, 657, 658, 660, 662, 669 und 670 der Strafprozessordnung des Landes; der Art. 1, 41 und 67 des Argentinischen Strafgesetzbuches; des Art. 18 der Landesverfassung; des Art. 13 des Argentinischen Bürgerlichen Gesetzbuches; der Art. 3 Abs. 1, 9, 12 Abs. 1 und 18 des Landesgesetzes N.R. 1612; der anwendbaren Bestimmungen des ‚IV. Abkommens von Den Haag aus dem Jahr 1907' und dessen Ausführungsanhang sowie der ‚Erklärung von Moskau' vom 1. November 1943; der geprüften und angewandten deutschen Gesetze: Art. 78, Abs. 3 und 4 des Deutschen Strafgesetzbuches aus 1975; Art. 68 und 78 Abs. 2 des Deutschen Strafgesetzbuches aus 1979; des deutschen Strafgesetzes aus 1933; der Verordnung aus 1940; des Gesetzes Nr. 28 des Jahres 1946; des Gesetzes aus Mai 1946; des deutschen Strafgesetzbuches aus 1953; des Gesetzes vom 13. April 1965 und der vorstehend zitierten inländischen und ausländischen Rechtsprechung und Rechtslehre;
ENTSCHIEDEN WIRD: In dem vorliegenden Verfahren Nr. 15.407 IST dem Antrag auf Auslieferung des JOSEF FRANZ LEO SCHWAMMBERGER, dessen Angaben zur Person in den Akten vermerkt sind, gemäß Ersuchen des Amtsgerichts Stuttgart, Bundesrepublik Deutschland, auf der Grundlage der Anwendung des Grundsatzes der Gegenseitigkeit zwischen den Ländern sowie gemäß den sachgerechten Ausführungsbestimmungen, STATTZUGEBEN."

Erwartungsgemäß legte Schwammberger gegen das Urteil Rechtsmittel ein. Bei der Prüfung durch das Appellationsgericht La Plata spielte erneut die Verjährungsfrage eine bedeutsame Rolle, das Gericht holte insoweit ein Zusatzgutachten zur Frage ein, „ob Änderungen der deutschen Strafgesetzgebung zwischen 1935 und 1945 sich auf die [...] Verjährungsfragen ausgewirkt haben". Mit Urteil vom 30. 8. 1989 wurde dem Auslieferungsersuchen der Bundesrepublik in zweiter Instanz stattgegeben. Das Urteil umfasst im Original 74 Seiten. Bezeichnend ist, dass eine forensisch erfahrene Übersetzerin die Übersetzung des Urteils mit der Begründung ablehnte, der Text des Urteils sei „derartig schwierig, daß sie auch nach Rücksprache mit ihren juristisch geschulten Co-Übersetzern nicht in der Lage" sei, die geforderte Übersetzung anzufertigen.

Im Aberkennungsverfahren war bereits am 12. 6. 1989 ein „Zwischenbeschluss" dahingehend ergangen, dass die Entscheidung bis zur Klärung der „Vorfrage" (Auslieferung) zurückgestellt werde. Die hiergegen eingelegte Berufung der argentinischen Staatsanwaltschaft führte am 28. September 1989 zum Urteil erster Instanz: Das Gericht hob die Einbürgerung Schwammbergers mit der Begründung auf, dieser habe Tatsachen betreffend seine Lebensführung verschwiegen, deren Kenntnis seinerzeit zu einer Ablehnung des Einbürgerungsantrags hätte führen müssen. Gegen dieses Urteil und das Urteil des Appellationsgerichtes legte Josef Schwammberger jeweils Rechtsmittel ein.

Beim nunmehr in dritter Instanz befassten Obersten Argentinischen Gericht (Corte Suprema) wurde darüber nachgedacht, ob nicht das zweitinstanzliche Urteil in der Aberkennungsfrage abgewartet werden sollte. Diese Überlegung wurde jedoch verworfen, sodass am 20. März 1990 dem Auslieferungsersuchen in dritter und letzter Instanz stattgegeben wurde. Am selben Tag verwarf das Appellationsgericht La Plata das gegen die Aberkennung eingelegte Rechtsmittel.

Die Botschaft hatte für das gesamte Verfahren einen Rechtsanwalt eingeschaltet, der – soweit möglich – die deutschen Interessen bei den Gerichten vertrat. Hinzu kamen diplomatische Aktivitäten der Botschaft, die hier nicht im Einzelnen dargestellt werden können.

III 4

Obwohl von Anfang an zu erkennen war, dass die argentinischen Gerichte und Behörden einer Auslieferung positiv gegenüberstanden, schien diese aus deutscher Sicht mehrmals erheblich gefährdet.

- Am 17. Juli 1989 teilte der damalige Leiter des Simon-Wiesenthal-Center in Los Angeles dem deutschen Bundeskanzler anlässlich eines persönlichen Gesprächs mit, der neue argentinische Präsident habe eine Amnestie für all diejenigen angekündigt, die gegen Menschenrechte verstoßen hätten. Man fürchte, dass auch Schwammberger davon betroffen sei. Im Bundeskanzleramt, Auswärtigen Amt und Bundesministerium der Justiz erwog man eine Intervention des Bundeskanzlers, stellte eine solche jedoch zunächst zurück. In der argentinischen Presse wurde dann am 29. 7. 1989 klargestellt, dass sich die diskutierte Amnestie nur auf Ereignisse in Argentinien und nach 1970 beziehen könne.
- Am 23.11.1989 teilte die Deutsche Botschaft per Fernschreiben mit, Schwammberger habe Nachrichten zufolge einen Hirnschlag erlitten und liege im Koma. Später stellte sich heraus, dass Schwammberger an diesem Tag einen Selbstmordversuch unternommen hatte, der nach ärztlicher Behandlung ohne gesundheitliche Folgen blieb.

III 5

Mit der Rechtskraft des Auslieferungsurteils waren für die deutschen Behörden die rechtlichen Probleme noch nicht erschöpft. Da Schwammberger zunächst noch die Möglichkeit hatte, gegen das Aberkennungsurteil zweiter Instanz Rechtsmittel einzulegen, war nicht bekannt, ob er als argentinischer Staatsbürger oder als Staatenloser einreisen würde. Das Amt für öffentliche Ordnung der Stadt Stuttgart stellte für den letzteren Fall vorsorglich einen Reiseausweis für Staatenlose aus, den der Vertreter der Staatsanwaltschaft bei der Abholung mit sich führte und der in Buenos Aires noch mit einem Lichtbild versehen werden musste. Da aus demselben Grund die für die Durchlieferung durch Brasilien erforderlichen Passdaten zunächst nicht feststanden, konnte die Bewilligung erst sehr spät beantragt werden. Trotz wiederholter Nachfragen lag die Antwort am Tage der Durchlieferung (2. Mai 1990) noch nicht vor. In Absprache mit der Lufthansa wurde deshalb beschlossen, dass Beschuldigter und Begleitpersonen das Flugzeug bei der Zwischenlandung in Sao Paulo nicht verlassen sollten. Beamte der brasilianischen Bundespolizei betraten das Flugzeug und verließen es nach dem Kontrollgang wieder.

„Schon während seiner Tätigkeit in Rozwadów hatte der Angeklagte erfahren und gelernt gehabt, daß er für Schikanen, Mißhandlungen, Quälereien und letztlich auch für willkürliche Tötungen der von ihm abhängigen jüdischen Menschen von niemandem [...] zur Rechenschaft gezogen wurde. Diese Erfahrung, verbunden mit der bei ihm tief in seinen Vorstellungen eingeschliffenen perversen nationalsozialistischen Rassenideologie, prägte daher auch sein generelles Verhalten gegenüber den Juden in Przemyśl, insbesondere den in den ‚Instandsetzungswerkstätten' tätigen. Hinzu kamen bei ihm aber auch ausgesprochen sadistische Tendenzen, die ihn [...] zum Schrecken aller in Przemyśl lebenden Juden machte.
Der Angeklagte lebte nicht nur wie ein Feudalherrscher [...], sondern führte sich auch als solcher auf. Er war alleiniger Herr über Leben und Tod. Die Juden behandelte er – jedenfalls ganz überwiegend – als Untermenschen, als ‚Nichts'. Sehr viel mehr galten ihm die nichtjüdischen Polen allerdings auch nicht.
[...]
Unter den Juden allgemein bekannt, weil für den Angeklagten besonders charakteristisch, waren drei seiner ‚Eigenheiten':
- Prügeln und Auspeitschen (meist nackter) Menschen,
- Hetzen seines abgerichteten Hundes ‚Prinz' auf Menschen,
- Menschen zwingen, Kot und Unrat zu essen."

Aus dem Urteil gegen Schwammberger vom 18. Mai 1992, S. 172-174
Bundesarchiv, B 162/14702

„Im Sommer 1943, als ich mich dienstlich im Ghetto aufhielt, sah ich dort den Schwammberger, welcher die Straße entlang ging und eine dort vorübergehende [...] Jüdin anhielt, welche ein kleines Kind auf dem Arm trug. Ich habe gesehen, dass Schwammberger dieser Jüdin den Befehl gab, das Kind in die Höhe zu heben, und als diese den Befehl ausführte, zog Schwammberger seine Pistole aus dem Futteral am Uniformkoppel und erschoss vor meinen Augen dieses Kind mit einem Schuss aus seiner Pistole."

Zeugenaussage Stanisław S. vom 20. Oktober 1968
Bundesarchiv, B 162/1407, Bl. 2929

IV Zusammenfassung

Das Verfahren gegen Josef Schwammberger war in jeder Hinsicht bemerkenswert. Zunächst wurden die gegen ihn erhobenen Vorwürfe in der Bundesrepublik erst ca. 14 Jahre nach Kriegsende bekannt. Rund 13 weitere Jahre dauerte es, bis hinreichend gesichert erschien, dass Schwammberger noch am Leben war und sich in Argentinien aufhielt. Nach seinem Verschwinden im Jahr 1972 gab es trotz ständigen Bemühens der zuständigen Behörden erst wieder im Dezember 1985 einen erfolgversprechenden Hinweis, der am 13. 11. 1987 zur Festnahme führte, nachdem zuvor eine nie dagewesene Summe ausgelobt worden war. Noch einmal zweieinhalb Jahre dauerte es, bis Josef Schwammberger nach Deutschland ausgeliefert und angeklagt werden konnte. Am 1. Juli 1993, 50 Jahre nach den Taten und 48 Jahre nach Kriegsende, war Josef Schwammberger rechtskräftig verurteilt.

Die Rolle der französischen Besatzungsbehörden bei den Vorgängen 1945 bis 1948 kann mangels Akten nicht beurteilt werden. Ein besonderer Eifer der österreichischen Strafverfolgungsorgane ist in dieser Zeit nicht zu beobachten. Das mag mit den chaotischen Nachkriegsverhältnissen, mit dem Mangel an jeglicher Erfahrung in Fällen dieser Art und den ungeklärten Zuständigkeitsproblemen zusammenhängen.

Die Staatsanwaltschaften Kaiserslautern und Stuttgart leiteten unmittelbar nach Bekanntwerden der Vorwürfe von Amts wegen Ermittlungsverfahren ein und beantragten Haftbefehle. Wegen unklarer Zuständigkeiten war jedoch auch hier zunächst viel Sand im Getriebe.

Im Jahr 1972 betrieb die Staatsanwaltschaft Stuttgart die Auslieferung unter Ausschöpfung aller rechtlichen Möglichkeiten. Man stellt sich allenfalls die Frage, ob man nicht schon damals einen kürzeren Weg zur Kommunikation mit den zuständigen Stellen, insbesondere der deutschen Botschaft in Buenos Aires, hätte suchen sollen. Ob dies angesichts der Haltung der damaligen argentinischen Behörden zum Erfolg geführt hätte, darf bezweifelt werden.

Dass es 1987 zur Festnahme und 1990 dann doch noch zur Auslieferung Schwammbergers kam, ist zum großen Teil der dynamischen und reibungslosen Zusammenarbeit zwischen der deutschen Botschaft in Buenos Aires und der Staatsanwaltschaft Stuttgart zu verdanken. Umständliche Nachrichtenwege wurden – wenn immer dies rechtlich zulässig war – vermieden, moderne Kommunikationsmittel (Telefon, Fernschreiben) ungeachtet entstehender Kosten benutzt. Die Arbeit der Staatsanwaltschaft Stuttgart profitierte von der Aufteilung in Ermittlungen einerseits und Rechtshilfe andererseits. Der mit dem Sachstand vertraute ermittelnde Staatsanwalt konnte vor Ort über den Umfang weiterer Untersuchungen spontan entscheiden, der die Auslandsermittlungen vorbereitende Rechtshilfedezernent ermöglichte dem Kollegen eine Konzentration auf die Tatvorwürfe. Dass letztendlich auch die Politik durch die Höhe der Auslobung zum erfolgreichen Verfahrensabschluss beitrug, darf getrost als das Tüpfelchen auf dem i betrachtet werden.

Wir danken der Edition Hentrich und der Gedenk- und Bildungsstätte Haus der Wannsee-Konferenz für die Erlaubnis des Wiederabdrucks dieses Beitrages aus: NS-Gewaltherrschaft. Beiträge zur historischen Forschung und juristischen Aufarbeitung. Hg. von Alfred Gottwaldt, Norbert Kampe und Peter Klein. Berlin 2005, S. 420-434.

„Am Abend des 21. September 1942, am Ende des höchsten jüdischen Feiertages Yom Kippur (Versöhnungsfest) erschoß der Angeklagte im Zwangsarbeitslager Rozwadów eigenhändig den Rabbiner Frenkel aus Wieliczka. [...] Äußerlich war Frenkel nicht als Rabbiner zu erkennen, da er die Zeichen seiner Stellung in der Gemeinde abgelegt hatte, weder Bart noch Schläfenlocken trug. [...] Am 21. September 1942 ging Frenkel, obwohl ihm als frommen Juden an diesem höchsten jüdischen Feiertag [...] verboten war zu arbeiten, mit den übrigen Häftlingen zur Arbeit nach Stalowa Wola. Er mußte dort zusammen mit anderen aus Eisenbahnwaggons Erz und Kohle abladen und tat dies auch, um nicht aufzufallen. Als am Abend die Häftlinge aus dem Werk ins Lager zurückkamen, durften sie entgegen der sonstigen Übung nicht sofort in ihre Baracken wegtreten, sondern mußten auf Befehl des Angeklagten auf dem Appellplatz antreten. Der Angeklagte hatte [...] erfahren, daß sich ein Rabbiner unter den Häftlingen befand. Auch wußte er um die Besonderheit jenes Tages für die Juden. Eben aus diesem Grund entschloß er sich, diesen Rabbiner an diesem höchsten jüdischen Feiertag vor den versammelten Häftlingen zu erschießen, um auf diese Weise seine Allmacht zu demonstrieren und die Häftlinge dadurch, daß er einen ihrer Geistlichen am höchsten jüdischen Festtag erschoß, besonders zu demütigen und zu demoralisieren. Auch wollte er so seine besondere Mißachtung gegenüber den Häftlingen und deren Religion zum Ausdruck bringen. Er handelte aus einer bloßen Laune heraus völlig willkürlich [...]. Er machte sich zum Herrn über Leben und Tod der Häftlinge, wobei ihm bewußt war, daß er für sein Tun durch die damaligen Machthaber nicht zur Verantwortung gezogen werden würde. In Ausführung seines Entschlusses trat der Angeklagte in die Mitte der im Rechteck kolonnenweise angetretenen Häftlinge. Er befahl dem Rabbiner Frenkel herauszutreten. [...] Als Frenkel vortrat, erklärte der Angeklagte, dieser habe an seiner Arbeitsstelle nicht gearbeitet, das sei Sabotage gegen das Deutsche Reich, er werde deshalb zum Tod verurteilt. Der Vorwurf der Sabotage war lediglich ein Vorwand, denn tatsächlich hatte Frenkel wie jeden Tag gearbeitet. [...] Nachdem der Angeklagte sein ‚Urteil' verkündet hatte, zog er seine Pistole und schoß, völlig unbeeindruckt davon, daß Frenkel flehentlich um sein Leben bat und bittend die Hände erhoben hatte, diesem [...] in den Kopf. Frenkel war sofort tot und fiel zu Boden. Anschließend befahl der Angeklagte den völlig schockierten Häftlingen, sie sollten wegtreten, zuvor aber noch den ‚Dreck', gemeint war die Leiche Frenkels, wegschaffen."

Aus dem Urteil gegen Schwammberger vom 18. 5. 1992, S. 53–56
Bundesarchiv, B 162/14702

Zwei deutsche Diktaturen und ihre strafrechtliche Aufarbeitung im Vergleich

Joachim Riedel

I

Deutschland hat im 20. Jahrhundert gleich zwei Diktaturen nacheinander erlebt. Beide zeichneten sich (unter anderem) dadurch aus, dass sie auf einer totalitären Ideologie beruhten, die in einer „Staatspartei" mit absolutem Führungsanspruch (NSDAP beziehungsweise SED) verkörpert war. Aufgrund ihres Absolutheitsanspruchs sahen sich beide Regimes insbesondere gegenüber Oppositionellen, „Abweichlern" und sonst Missliebigen, wenn auch in unterschiedlichem Ausmaß, zu Maßnahmen und Eingriffen – bis hin zum blutigen Terror – befugt, die an sich im Rahmen der allgemein gültigen Gesetze unter Strafe gestellt waren, ohne dass die Repräsentanten und Handlanger des Regimes offiziell von der Geltung der Gesetze freigestellt waren. Vor diesem Hintergrund häuften sich unter beiden Regimes Straftaten nahezu quer durch das jeweilige Strafgesetzbuch, bis hin zu schwersten Kapitalverbrechen. Umso verständlicher deshalb, dass nach dem Sturz der Regimes und nach Wiederherstellung demokratischer und rechtsstaatlicher Verhältnisse jeweils das Bedürfnis bestand, diese diversen strafbaren Handlungen, insbesondere die schweren Verbrechen, nunmehr als solche zu verfolgen und zu ahnden.

Im Vergleich zeigt die strafrechtliche Aufarbeitung des NS- und des SED-Systemunrechts eine Fülle von Gemeinsamkeiten oder zumindest Parallelen auf, zum anderen und zugleich aber auch eine Reihe von – zum Teil gravierenden – Unterschieden, deren wichtigste im Folgenden aufgezeigt werden sollen. Der vorliegende Überblick, der sich im wesentlichen auf den Beitrag der bundesdeutschen Strafjustiz konzentriert, beruht nicht zuletzt auf den Eindrücken und Erfahrungen des Verfassers, der als Staatsanwalt zunächst über sieben Jahre in Berlin an der Aufarbeitung des SED-Unrechts mitgewirkt hat und seit 1999 an der Zentralen Stelle in Ludwigsburg tätig ist.

Während die Zentrale Stelle, deren Gründung die – zumindest tendenziell – umfassend systematische Aufarbeitung des NS-Unrechts ermöglicht hat, erst 13 Jahre nach dem Ende des Zweiten Weltkrieges und dem Zusammenbruch des NS-Regimes gegründet wurde, bis heute ihre Arbeit noch nicht abgeschlossen hat und Ende 2008 bereits 50 Jahre bestehen wird, wurde die – ebenfalls von der Justizministerkonferenz beschlossene – „Arbeitsgruppe Regierungskriminalität" bei der Staatsanwaltschaft bei dem Kammergericht in Berlin gleich mehrere Monate nach dem Beitritt der DDR, im Frühjahr 1991, gegründet und schon Ende 1999, nachdem sie die ihr aufgetragenen Aufgaben im Wesentlichen bereits erledigt hatte; wieder aufgelöst; bald darauf wurden auch die mit ihr korrespondierenden staatsanwaltschaftlichen Schwerpunktabteilungen „SED-Bezirksunrecht" in den neuen Bundesländern wie auch die „Zentrale Ermittlungsgruppe Regierungs- und Vereinigungskriminalität (ZERV)" beim Polizeipräsidenten in Berlin aufgelöst.

Wie kommt es nun, dass die beiden Versuche, das Unrecht der jeweils vorangegangenen Diktatur gerade auch mit den Mitteln des Strafrechts aufzuarbeiten, derart unterschiedlich verlaufen sind?

II

Auch in der DDR hat sich das Regime – am gravierendsten in den Anfangsjahren – einer Vielzahl von Straftaten schuldig gemacht; diese hatten jedoch, so schwerwiegend sie im Einzelfall auch waren – gerade die Kapitalverbrechen –, auch nicht annähernd das Ausmaß und das Gewicht wie insbesondere die extremen Massentötungen im Rahmen der industriemäßigen Liquidierung ganzer Bevölkerungsgruppen im In- und Ausland, die für das NS-Regime charakteristisch waren.

Zudem lagen die Taten überwiegend zeitlich noch nicht so weit zurück, auch wenn sich die Strafverfolgung bei Tötungsdelikten bis in die Anfänge der DDR zurück erstreckte. Die größere Tatzeitnähe bedeutete zum einen, dass Zeugen noch in größerer Zahl zur Verfügung standen, und zum anderen, dass der Strafverfolgung auch bei Straftaten von geringerem Gewicht nicht gleich das Hindernis der Verfolgungsverjährung entgegenstand. Weil die Straftaten sich im Wesentlichen auf das Inland der DDR und auf die Bundesrepublik beschränkten, waren auch die in Frage kommenden Beweismittel regelmäßig auf diesen Raum beschränkt, sodass aufwendige Ermittlungen im Ausland nur selten erforderlich wurden.

Zwar mögen die Dienstgebäude der ehemaligen DDR zum Zeitpunkt des Beitritts großenteils nicht den Ausstattungsstandard entsprechender Baulichkeiten in der Bundesrepublik gehabt haben; jedoch waren sie von Anfang an funktionsfähig im Gegensatz zu den Verhältnissen der unmittelbaren Nachkriegszeit, die durch Ruinen und Mangel allenthalben gekennzeichnet waren.

Im Falle der DDR wurde zudem schon kurz nach ihrem Beitritt am 3. 10. 1990 der organisatorische Rahmen für eine – zumindest tendenziell – umfassend systematische Aufklärung und Ahndung des SED-Unrechts geschaffen: Von der Justizministerkonferenz wurde im Frühjahr 1991 beschlossen, die Staatsanwaltschaft Berlin durch Abordnung von Richtern und Staatsanwälten personell nachhaltig zu verstärken (zunächst in

Form der bereits erwähnten „Arbeitsgruppe Regierungskriminalität", ab Mitte 1994 dann in Form der eigens hierfür errichteten Staatsanwaltschaft II bei dem Landgericht Berlin). Parallel hierzu wurde bei der Berliner Polizei die ebenfalls bereits erwähnte „ZERV" eingerichtet, an die Polizeibeamte aus den anderen Bundesländern abgeordnet wurden. Ferner wurden in den neuen Bundesländern jeweils bei einer Staatsanwaltschaft eine Schwerpunktabteilung „SED-Bezirksunrecht" eingerichtet und bei den Landeskriminalämtern der neuen Bundesländer ebenfalls spezielle Ermittlungsgruppen gebildet. Das Personal dieser auf die Verfolgung von SED-Unrecht spezialisierten Einrichtungen zeichnete sich jeweils auch dadurch aus, dass es regelmäßig aus abgeordneten Beamten aus den alten Bundesländern bestand, die in Bezug auf das untergegangene politische System nicht belastet waren. Ähnlich verhielt es sich bei den Richtern und Staatsanwälten, weil das politisch belastete Personal nach dem Beitritt nicht übernommen und seine Stellen stattdessen durch abgeordnetes Justizpersonal aus den alten Bundesländern besetzt wurden.

Einen wertvollen Beitrag zur Aufklärung des SED-Unrechts leisteten zudem die Vorarbeiten der „Zentralen Erfassungsstelle" in Salzgitter, die schon während des Bestehens der DDR seit dem Mauerbau die erreichbaren Beweise zu einzelnen Straftaten gesammelt hatte und ihr Beweismaterial dann nach der Wiedervereinigung an die jetzt zuständigen Ermittlungsbehörden abgeben konnte.

Schließlich ist zu berücksichtigen, dass die strafrechtliche Aufarbeitung des SED-Unrechts von deutscher Seite selbst ausging, und zwar – was häufig übersehen wird – noch während des Bestehens der DDR und noch in der DDR selbst gleich nach der Wende, schon im November/Dezember 1989. Ging es anfangs nur um den Missbrauch von Funktionärsprivilegien, wurden die Ermittlungen noch vor dem Beitritt, im August 1990, auch auf die Todesschüsse und sonstigen Gewaltakte an der ehemaligen Staatsgrenze ausgeweitet. Diese im Prinzip bereits begonnene, von großer Zustimmung in der Bevölkerung getragene Strafverfolgung wurde dann nach dem Beitritt von den Ermittlungsorganen der Bundesrepublik formal lediglich übernommen und fortgeführt, nun allerdings mit politisch unbelastetem Personal aus dem Westen und seither tendenziell umfassend-systematisch.

III

Wesentlich anders, und zwar in vieler Hinsicht ungünstiger, waren demgegenüber die Start- und Rahmenbedingungen für die Aufarbeitung des NS-Unrechts.

Das NS-Regime wurde nicht von der eigenen Bevölkerung gestürzt, sondern erst im Zusammenhang mit der militärischen Niederlage gegen die Alliierten. Aufgrund der unguten Erfahrungen damit, dass die alliierten Siegermächte nach dem Ersten Weltkrieg entgegen den Bestimmungen des Versailler Vertrages die strafrechtliche Ahndung deutscher Kriegsverbrechen am Ende doch der deutschen Justiz überlassen hatten, wollten die alliierten Besatzungsmächte nach dem Sturz des Hitler-Regimes die Strafverfolgung der auf Seiten der Achsenmächte begangenen Verbrechen nicht erneut aus der Hand geben. Vielmehr nahmen die vier Siegermächte USA, Großbritannien, UdSSR und Frankreich diesmal die Strafverfolgung primär selbst wahr: und zwar gegen die höchsten noch lebenden Repräsentanten des NS-Regimes gemeinsam im Rahmen des Nürnberger Prozesses gegen die sogenannten Hauptkriegsverbrecher, im Übrigen durch Militärgerichte der USA in den 12 Nürnberger Folgeprozessen gegen weitere führende Repräsentanten des NS-Regimes in Partei, Politik, Militär, Kultur, Justiz, Ärzteschaft und Wirtschaft und ansonsten durch Militär- oder Besatzungsgerichte der jeweiligen Besatzungsmacht in den einzelnen Besatzungszonen. Demgegenüber war die deutsche Justiz auf der Basis des Kontrollratsgesetzes Nr. 10 (KRG Nr. 10) jahrelang nur dann zur Strafverfolgung ermächtigt, wenn Täter und Opfer beide Deutsche waren (oder das Opfer staatenlos war).

Trotz dieser massiven Beschränkungen durch die alliierten Vorrechte und trotz der Mangelsituation allenthalben ergingen die meisten westdeutschen Verurteilungen wegen NS-Unrecht gleich in den ersten Nachkriegsjahren, nicht zuletzt auch deshalb, weil das politisch belastete Personal von den Alliierten nach dem Einmarsch aus den Ämtern entfernt und weitgehend durch politisch unbelastetes Personal ersetzt worden war. Von insgesamt 6 498 Personen, die laut Statistik des Bundesministeriums der Justiz von 1945 bis heute einschließlich von west- und bundesdeutschen Gerichten wegen NS-Unrecht rechtskräftig verurteilt wurden, kamen allein in den Jahren von 1945 bis 1950 bereits insgesamt 5 228 Personen (= 80 %) zur Verurteilung.

Erst nach Gründung der Bundesrepublik zogen sich die Westalliierten ab 1950 aus der Verfolgung des NS-Unrechts zurück und überließen seither den bundesdeutschen Justiz- und Polizeibehörden die weitere Strafverfolgung, es sei denn, sie hatten sich zuvor bereits selbst mit einzelnen Taten abschließend befasst. Zur gleichen Zeit aber wendete sich die politische Großwetterlage gegen die weitere Verfolgung von NS-Unrecht. Die West-Ost-Konfrontation („Kalter Krieg") trat immer mehr in den Vordergrund, und es herrschte zunehmend der Eindruck vor, die Verbrechen des NS-Regimes seien durch die alliierten und westdeutschen Gerichte bereits weitgehend aufgearbeitet und geahndet worden. Zudem wurden die von den Alliierten wegen ihrer politischen Belastung aus den Ämtern entfernten Angehörigen des öffentlichen Dienstes nach Gründung der Bundesrepublik gemäß Art. 131 GG nach und nach wieder in den öffentlichen Dienst übernommen: Einerseits ein notwendiger Akt der Integration eines großen qualifizierten Bevölkerungsteiles, zugleich aber auch eine heikle Entscheidung, weil so mancher aus Justiz und Polizei auch weiterhin in altem Denken verhaftet blieb und deshalb nicht unbedingt bereit war, sich vom NS-Regime wirklich zu distanzieren und zur Aufarbeitung des geschehenen Unrechts beizutragen.

Die aus solcher Einstellung resultierenden Verhaltensweisen reichten vom bloßen passiven Liegenlassen von Akten bis hin zur aktiven Obstruktion. Der schlimmste Eingriff dieser Art bestand darin, dass der Bundestag im Jahr 1968 dazu veranlasst wurde, in das Einführungsgesetz zum Ordnungswidrigkeitengesetz zusätzlich auch eine – angeblich völlig unproblematische – Klausel aufzunehmen, durch die die bisherige Regelung im StGB über eine Strafmilderung für Beihilfe geändert wurde (§ 50 Abs. 2 a.F. = heute § 28 Abs. 2). Nach Inkrafttreten der Novellierung aber wurde alsbald geltend gemacht, diese Strafmilderung bewirke im Verhältnis zur Haupttat auch eine Verkürzung der Verjährungsfrist mit der Folge, dass seither insbesondere die Mehrzahl der „Schreibtischtäter" rückwirkend straflos gestellt wurde und „auf einen Schlag" ausgerechnet nahezu alle Verfahren der Staatsanwaltschaft Berlin gegen die Angehörigen des Reichssicherheitshauptamtes (RSHA) eingestellt werden mussten.

Bis zur Gründung der Zentralen Stelle in Ludwigsburg hing es mehr oder weniger vom Zufall oder sonst einer günstigen Konstellation ab, ob ein NS-Verbrechen verfolgt wurde oder nicht. Dies beruht wesentlich auf der strafprozessualen Zuständigkeitsregelung, wonach – als Ausfluss des verfassungsmäßigen Grundsatzes des gesetzlichen Richters – für die örtliche Zuständigkeit der Gerichte und Staatsanwaltschaften strikte Regeln gelten: Primärer Anknüpfungspunkt für die örtliche Zuständigkeit ist hiernach der (inländische) Tatort; eben dieses Kriterium versagt jedoch bei Taten außerhalb des Geltungsbereichs der Strafprozessordnung (StPO). Dies hatte und hat zur Folge, dass unter dem Gesichtspunkt der Tatortzuständigkeit erst einmal keine deutsche Staatsanwaltschaft von vornherein für die Ermittlungen wegen eines im Ausland begangenen NS-Verbrechens zuständig war und ist. Sekundär kann zwar auch der aktuelle Wohnsitz eines Beschuldigten die Zuständigkeit einer bestimmten Staatsanwaltschaft begründen; indessen hängt es in der Regel vom Zufall ab, ob eine Staatsanwaltschaft auf einen in ihrem Bezirk wohnhaften Täter aufmerksam (gemacht) wird oder nicht. Ermittlungen wegen der im Ausland begangenen NS-Verbrechen erfolgten deshalb bis zur Gründung der Zentralen Stelle schon aus diesen formalen Gründen weitgehend nur punktuell-fragmentarisch und nicht systematisch, wobei die Strafverfolgung sich überwiegend auf einzelne Verbrechen im Inland während der Anfangs- oder der Endphase des NS-Regimes beschränkte, in denen die örtliche Zuständigkeit unproblematisch war.

Erst die Gründung der Zentralen Stelle im November 1958 ermöglichte eine – zumindest tendenziell – umfassend systematische Verfolgung zunächst immerhin der im Ausland begangenen NS-Verbrechen, die ja nach Ausmaß und Schwere dem NS-Regime in besonderer Weise das verbrecherische Gepräge geben. Die Zentrale Stelle war und ist nämlich anders als die einzelnen Staatsanwaltschaften nicht an das Tatortprinzip gebunden, sondern erhielt schlechthin den Auftrag, alles erreichbare Material über NS-Auslandsverbrechen zu sichten, zu sammeln und auszuwerten mit dem Ziel, die Akte anschließend der als zuständig ermittelten Staatsanwaltschaft zur weiteren Veranlassung vorzulegen. Im Jahr 1965 wurde der Auftrag für die Zentrale Stelle dann zusätzlich auch auf NS-Verbrechen im Inland erstreckt, weil auch insoweit bei Weitem noch nicht alle NS-Verbrechen aufgeklärt und geahndet worden waren.

Auf dieser Basis erhielt die Verfolgung von NS-Unrecht nun einen nachhaltigen Schub und führte binnen kurzer Zeit zu einer Vielzahl von Verfahren insbesondere gegen Angehörige von bestimmten Einheiten, Lagern und Dienststellen, deren Personal in hohem Maße in Tötungsverbrechen verwickelt war. Darüber hinaus stand nun in Form der Zentralen Stelle für die Aufarbeitung des NS-Unrechts ein spezialisierter Apparat zur Verfügung, zusätzlich auch in Form der in mehreren Bundesländern gebildeten staatsanwaltschaftlichen Schwerpunktabteilungen sowie der Sonderkommissionen bei den einzelnen Landeskriminalämtern.

Demgegenüber gab es in der DDR keine vergleichbare Einrichtung, und auch sonst fanden auf ähnlich breiter Basis systematische Ermittlungen nicht statt, schon weil der offizielle „Antifaschismus" der DDR – von der Strafverfolgung einzelner DDR-Bürger als NS-Verbrecher abgesehen – keinen Anlass hierfür zu geben schien. Im Übrigen wurde dieser „Antifaschismus" bei der Strafverfolgung bei Weitem nicht so konsequent praktiziert, wie es die offizielle Propaganda glauben machen wollte.

Der späte Zeitpunkt der Gründung der Zentralen Stelle – erst 13 ½ Jahre nach Kriegsende – hatte zur fatalen Folge, dass bereits kurz nach der Arbeitsaufnahme (1.12.1958), nämlich ab Mai 1960, aus Gründen der Strafverfolgungsverjährung lediglich noch das Verbrechen des Mordes (§ 211 StGB) verfolgt werden konnte und kann. Für die Zentrale Stelle bedeutete dies ab Arbeitsaufnahme einen Wettlauf mit der Zeit zunächst mit dem Ziel, bei möglichst vielen Fällen von Tötungsdelikten erst einmal vor dem Stichtag 9.5.1960 den Ablauf der Verjährung zu unterbrechen, damit auch danach zumindest Fälle des Totschlages (§ 212 StGB) noch mitverfolgt werden konnten. Im Übrigen wäre im Mai 1965 die Verjährung sogar bei Morddelikten eingetreten, wenn nicht der Bundestag sich Ende März 1965 „in letzter Minute" mehrheitlich gegen erheblichen Widerstand dazu durchgerungen hätte, den Ablauf der damals noch 20-jährigen Verjährungsfrist für Mord durch Nichtanrechnung der Nachkriegsjahre 1945 bis 1949 zumindest faktisch um knapp 5 Jahre hinauszuschieben. Darüber hinaus bedurfte es zusätzlich erst noch der Verlängerung der Verjährungsfrist um 10 Jahre auf 30 Jahre im Juni 1969, ehe dann der Bundestag im Juli 1979 im Anschluss an entsprechende Entschließungen der Vereinten Nationen von 1968 und etwa des Europäischen Parlaments vom Februar 1979 die Verjährung bei Mordverbrechen völlig aufhob. Seither können Morddelikte unbefristet verfolgt werden, es sei denn, in einem der relevanten Verlängerungszeitpunkte (1964/1969/1979) sei bereits Verjährung eingetreten gewesen, was jeweils geprüft werden muss, aber bei den hier untersuchten Verbrechen regelmäßig nicht der Fall ist.

Die Aussicht, einen Täter heute noch vor Gericht zu bringen und seine Verurteilung zu erreichen, nimmt indessen mit jedem Tag Abstand zur Tat weiter ab, weil immer mehr Täter inzwischen bereits verstorben oder zumindest aus Altersgründen nicht mehr vernehmungs- und verhandlungsfähig sind, sodass sie nicht mehr belangt werden können („biologische Lösung"). Aus dem gleichen Grund stehen auch immer weniger Zeugen zur Verfügung, die aber oft genug das einzige Beweismittel wären.

Generell gilt, dass die Beweislage bei NS-Verbrechen großenteils wesentlich ungünstiger ist als bei SED-Unrecht, weil relevante Beweisdokumente, entsprechend der räumlichen Ausbreitung der Verbrechen, sich ursprünglich gerade auch im ehemals besetzten Ausland befinden, weil zahlreiche Beweismittel im In- und Ausland durch Kriegseinwirkungen oder auch vorsätzlich vernichtet oder nachträglich von den Alliierten ins Ausland verbracht worden sind. In ähnlicher Weise ist die Ermittlung von Tätern wie auch Zeugen erschwert, weil, sofern sie noch leben, häufig ihr aktueller Aufenthaltsort im In- oder Ausland nicht oder allenfalls mit erheblichem Suchaufwand festgestellt werden kann.

BStU
000056

Hauptabteilung IX/2

Berlin, 18. April 1988
5 Ex./ 1. Ausf./mö
1781/88

Einverstanden, Pressemitteilung vorlegen. Mielke 19. IV 88

Strafrechtliche Einschätzung und Vorschlag zum Abschluß des OPV "Wächter" der BVfS Rostock, KD Greifswald, gegen H , J , geb. am , Kreis Radom (VR Polen)

Hauptabteilung IX/2

Berlin, 17.April 1989
5 Ex./ 1. Ausf./tsch
24/89

BStU
000347

Einverstanden Mielke

Information
über die Vorbereitung einer öffentlichen gerichtlichen Hauptverhandlung

Es ist vorgesehen, Anfang September 1989 vor dem 1. Strafsenat des Bezirksgerichtes Rostock die gerichtliche Hauptverhandlung gegen den ehemaligen Angehörigen des faschistischen Werkschutzes der Waffenfabrik Steyr-Daimler-Puch AG in Radom (Polen)

Hauptabteilung IX/2

Berlin, 14. 8. 1989
7 Ex./ 1. Ausf./mö
425/89

BStU
000428

Einverstanden Mielke

Information
über die vorgesehene Durchführung einer gerichtlichen Hauptverhandlung vor erweiterter Öffentlichkeit

Es ist vorgesehen, in der Zeit vom 12. 9. 1989 bis voraussichtlich 25. 9. 1989 vor dem 1. Strafsenat des Bezirksgerichtes Rostock die gerichtliche Hauptverhandlung gegen den Angeklagten

Das MfS der DDR war zugleich auch das strafprozessuale „Untersuchungsorgan" in politischen (einschließlich NS-) Strafsachen; alle wesentlichen Maßnahmen und Entscheidungen des MfS mußten vorab von Minister Mielke persönlich gebilligt werden.
BStU MfS HA IX/11 ZUV 82
Bd. 1 Bl. 000056 sowie Bl. 000347, 000429

BStU
000416

216

Hauptabteilung IX/2

27.7.1989

Vermerk
über eine Beratung beim Obersten Gericht der DDR am 13.7.1989 zur Vorbereitung der gerichtlichen Hauptverhandlung gegen H[redacted],J[redacted]

Über diese Beratung teilte Gen. StA B[redacted] am heutigen Tage folgendes mit:

An dieser beim Vizepräsidenten,Dr. K[redacted] durchgeführten Beratung nahmen Oberrichter E[redacted] und Richterin F[redacted] vom OG,Gen. G[redacted] vom MdJ,Genn. K[redacted] und ein weiterer Richter des BG Rostock, Gen. B[redacted] vom GStA der DDR und Gen. Major W[redacted] teil.
Es wurden vordergründig Beweisprobleme im Verfahren gegen H[redacted], insbesondere bei den Verbrechenskomplexen 5 (Erschießung von 8 - 10 bzw. 13 jüd. Männern) und 8 (Mißhandlung von 3 jüdischen Zwangsarbeitern) besprochen und dahingehend Einigung erzielt, daß in Abhängigkeit vom Ergebnis der Beweisaufnahme dem Angeklagten in beiden Komplexen eventuell nur 8 erschossene und 2 mißhandelte Opfer zur Last gelegt werden.

Während der Beratung wurden weiterhin folgende Punkte angesprochen:

Gelenkte Strafjustiz zumindest in politischen Strafsachen der DDR: charakteristisch u. a. die gemeinsamen „Beratungen" vor der Hauptverhandlung mit maßgeblicher Beteiligung auch des Obersten Gerichts, der Generalstaatsanwaltschaft und auch des MfS.
BStU MfS HA IX/11 ZUV 82
Bd. 2 Bl. 000416

IV

Die Versuche, das Unrecht der beiden Diktaturen auf deutschem Boden mit dem Instrumentarium des Strafrechts aufzuarbeiten, weisen jedoch auch so manche Gemeinsamkeiten, zumindest Parallelen auf:

Beide Unternehmen waren dem Vorwurf der „Siegerjustiz" ausgesetzt, im Einzelnen freilich mit unterschiedlicher Stoßrichtung: Im Falle des NS-Unrechts richtete der Vorwurf sich primär gegen die Strafverfolgung durch die alliierten Besatzungsmächte, also gegen die „Kriegsverbrecher-Prozesse" in Nürnberg sowie in den einzelnen Besatzungszonen, zumal im Verbund mit der – zumindest in der Umsetzung oft kontraproduktiven – „Entnazifizierung", mit der die deutsche Bevölkerung breitflächig überzogen wurde. Insbesondere der Umstand, dass der Internationale Militärgerichtshof und die alliierten Militärgerichte – sowie nach den Vorgaben des KRG Nr. 10 auch die damaligen westdeutschen Gerichte – die Strafverfolgung nicht auf das zur Tatzeit geltende deutsche Strafrecht stützten, sondern nach Straftatbeständen judizierten, die erst von den Alliierten nach dem Sturz des NS-Regimes aufgestellt worden waren und in dieser Form nicht schon zur Tatzeit selbst gegolten hatten (Verstoß gegen das Rückwirkungsverbot), gab dem Vorwurf sogar eine gewisse Berechtigung, ganz abgesehen davon, dass die Tatvorwürfe gegen die „Kriegsverbrecher" in Wahrheit nur teilweise „Kriegsverbrechen" im eigentlichen Sinne zum Gegenstand hatten.

Demgegenüber geht der Vorwurf der „Siegerjustiz" im Falle des SED-Unrechts weitgehend fehl. Denn dessen strafrechtliche Aufarbeitung wurde der Bevölkerung der DDR nicht erst nach dem Ende des Regimes von außen aufgezwungen, sondern begann bereits unmittelbar nach der Wende noch DDR-intern, wurde, nachdem sie anfangs primär dem Missbrauch von Funktionärsprivilegien u. ä. gegolten hatte, noch während des Bestandes der DDR insbesondere auch auf die Todesschüsse und sonstigen Gewaltakte an der ehemaligen Staatsgrenze erweitert und erst anschließend mit dem Beitritt von der Bundesrepublik übernommen und fortgesetzt, seither allerdings mit politisch unbelastetem westdeutschem Personal und – zumindest tendenziell – nun umfassend systematisch; allein die „Arbeitsgruppe Regierungskriminalität" in Berlin wurde mit Planstellen für bis zu 60 Richter und Staatsanwälte ausgestattet, während die Zentrale Stelle in Ludwigsburg selbst in den Spitzenzeiten Ende der 60er Jahre nur über maximal 50 Dezernentenstellen verfügte. Allenfalls in Bezug auf die Fortführung der Aufarbeitung nach dem Beitritt könnte dem Vorwurf der „Siegerjustiz" eine gewisse Bewandtnis zukommen.

Spätestens entkräftet wird der Vorwurf jedoch, wenn man das Resultat, den Ertrag der strafrechtlichen Aufarbeitung des SED-Unrechts betrachtet: Im Rahmen der systematischen Aufklärung wurde zwar eine Vielzahl von Ermittlungsverfahren eingeleitet, jedoch kam es in der Folge nur in geringem Umfang – vor allem im Bereich der Kapitaldelikte – zur Anklageerhebung und Verurteilung, und selbst dann wurden, von nur einigen wenigen Ausnahmen abgesehen, lediglich Freiheitsstrafen im unteren Bereich des jeweiligen Strafrahmens und fast ausschließlich mit Strafaussetzung zur Bewährung verhängt. Verdient eine solche Rechtsprechung das Etikett „Siegerjustiz"? Im Gegenteil wird vor allem aus Sicht der Opfer häufig gerügt, die ausgesprochenen Strafen seien zu milde und trügen dem Unrechtsgehalt der jeweiligen Tat auch nicht annähernd Rechnung.

Sehr ähnlich wurden und werden in Bezug auf das NS-Unrecht häufig auch die Strafaussprüche etwa gegen die Teilnehmer an Massenerschießungen oder anderen Vernichtungsaktionen kritisiert. Dieser Rechtsprechung liegt zu Grunde, dass die Tathandlungen auch bei eigenhändiger Begehung nur als Beihilfehandlung gewertet werden. Diese Tendenz, die den einzelnen Tatbeteiligten bei der Einstufung als Täter oder Gehilfe nachhaltig begünstigt und der Aufarbeitung des NS-Unrechts ein wesentliches Gepräge gab und gibt, wurde durch die höchstrichterliche Rechtsprechung des Bundesgerichtshofs (BGH) vorgegeben, der sich seinerseits auf die vom Reichsgericht vertretene stark subjektive Teilnahmelehre berief und diese gerade auch bei der Ahndung von NS-Unrecht beibehielt, während er ansonsten zunehmend von der betont subjektiven Teilnahmelehre abrückte. Erst die Neufassung des StGB durch die beiden Strafrechtsreformgesetze von 1969 hat mit Wirkung für die Zukunft klargestellt, dass eigenhändige Tatbegehung den Status als Täter begründet.

Waldheim 1950
Selbst ansonsten hartnäckige Befürworter auch der Strafjustiz der DDR in politischen Strafsachen distanzieren sich inzwischen zunehmend von den Prozessen des Jahres 1950 in der Strafanstalt Waldheim bei Chemnitz/Karl-Marx-Stadt als weitestgehend rechtsstaatswidrig. Gegen Angeklagte, denen man tatsächlich Straftaten vorwerfen konnte, wurden insgesamt zehn Schauprozesse inszeniert. Im Übrigen fanden Geheimprozesse von höchstens 30 Minuten Dauer statt, ohne Zeugen und Verteidiger und mit politisch zuverlässigen und speziell für diese Aufgabe ausgewählten Richtern. Die meisten in Waldheim angeklagten Personen wurden nur aufgrund ihrer Mitgliedschaft in der NSDAP oder anderen NS-Organisationen interniert. Sie wurden nun zum Opfer des politischen Kalküls der SED. Daneben handelte es sich überwiegend um Personen, die in Opposition zum SED-Regime standen.

Die Strafverfolgung des SED-Unrechts richtete sich dann gerade auch gegen die an diesen „Waldheim-Prozessen" beteiligten Richter und Staatsanwälte.
Bundesarchiv, Bild 183/5/98084

Anders verhält es sich bei der Aufarbeitung des SED-Unrechts. Dem DDR-Strafrecht, das bei der Strafverfolgung von SED-Unrecht in den meisten Fällen als maßgebliches Tatzeitstrafrecht anzuwenden war, lag nämlich ein noch strikterer, an objektiven Kriterien ausgerichteter Teilnahmebegriff zugrunde, der bei eigenhändiger Tatbegehung von vornherein regelmäßig zur Einstufung als Täter führte. Hier erwies sich meistens im Vergleich das jetzige bundesdeutsche Strafrecht als die im Ergebnis mildere Rechtsordnung, sodass die Verurteilung üblicherweise dann doch nach bundesdeutschem Recht erfolgte.

Es war und ist bedeutend leichter, einen unmittelbar handelnden Akteur zu belangen als einen seiner Vorgesetzten oder insbesondere einen in der Ämterhierarchie höher gestellten „Schreibtischtäter", obwohl letztlich dieser den Befehl zur Tat erteilt hat. Um gerade auch diesen Personenkreis belangen zu können, bedarf es, weil unbeteiligte Zeugen selten zu finden sind, meistens eindeutig belastender Dokumente, die aber nur vereinzelt zur Verfügung stehen: teils weil sie – bei NS-Unrecht – in großer Zahl durch die Kriegseinwirkungen verloren gegangen oder nach dem Krieg über den halben Erdball verstreut oder auch – sowohl bei NS- wie auch bei SED-Unrecht – „rechtzeitig" beiseite geschafft oder vernichtet worden sind, teils aber auch, weil an sich vorhandene Dokumente wegen der verklausulierten Tarnsprache, derer sich die Befehlsgeber häufig bedienten, als Beweismittel nicht ausreichen. Weil die Ermittlungen dann aus Beweisgründen eingestellt werden müssen, resultiert hieraus der nicht seltene Vorwurf: „Die Kleinen hängt man, die Großen lässt man laufen".

Im Rahmen der Aufarbeitung war man sich im Übrigen in beiden Fällen weitgehend einig, dass der Ablauf der Verjährung während des NS- bzw. SED-Regimes jeweils geruht hat, weil das Unrecht vom politischen System typischerweise ja gerade gewollt war oder zumindest geduldet wurde. Darüber hinaus erwies sich die Aufarbeitung – zumal angesichts der weitreichenden Umwälzungen jeweils nach dem Sturz des Regimes – beide Male als so komplex und aufwendig, dass jeweils ein Eingriff des Gesetzgebers erfolgte, um den Ablauf der Verjährungsfristen wenigstens für eine Übergangszeit nach dem Sturz des Regimes aufzuhalten: „Gesetz über die Berechnung strafrechtlicher Verjährungsfristen" vom 25. 3. 1965 (Nichtanrechnung der Zeit vom 8. 5. 1945 bis 31. 12. 1949) sowie „Gesetz über das Ruhen der Verjährung bei SED-Unrechtstaten (VerjährungsG)" vom 26. 3. 1993 (Nichtanrechnung der Zeit vom 11. 10. 1949 bis zum 2. 10. 1990).

Im Ansatz gemeinsam ist der Aufarbeitung in beiden Fällen darüber hinaus auch, dass die Aufklärung der Taten und die Beweisführung wesentlich auf die Sichtung und Auswertung von Archivbeständen angewiesen waren und auch weiterhin sind. Der hierfür erforderliche Aufwand ist jedoch bei der Aufarbeitung des NS-Unrechts bedeutend höher, schon weil die relevanten Dokumente zum Teil durch die Kriegshandlungen verloren gegangen und im Übrigen, sofern sie den Krieg überdauert haben, anschließend zum Teil weit über das In- und Ausland verstreut worden sind.

Sowohl bei NS- wie auch bei SED-Unrecht beriefen und berufen sich die Beschuldigten häufig darauf, sie seien durch spezielle Anordnungen/Befehle der politischen oder militärischen Führung von der Einhaltung der allgemein geltenden Gesetze freigestellt worden, sodass ihr Handeln zumindest gerechtfertigt sei (z. B. Berufung auf einen „Führerbefehl" bzw. auf die einschlägigen „Schusswaffengebrauchsbestimmungen" für die DDR-Grenzpolizei und -truppen). Diese Argumentation fand jedoch beide Male keine Anerkennung, weil die genannten Bestimmungen bei objektiver Würdigung der jeweiligen Rechtslage nicht geeignet seien, die allgemein gültigen Gesetze außer Kraft zu setzen.

Ebenso wenig war in beiden Aufarbeitungsfällen die Berufung auf einen Befehlsnotstand erfolgreich. Im Rahmen des SED-Unrechts ging es insbesondere um die häufige Behauptung von Grenzern, bei Weigerung, auf Flüchtlinge zu schießen, seien Freiheitsstrafen mit Vollstreckung in der berüchtigten Militärstrafanstalt Schwedt angedroht worden: Hier fehlt es bereits an der Gleichwertigkeit der tangierten Rechtsgüter (einerseits Leben des Flüchtlings, andererseits Freiheit des Grenzers). Und im Rahmen des NS-Unrechts hat die Zentrale Stelle die häufig vorgebrachte Einlassung überprüft, bei Weigerung, z. B. an einer Massenerschießung teilzunehmen, habe die Gefahr bestanden, selbst erschossen zu werden. Trotz langjähriger Überprüfung hat nicht ein Fall festgestellt werden können, in dem tatsächlich objektiv für den Einzelnen eine derartige Gefahr bestanden hätte. Allenfalls kommt deshalb in derartigen Fällen ein „Putativnotstand" in Betracht, d. h. die objektiv nicht begründete, nur subjektive Annahme einer Notstandslage; ausschlaggebend ist dann, ob dieser Irrtum im konkreten Fall hätte vermieden werden können.

Besonders makaber ist, dass sich in beiden Diktaturen ausgerechnet Polizei und Justiz großenteils als besonders willfährige Stützen und Handlanger des jeweiligen Regimes haben missbrauchen lassen. Deshalb an dieser Stelle wenigstens ein kurzes Wort zur Aufarbeitung des „Justizunrechts": Hier steht der Vorwurf im Raum, jedenfalls in diesem Bereich habe die strafrechtliche Aufarbeitung beide Male versagt. Sogar der BGH selbst hat in Bezug auf das NS-Regime ausdrücklich das „Fehlschlagen der Verfolgung von Justizunrecht" bedauert: „... Die vom Volksgerichtshof gefällten Todesurteile sind ungesühnt geblieben, keiner der am Volksgerichtshof tätigen Berufsrichter und Staatsanwälte wurde wegen Rechtsbeugung verurteilt, ebenso wenig Richter der Sondergerichte und der Kriegsgerichte. Einen wesentlichen Anteil an dieser Entwicklung hatte nicht zuletzt die Rechtsprechung des Bundesgerichtshofs..." (Urteil vom 16. 11. 1995). Gleichwohl hat der BGH dann bei der Verfolgung von Justizunrecht unter dem SED-Regime derart strenge Kriterien aufgestellt, dass trotz schlimmster Terrorurteile nur einige wenige Richter und Staatsanwälte der ehemaligen DDR verurteilt wurden. Dass es für dieses unbefriedigende Ergebnis durchaus auch nachhaltige objektive Ursachen gibt, die in der Struktur des Richteramts angelegt sind (Kollegialprinzip/Beratungsgeheimnis/Nachweis des Bewusstseins der Rechtswidrigkeit/Junktim mit gleichzeitigem Nachweis auch der Rechtsbeugung?/welche Anforderungen an den Vorsatz insoweit?), kann hier nur angedeutet werden.

V

Wie an einigen besonders markanten Aspekten aufgezeigt, weisen die Aufarbeitung des NS-Unrechts und des SED-Unrechts einerseits manche Gemeinsamkeiten oder zumindest Parallelen auf, andererseits aber auch – zum Teil erhebliche – Unterschiede. Ganz wesentlich dabei ist, dass das dem SED-Regime anzulastende Unrecht trotz mancher Übereinstimmungen sonst nach Ausmaß und Gewicht den Verbrechen des NS-Regimes auch nicht annähernd gleichgestellt werden kann. Gleichwohl erforderten beide Unternehmen der strafrechtlichen Aufarbeitung ähnliche Strukturen und Vorgehensweisen. Beide Male zeigte sich, dass die herkömmliche Rechtsordnung auf die Straftaten Einzelner ausgerichtet und nicht auch für die strafrechtliche Bewältigung einer Diktatur konzipiert ist, in der die Machthaber und ihre Gefolgsleute sich über die bestehenden, an sich für alle geltenden Gesetze hinwegsetzen und dabei gehäuft Handlungen vornehmen oder vornehmen lassen, die nach diesen Gesetzen Straftaten sind.

Die Start- und Rahmenbedingungen waren für die Aufarbeitung des NS-Unrechts von Anfang an in vielfacher Hinsicht wesentlich ungünstiger als für die Aufarbeitung des SED-Unrechts, mit der Folge, dass Letztere schon nach rund 10 Jahren im Wesentlichen beendet war, während die Aufarbeitung des NS-Unrechts noch immer andauert und erst allmählich dem Ende entgegengeht; insbesondere bedurfte es im Falle der DDR nicht der Gründung einer speziellen Behörde nach Art der Zentralen Stelle, um festgestellte Straftaten einer bestimmten Staatsanwaltschaft zuständigkeitsmäßig zuordnen zu können. Umso erstaunlicher ist, dass die Quote der rechtskräftigen Verurteilungen im Verhältnis zur Zahl der eingeleiteten Ermittlungsverfahren beide Male ähnlich gering ist.

Sowohl in Bezug auf das NS-wie auch das SED-Unrecht haben die diversen Strafverfahren eindringlich vor Augen geführt, wie tief die beiden Regimes in Unrecht verstrickt waren. Und mit jeder Verurteilung, auch schon mit jeder Anklageerhebung bringt die Bundesrepublik zum Ausdruck, dass sie sich von diesem Unrecht und damit von dem verbrecherischen Charakter des jeweiligen Regimes distanziert und abgrenzt.

Beiden Unternehmen der strafrechtlichen Aufarbeitung ist dabei zugleich gemeinsam, dass sie – wenn auch aus der einseitigen, auf die Aufklärung der Schuld einzelner Beteiligter konzentrierten Perspektive des Strafverfolgers – jeweils einen wesentlichen Beitrag zur Aufklärung der Lebensverhältnisse in den beiden deutschen Diktaturen geleistet haben und leisten. Dabei können sie, nicht zuletzt dank des spezifischen Instrumentariums bis hin zu den prozessualen Zwangsmitteln, wertvolle Erkenntnisse gewinnen, die einem Zeithistoriker mit seinem andersgearteten Handwerkszeug verschlossen bleiben.

Der Ablauf wie auch der Ertrag der Strafverfolgung wegen NS-Unrecht mögen, etwa an der relativ geringen Zahl von Verurteilungen gemessen, sehr unbefriedigend sein, und was in früheren Jahren – aus welchen Gründen auch immer – unterblieben ist, kann heute allenfalls noch in engen Grenzen nachgeholt und ausgeglichen werden. Wenn man jedoch berücksichtigt, welche Hindernisse und Erschwernisse verschiedenster Art diesem ohnehin schon schwierigen Unterfangen vom ersten Tage an entgegenstanden, sodass es auch heute noch nicht völlig abgeschlossen ist, wenn man weiter bedenkt, dass allein die Bundesrepublik, als einziger der drei Nachfolgestaaten des Dritten Reiches, sich, wenn auch erst spät, immerhin dazu verstanden hat, zur umfassenden Verfolgung der NS-Verbrechen eine spezielle Behörde zu schaffen und sie über nahezu fünf Jahrzehnte zu unterhalten, und wenn schließlich ein Blick über die deutschen Grenzen zu den Nachbarstaaten zeigt, dass es nicht allein die Deutschen sind, die sich mit ihrer Rolle während des NS-Regimes zum Teil schwer taten und tun, dann ist das, was von der Bundesrepublik an Vergangenheitsbewältigung mit den Mitteln des Strafrechts geleistet worden ist, insgesamt zwar nicht gerade ein Ruhmesblatt. Aber trotz aller Mängel und auch Versäumnisse verdient bei abgewogenerer Würdigung die strafrechtliche Aufarbeitung des NS-Unrechts in der Bundesrepublik ebenso wenig das leider häufig geäußerte einseitige Verdikt, sie sei insgesamt „gescheitert".

B 162/ 17.384 – 17.387
B 162/ 17.380 – 17.383
B 162/ 17.311 – 17.320
B 162/ 17.307 – 17.310
B 162/ 17.299 – 17.306
17.245 – 17.249
B 162/ 17.239 – 17.244
B 162/ 17.149 – 17.153
B 162/ 17.755 – 17.763
B 162/ 17.732 – 17.754
B 162/ 17.710 – 17.731
B 162/ 17.609 – 17.617
B 162/ 17.593 – 17.608
B 162/ 17.581 – 17.592
B 162/ 17.541 – 17.543
B 162/ 17.538 – 17.540
B 162/ 17.534 – 17.537
B 162/ 17.498 – 17.500
B 162/ 17.495 – 17.497
B 162/ 17.492 – 17.494
B 162/ 17.456 – 17.458
17.454 – 17.455

Ermittlungsakten als Archivgut
Sicherung und Erschließung der Unterlagen der Zentralen Stelle durch das Bundesarchiv

Andreas Kunz

Das Bundesarchiv sichert die Überlieferung zentraler Organe der Bundesrepublik Deutschland, der Deutschen Demokratischen Republik, des Deutschen Reiches und des Deutschen Bundes, sofern ihnen bleibender Wert für die Erforschung der deutschen Geschichte, für die Sicherung von Bürgerrechten oder als Information für Gesetzgebung, Verwaltung oder Rechtsprechung zukommt, und stellt sie zur Benutzung bereit. 800 Mitarbeiter des Bundesarchivs haben die Aufgabe, aktuell etwa 300 000 Regalmeter Akten und sonstige schriftliche Unterlagen, 130 000 Dokumentar- und Spielfilme, 11 Millionen Fotos, 79 000 Plakate, 917 000 Karten, Pläne, technische Zeichnungen sowie 33 000 Tonträger für zukünftige Generationen zu erhalten. Jährlich benutzen mehr als 8 000 Personen in den Sälen des Bundesarchivs das Archivgut; etwa 70 000 schriftliche Auskünfte werden jedes Jahr erteilt.

Im Jahr 2000 hat das Bundesarchiv die Verantwortung übernommen, auch die Unterlagen der Zentralen Stelle, die nicht mehr für Zwecke der Strafverfolgung benötigt werden, als Archivgut für die Zukunft zu erhalten und sie Behörden, wissenschaftlicher Forschung sowie der interessierten Öffentlichkeit zugänglich zu machen. Zu diesem Zweck ist im Gebäude der Zentralen Stelle eine Außenstelle des Bundesarchivs eingerichtet worden.

Die Zentrale Stelle hat als Institution eine gesamtstaatliche Bedeutung. Ihre Unterlagen – Ermittlungsakten, Kartei- und Informationssysteme bis hin zu Fotomaterial – sind aufgrund ihrer Fülle und ihrer Aussagekraft von historischer Bedeutung. Sie bilden nicht nur die Aufgaben und Tätigkeit der Zentralen Stelle ab. Die Akten dokumentieren zugleich die Herausforderungen und Leistungen, nationalsozialistischen Staatsterrorismus und kollektive Gewaltkriminalität im Einklang mit rechtsstaatlichen Prinzipien und Verfahrensweisen aufzuarbeiten.

Durch die systematische Aufklärung von Tatkomplexen, die Feststellung der Täter bis hin zur juristischen Wahrheitsfindung durch die Gerichte wurde in buchstäblich kriminalistischer Manier eine riesige Fülle an Dokumenten und eine immer größer werdende Zahl von Aussagen Beschuldigter, Zeugen und überlebender Opfer zusammengetragen. Dadurch ist ein herausragender Wissensquell entstanden, wo doch viele Zeugnisse der Verbrechen gegen Ende des NS-Regimes systematisch vernichtet wurden oder infolge von Kriegseinwirkungen verloren gingen, sofern bestimmte Informationen überhaupt je niedergeschrieben wurden. Zudem ermöglichen die von der Zentralen Stelle erarbeiteten Kartei- und Informationssysteme einzigartige Recherchemöglichkeiten.

Hunderttausende von Vernehmungsprotokollen erlauben heute, da praktisch keine Zeitzeugen mehr unter uns sind, tiefe Einblicke in Formen der Tatbeteiligung und das Wissen über die Verbrechen des Nationalsozialismus. In den Unterlagen wird erkennbar, was die Täter zu ihren Taten motivierte. Individuelle Verantwortlichkeiten und Handlungsspielräume werden sichtbar. Neben der Dokumentation der Verbrechen als historisches Ereignis und seiner Abläufe bieten die Unterlagen somit wertvolle wissenschaftliche Anknüpfungspunkte für die Erforschung der Herkunft, der Persönlichkeit und des Verhaltens der Täter.

Erst wenige Jahrzehnte alt, nagt auch an den Ermittlungsakten der Zentralen Stelle der Zahn der Zeit.
Bundesarchiv

Konservatorische Bearbeitung von Archivgut

In den späten 1980er Jahren verfasste der heute international renommierte Holocaust-Experte Christopher Browning seine Doktorarbeit wesentlich mit Hilfe der Ludwigsburger Ermittlungsakten. In seiner Arbeit mit dem deutschen Titel „Ganz normale Männer" untersuchte Browning die Beteiligung von mehr oder minder Durchschnittsdeutschen, die als Angehörige eines Polizeibataillons an der Tötung tausender Männer, Frauen und Kinder in Osteuropa beteiligt waren. Auch Daniel Jonah Goldhagen, der etwa zur gleichen Zeit sein aufgrund pauschaler Aussagen und Deutungsmuster sehr kontrovers diskutiertes Buch „Hitlers willige Vollstrecker" schrieb, stützte sich maßgeblich auf die Unterlagen der Zentralen Stelle. Zuvor hatten Ernst Klee, Willi Dreßen und Volker Rieß mit ihrem Buch „Schöne Zeiten" mit Täter- und Opferaussagen sowie mit Bildern aus dem Aktenbestand der Zentralen Stelle den „Judenmord aus der Sicht der Täter und Gaffer", so der Untertitel, in einer bis dahin ungewohnt eindringlichen Weise dargestellt. Schon vor ihrer Übernahme durch das Bundesarchiv waren die Unterlagen der Zentralen Stelle somit ein von Wissenschaftlern des In- und Auslandes nachgefragter Quellenbestand.

Die von der Ludwigsburger Außenstelle bereits übernommenen bzw. noch zu übernehmenden Unterlagen bilden den Archivbestand B 162. Dieser umfasst vor allem die seit 1958 entstandenen etwa 1200 Regalmeter Aktenschriftgut, die etwa 1,6 Millionen Karteikarten bestehende Zentralkartei sowie eine als Datenbank angelegte Verfahrensübersicht. Hinzu kommt der Archivbestand B 162 Bild mit etwa 3500 Fotoarchivalien.

Das Archivgut ist einzigartig. Aus seiner Unersetzlichkeit ergibt sich die besondere Verpflichtung zur dauerhaften Erhaltung. Erst wenige Jahrzehnte alt, nagt auch an den Ermittlungsakten der Zentralen Stelle der Zahn der Zeit. Das Archivgut wird nicht allein durch häufigen Gebrauch geschädigt. Säurehaltige und / oder holzschliffhaltige Papiere vergilben mit der Zeit, verlieren ihre ursprüngliche Flexibilität, werden spröde, zerbröseln und zerfallen am Ende. Mit dem Informationsträger drohen dann auch die darauf gespeicherten Informationen unwiederbringlich verloren zu gehen. Intensiv arbeiten die Mitarbeiter des Bundesarchivs deshalb daran, die ihnen anvertrauten Unterlagen mit ebenso einfachen und kostengünstigen wie wirksamen Maßnahmen für die Nachwelt zu erhalten. Dazu gehört die Ordnung und Reinigung der Unterlagen, das Entfernen schädlicher, weil rostender Metallteile sowie das Verpacken in spezielle, säurefreie Hüllen und Kartons. Säure, Licht sowie mechanische Einwirkungen beschleunigen den chemischen Verfallsprozess auch des besonders empfindlichen fotografischen Archivguts. Unter Berücksichtigung der verschiedenen archivgutspezifischen Anforderungen (v. a. Luftfeuchte und Temperatur) wird das Archivgut sachgerecht in Magazinen untergebracht. Für Fälle, in denen die Archivalien akut vom Zerfall bedroht sind, verfügt das Bundesarchiv sowohl über das fachliche Know-how als auch über die Kapazitäten, geschädigtes Archivgut einzeln und in großer Zahl zu konservieren und zu restaurieren.

Damit ist eine wichtige Voraussetzung für den Erhalt und die zukünftige Nutzung geschaffen. Doch sind die Schädigung und Verlust vorbeugenden Maßnahmen kein Selbstzweck, denn Archivgut soll seiner Zweckbestimmung nach genutzt werden. Die archivische Erschließung schafft die Voraussetzung für eine treffsichere Recherche und effiziente Nutzung des Archivguts. Dazu erhält jede einzelne als Archivgut übernommene Ermittlungsakte eine individuelle Archivsignatur (beispielsweise B 162/40305). Die Archivalie wird mit Hilfe dieser Archivsignatur im datenbankgestützten Archivverwaltungs- und Erschließungssystem des Bundesarchivs registriert und mit benutzungsrelevanten Merkmalen erfasst. Diese Erschließungsarbeit überliefert den Entstehungszusammenhang der Unterlagen und macht Informationen über Umfang, Zusammensetzung und Inhalt des Archivguts sowie weitere spezifische Angaben verfügbar.

Archivgut kann im Benutzersaal eingesehen werden.

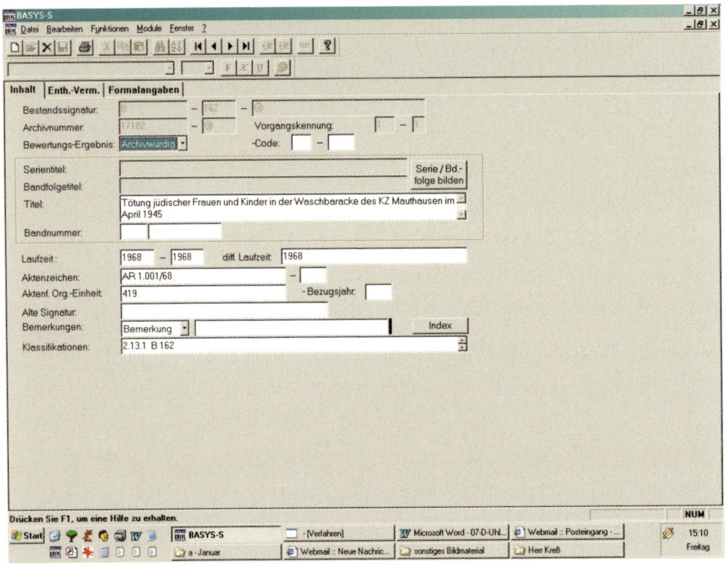

Datenbankgestützte Erschließung von Archivgut
Bundesarchiv

Das Endprodukt archivischer Erschließungsarbeit sind gedruckte und/oder im Internet zugängliche Findbücher. Auch die Unterlagen der Zentralen Stelle werden nach Abschluss der Erschließungsarbeiten als Onlinefindbuch auf der Website des Bundesarchivs öffentlich frei zugänglich sein. Diese Dienstleistung ermöglicht es allen Interessierten, sich systematisch und umfassend am heimischen PC einen Überblick über die vorhandenen Unterlagen zu verschaffen. Das Informationsangebot ergänzt die Beratung durch die Archivmitarbeiter, die mit den Besonderheiten der Unterlagen vertraut sind.

Die Benutzung des Archivguts erfolgt in der Regel durch die persönliche Einsichtnahme im Benutzersaal der Bundesarchiv-Außenstelle. Rechtliche Grundlage für die Archivbenutzung sind die Bestimmungen des Bundesarchivgesetzes. Danach kann „jedermann" Archivgut des Bundes nutzen, sofern die im Archivgesetz konkretisierten Sperr- beziehungsweise Schutzfristen abgelaufen sind. Diese Zugangsbeschränkungen, denen noch die meisten der vom Bundesarchiv übernommenen Unterlagen der Zentralen Stelle unterliegen, beruhen nicht etwa auf Geheimniskrämerei. Gerade bei Ermittlungsakten handelt es sich um Archivgut mit sensiblem Inhalt, der Persönlichkeitsrechte beziehungsweise den Datenschutz sowie andere schutzwürdige Belange Betroffener oder Dritter berührt. Allerdings sind diese Zugangsbeschränkungen nicht absolut. Das Bundesarchivgesetz sieht die Möglichkeit einer Schutzfristverkürzung vor, „wenn die Benutzung für ein wissenschaftliches Forschungsvorhaben oder zur Wahrnehmung berechtigter persönlicher Belange unerlässlich ist [...] und eine Beeinträchtigung schutzwürdiger Belange durch angemessene Maßnahmen [...] ausgeschlossen werden kann".

Die Erteilung von Auskünften aus Archivgut, die Einsichtnahme in die Unterlagen sowie die Verwendung daraus stammender Informationen oder Archivkopien berühren verschiedene Rechtsfragen, die im Vorfeld einer Archivbenutzung geklärt werden müssen. Deshalb sind schriftliche Benutzungsanträge unabdingbar. Sie dienen den Mitarbeiterinnen und Mitarbeitern des Archivs auch dazu, anhand präzise formulierter Anfragen ein Benutzungsanliegen zuverlässig und zur Zufriedenheit des Benutzers betreuen zu können.

Die Dienstleistungen der Ludwigsburger Außenstelle des Bundesarchivs nehmen jährlich mehr als 200 Personen in Anspruch, die für ihr Anliegen relevante Unterlagen persönlich im Benutzersaal einsehen. Über 1000 schriftliche Anfragen werden jedes Jahr bearbeitet, des Weiteren etwa 1000 behördliche Auskunftsersuchen beantwortet. Zu den Archivbesuchern gehören national wie international renommierte Wissenschaftler ebenso wie Studenten und Publizisten. Und schließlich nutzen die Kinder und Enkel der „Tätergeneration" die hier in einmaliger Weise vorhandene Möglichkeit, sich individuell mit einem spezifischen Teil ihrer Familiengeschichte und damit ihrer eigenen Identität auseinanderzusetzen.

Somit konkretisiert sich in Ludwigsburg der Selbstanspruch unserer Gesellschaft, sich mit dem Nationalsozialismus auseinanderzusetzen, in ganz unterschiedlicher Weise. Den weitreichenden Möglichkeiten für Schulen, den Lernort Zentrale Stelle/ Bundesarchiv zu nutzen, ist ein eigener Beitrag gewidmet.

Ein besonderer Lernort für Schulen

Bernd Kreß

Angebote für Schulen
Unser Angebot für Schulen besteht seit 2001. Beauftragt vom Kultusministerium Baden-Württemberg, betreut ein praktizierender Pädagoge an einem Tag in der Woche den außerschulischen Lernort. Herr StD a.D. Dr. Rolf Königstein konzentrierte sich bei der pädagogisch-didaktischen Betreuung von Schulklassen vor allem auf die gymnasiale Oberstufe. Auf dem von ihm geschaffenen Fundament aufbauend, werden seit 2005 neben den Gymnasien auch alle anderen Schularten gezielt angesprochen. Zudem wurde unser Angebot hinsichtlich der angebotenen Module und fächerübergreifenden Themen erweitert und differenziert.

Schülerinnen eines Berufsvorbereitungsjahres (BVB) an einer Privatschule erschließen sich selbstständig das Thema „Zentrale Stelle – Vergangenheitsbewältigung“ durch Lernen an Stationen.

Auszubildende Altenpflegerinnen informieren sich über das Thema „NS-Euthanasie“, über ideologische Hintergründe, Täter, Opfer, Angehörige der Opfer, Reaktionen der Bevölkerung und Verlauf. Sie diskutieren über die Auswirkungen auf das Thema „Sterbehilfe heute“.

Bundesarchiv

Im Rahmen eines 6-wöchigen Projektes am Bundesarchiv recherchieren sechs Schüler der Klassen 9 und 10 mehrerer Ludwigsburger Realschulen Archivgut zum Thema „Nebenlager in der Region“.

Rückmeldungen von Schülern

Am Ende von Schülerbesuchen im Bundesarchiv begegnen uns immer wieder vier Aussagen: Zum einen wird die Torhausausstellung als interessant und ausdrucksstark wahrgenommen. Konkretisiert wird dies durch den Verweis auf die Kombination von Wort, Bild, Exponaten und räumlicher Gestaltung. Unmittelbar ansprechend sei die Atmosphäre des Raumes, die sich, bedingt durch den äußeren Lichteinfall, ändere. Neugier erwecken auch die hinzugenommenen Utensilien. Motivierend wirke das nachgebildete Arbeitszimmer eines Staatsanwaltes: „Die Veranschaulichung des Rechtsstaates am Beispiel der Zentralen Stelle war mir neu!", präzisiert ein Schüler. Engagiert ermitteln Schüler in der Rolle eines Staatsanwaltes, ob sie aufgrund der Sachlage gegen einen Beschuldigten Anklage erheben würden. Dazu prüfen sie nach vorangegangener Besprechung, ob sie in einzelnen Quellen der Ausstellung Tatbestandsmerkmale des Straftatbestandes Mord erkennen. Abschließend werden das vermutete und das verhängte Strafmaß miteinander verglichen, was in der Regel eine Diskussion über Wesen und Bedeutung des Rechtsstaates zur Folge hat.

Über das Archiv äußern sich die Schüler in einer zweiten Rückmeldung: „Wir hätten gerne noch länger in den Vorgängen herumgestöbert!" Die Kritik verdeutlicht die eindrückliche und nachhaltige Wirkung unseres Quellenmaterials. Schon ein kurzes Blättern und Lesen in einem oder zwei Vorgängen lässt die Schüler die Bedeutung der Zeitzeugenaussagen erahnen. Wahrheitsgehalt und Glaubwürdigkeit dieser Aussagen werden durch die Vielzahl an Vorgängen (1,2 Regalkilometer) sowie den Hinweis, dass ein Staatsanwalt in alle Richtungen ermitteln muss, verstärkt. Aber auch durch den Umstand, dass die Schüler in der Regel selbst entscheiden, auf welchen Vorgang sie zugreifen. Dies verhindert den Vorwurf, wir würden durch gezielte Vorauswahl extremer Einzelfälle manipulieren. Legenden und Mythen über die NS-Zeit, wie z. B. die Auschwitzlüge, wird in diesem Umfeld die Grundlage entzogen. Der Schülerwunsch, sich intensiver mit einem Vorgang auseinanderzusetzen, verwundert vor diesem Hintergrund nicht.

„Die ausgewählten Quellen bei der Quellenarbeit enthalten nichts wesentlich Neues." So lautet das dritte Feedback. Auf Nachfrage wird präzisiert, dass der Nationalsozialismus bereits zum wiederholten Male Thema im Unterricht gewesen sei. Der Aspekt der Übersättigung klingt an. Ebenso der Gedanke von der „Gnade der späten Geburt", also die auch provokativ gemeinte Frage: „Was haben wir damit zu tun?" Ergänzt wird dies durch die Aussage: „Die Quellen enthalten nichts Schockierendes!" Der Akzent liegt auf dem Komparativ, gemeint ist, nichts Schockierenderes, als einem schon durch Film, Schulbuch oder sonstige Literatur widerfahren ist.

Schüler eines Berufskollegs Technik und Medien werden in den Arbeitsalltag des Archivars eingeführt . Sie erhalten so erste Einblicke in dieses Berufsbild.

Schülerinnen eines Wirtschaftsgymnasiums, Jahrgangstufe 2, lesen im Magazin Vorgänge quer.

Interessiertes Aktenblättern und Verständnisfragen von Schülern der 9. Hauptschulklasse.

Unser Konzept und seine Grundlagen

Die Kritik ist berechtigt. Obwohl wir über entsprechendes „Schockmaterial" verfügen, vermeiden wir es bewusst, den Schock auf die Spitze zu treiben. Schock lähmt, führt zur Erstarrung und verhindert Reflexion. Das kann nicht das Ziel und darf keinesfalls die Folge unserer Arbeit sein. Wir wollen aufklären, Ansätze zum Verstehen bieten. Deshalb dürfen und wollen wir auch nicht ins andere Extrem verfallen: verharmlosen. Bei unseren Quellen und dem Thema Mord können wir das aber auch gar nicht. Unser Ausgangspunkt sind die Quellen, unser Weg ist der hermeneutische Prozess. Das Ermöglichen persönlicher Betroffenheit bildet das Movens, sich auf den Weg zu machen. Thematisieren, problematisieren, reflektieren bilden Wegmarken zum Verstehen und zur kritischen Auseinandersetzung mit einem Stück Vergangenheit, das in die Gegenwart ragt.

Die schockierende Tatsache des millionenfachen Mordes, die sich der konkreten Vorstellung entzieht, hinterlässt Fassungs-, Sprach- und Ratlosigkeit und verleitet allzu leicht zur These von der historischen Einmaligkeit des Geschehens oder führt zur Verteufelung der Täter. Wir stehen in der Tradition der Aufklärung, die uns von der Absage an die These vom geborenen Verbrecher über die Milieu- und andere Kriminalitätstheorien hin zur These von der „Banalität des Bösen" (Hannah Arendt) führt. Um aus Geschichte zu lernen, um erklären zu können, „wie aus ganz normalen Männern Massenmörder werden" (Harald Welzer), gehen wir den Weg der biografischen Reduktion und Konkretisierung. So versuchen wir Betroffenheit und Bereitschaft zur Reflexion zu erzeugen. Wenn Schüler z. B. aus unseren Quellen erfahren, dass Lili Jacob, eine Überlebende des Holocaust, ihr Fotoalbum mit Bildern von ermordeten Familienangehörigen, Verwandten, Freunden und Bekannten nicht aus der Hand geben will, so droht die tragische Dimension dieses Sachverhaltes vor dem Hintergrund des industriell durchgeführten millionenfachen Massenmordes zu verblassen. Fragt man aber nach möglichen Beweggründen ihres Verhaltens, so vollziehen Schüler sofort nach, was es für sie bedeuten würde, wenn sie wie Lili Jacob bis auf einige Fotos alles verloren hätten. Ihnen ist klar, welche Bedeutung diese Bilder für ihre Erinnerung und ihr Selbstverständnis dann bekämen. Oder wenn der Beschuldigte Hans S. seiner Frau bei seiner Verhaftung 1959 lakonisch erklärt: „Ich glaube, ich habe Dir das noch gar nicht gesagt; ich war während des Krieges auch mal in Auschwitz. Deshalb werde ich jetzt abgeholt", so klingt darin nicht nur dessen Unrechtsbewusstsein an. Schüler haben eine klare Vorstellung von einer aufrichtigen Beziehung. Sie empfinden nach, was in der Ehefrau vorgeht, deren Liebe zu ihrem Mann auf ihrem Vertrauen in seine Ehrlichkeit und Aufrichtigkeit fußte. Die so erzeugte Betroffenheit lässt die Schüler eine andere Perspektive auf ein als bekannt geglaubtes Thema einnehmen. Wird auf diese Weise von den Schülern Multiperspektivität wahrgenommen, so motiviert dies zur Auseinandersetzung. Die Frage nach dem „Was geht uns das an?" weicht der Frage nach den Motiven, nach Handlungsspielräumen, nach Erklärungen und Maßnahmen.

Der biografische Ansatz hat noch weitere Vorteile: Er reduziert zunächst die Fülle an Fakten, Einflussfaktoren und Sachverhalten, macht sie überschaubarer, um sie anschließend durch die Frage nach der Exemplarität wieder zu öffnen und in den historischen Kontext einzuordnen.

Er erleichtert zudem den Bezug zur Zentralen Stelle der Landesjustizverwaltungen zur Aufklärung nationalsozialistischer Verbrechen. Und damit zu rechtsstaatlichen Grundsätzen wie dem Nachweis der individuellen Schuld oder dem Rechtssatz „In dubio pro reo". Schüler fragen nach, was aus den Beschuldigten geworden ist. Es geht ihnen dabei auch um eine Bestätigung ihres Gerechtigkeitsempfindens. Erfahren sie, dass der Angeklagte Dr. Viktor C., dem Beihilfe zum tausendfachen Mord zur Last gelegt wird, im Namen des Volkes zu neun Jahren Haft verurteilt wurde, weil er nur als Gehilfe, nicht aber der Mittäterschaft überführt werden konnte, so eröffnet ihr davon abweichendes Gerechtigkeitsempfinden den Horizont für aktuelle Fragen: Was bedeutet Gerechtigkeit und wie setzt man sie um? Wie ist, soll, kann und muss unser Rechtsstaat gestaltet sein? Ziel ist es, über die kritische Auseinandersetzung mit dem Recht zu einem inneren Bekenntnis zum Rechtsstaat zu gelangen.

Regelmäßig angebotene Lehrerfortbildungen für alle Schularten sind fester Bestandteil unseres Konzeptes. Hierbei können sich Lehrer im Vorfeld eines Besuchs über die Relevanz unseres Angebotes für ihren Unterricht ein eigenes Bild machen. Das Foto zeigt eine Fortbildung für Ludwigsburger Haupt- und Realschullehrer.

Schüler eines Berufkollegs (BKTM) bereiten für das Fach Deutsch im Rahmen des Themas „Schachnovelle von Stefan Zweig" eine Präsentation zur Funktionsweise des NS-Unrechtsstaates vor.

Nach kurzer Einführung in die Moderationsmethode dokumentieren Realschüler der 9.Klasse durch das Anpinnen von Karten ihr Vorwissen über Konzentrationslager.

Schüler eines Berufkollegs geben am Ende der Veranstaltung Rückmeldung über ihren Wissenszuwachs. Dazu pinnen sie auf das Plakat, mit dem ihr Kompetenzstand zu Beginn ermittelt wurde, andersfarbige Karten.

Gründe für außerschulisches Lernen und unsere Umsetzung

Auch Lehrer geben uns Feedback. Sie zeigen sich häufig beeindruckt, wie konzentriert, motiviert und diszipliniert ihre Schüler mitarbeiten. Die Erklärung liegt im außerschulischen Lernort selbst: Das unbekannte Lernumfeld, die neuen Gesichter, die Quellenfülle und vor allem die Einheit und Authentizität von Ort, Quellen, Thema und Gesellschaftsrelevanz verändern zumindest zeitweilig das Verhalten.

Schulen berichten – das liegt in der Natur der Sache – über ein Archiv, wir sind eines. Bei uns erfahren Schüler mit allen Sinnen, wie das Langzeitgedächtnis einer Gesellschaft funktioniert, wie Wissen und damit Kultur und Tradition erhalten werden. Die Außenstelle Ludwigsburg erlaubt darüber hinaus einen Einblick in die Arbeitsweise einer staatsanwaltschaftlichen Vorermittlungsbehörde und damit in die Funktionsweise unseres Rechtsstaates.

Der außerschulische Lernort kann und will schulischen Unterricht nicht ersetzen, aber er kann für diesen Einstieg, Ergänzung, Vertiefung, Konkretisierung und/oder Veranschaulichung sein. Ein Lehrer als archivpädagogischer Mitarbeiter erleichtert zudem aufgrund seiner pädagogisch-didaktischen Erfahrung und der eigenen Unterrichtspraxis den Brückenschlag zwischen Schule und Archiv.

Neben dem zur Schule veränderten Lernumfeld und den bereits zu Beginn angeführten Gründen liegt eine weitere Erklärung nahe, warum Schüler bei uns interessiert in den Ermittlungsakten lesen und engagiert mitarbeiten: Es ist die schon von Friedrich Schiller gemachte Beobachtung, dass in „der ganzen Geschichte des Menschen [...] kein Kapitel unterrichtender für Herz und Geist" sei „ als die Annalen seiner Verirrungen" („Verbrecher aus verlorener Ehre"). Wie bei Schiller liegt unser Blickpunkt nicht in erster Linie auf der Tat, sondern auf Motiven, Zusammenhängen, Folgen und Alternativen.

Dies hat Auswirkungen auf den Ablauf eines Besuchs. Der hermeneutische Zirkel setzt am Vorverständnis an: dem mitgebrachten oder dem von uns in der Torhausausstellung vermittelten. Deshalb sind Vorabsprachen und eine Abfrage des Kompetenzstandes zu Beginn wichtig. Im Verlauf des Besuchs rekonstruieren die Schüler aus den Zeitzeugenaussagen eigenständig Sachverhalte. Sie entwickeln aus der Quellenarbeit, die durch Leitfragen angeleitet wird, ihr eigenes Verständnis und stellen dieses ihren Mitschülern in der sich anschließenden Präsentation zur Diskussion. Ziel ist es, nachhaltiges Verstehen zu ermöglichen. Am Ende eines Besuchs steht mit der Frage nach der emotionalen Betroffenheit, mit einer abschließenden Kompetenzstandsanalyse oder einem Feedback die Phase der kritischen Reflexion. Die Schüler sollen die Möglichkeit haben, ihre Empfindungen zu äußern, sich auszusprechen und sich so vom erarbeiteten Sachverhalt zu lösen sowie konstruktive Kritik an unserem Konzept zu äußern. Der anwesende Lehrer kann danach abwägen, ob und wie er den Besuch in der nächsten Unterrichtsstunde nochmals anspricht.

Die 10. Klasse eines allgemeinbildenden Gymnasiums erschließt sich zentrale Inhalte der Torhausausstellung durch ein Lernen an Stationen.

Schüler einer Realschule (10. Klasse) erhalten Einblicke in die Arbeit eines Archivars.

Schüler eines allgemeinbildenden Gymnasiums (Klasse 10) erarbeiten sich im Rahmen eines Gruppenpuzzles einen Expertenstatus zu einem Teilbereich des Themas „Holocaust".

UnsereThemen und Module
In thematischer Hinsicht bieten sich für einen Besuch im Bundesarchiv – Außenstelle Ludwigsburg – drei Module und eine Vielzahl möglicher Themen an:

Modul „Torhaus"
Die Dauerausstellung im Torhaus vermittelt den Schülern einen Überblick über NS-Verbrechen, die Arbeit der Zentralen Stelle sowie das Bundesarchiv. Sie konkretisiert und veranschaulicht die in der Schule gelegten Grundlagen. Dies schafft die Basis für die vertiefende Weiterarbeit. Je nach Besuchergruppe bieten sich eine Führung, ein Vortrag mit Aussprache oder ein Lernen an Stationen an. Denkbar ist zum Beispiel auch, dass ein Schüler die Führung durch die Ausstellung vorbereitet und durchführt. Eine Möglichkeit, um den Aufwand für eine GFS im angemessenen Rahmen zu halten. Je nach Zeit und Bedarf differenzieren und/ oder ergänzen wir die in der Dauerausstellung vorhandenen Exponate, Texte und Bilder durch Zusatzmaterial.

Modul „Archiv"
Die Begehung des Archivs und die Quellenrecherche vermitteln einen Eindruck von der Quantität der Quellen und vom Aufbau eines kollektiven Wissensspeichers. Ergänzt werden kann dies durch eine Einführung in die Arbeit eines Archivars. Die Schüler können so den Weg von der staatsanwaltschaftlichen Ermittlungsakte zum Archivgut nachvollziehen. Dabei erleben sie durch eigenes Tun, dass Archivierung notwendig ist, wie man dabei vorgeht und welche Probleme sich hierbei ergeben können. Der Archivar, der dieses Modul begleitet, garantiert die Professionalität des Ablaufs.

Modul „Quellenarbeit"
Das bereits vorhandene oder in der Torhausausstellung vermittelte Überblickswissen wird in dieser Phase durch die Arbeit mit vorab ausgewählten, exemplarischen Quellen vertieft. Möglich sind, zum Beispiel beim Thema Konzentrationslager, regionale Bezüge. Denkbar ist auch, zum Beispiel beim Thema „NS-Euthanasie", verschiedene Aspekte in Gruppenarbeit zu erschließen, zu diskutieren sowie den Bezug zum aktuellen Thema Sterbehilfe herzustellen. Oder aber die Schüler arbeiten unter Anleitung ganze Vorgänge selbstständig durch. Ein zentrales Ziel dieses Moduls ist die Einführung in Quellenkritik. Unser thematisches Angebot ergibt sich aus unseren Quellen. Neben historischen Themen (z. B. NS-Verbrechen, NS-Ideologie) bieten wir z. B. politische und rechtskundliche (z. B. Rechtsstaat, Ermittlungsverfahren) oder ethische Themenstellungen (z. B. Schuld und Verantwortung) an. Fächerübergreifend stellen wir nach Absprache mit Ihnen z.B. Bezüge zum Fach Deutsch (z. B. Schachnovelle, Widerstand) oder zu Ethik/Religion (z. B. Sterbehilfe) her. Überdies können bei unserem handlungsorientiert angelegten Konzept Methoden-, Personal- und Sozialkompetenz eingeübt werden.

Die Auswahl von Modulen und Themen richtet sich nach den Bedürfnissen der Besuchergruppe. Ideal ist die Kombination aller drei Module. Mehrmalige Besuche sind möglich, denkbar ist auch, dass Schüler z. B. im Rahmen einer GFS, einer Projekt- oder einer Seminarkursarbeit allein oder in kleinen Gruppen im Bundesarchiv angeleitet arbeiten. Ein Anmeldeformular und unser aktueller Flyer stehen auf unserer Homepage zum Download bereit. Das Feedback zu unserem Konzept und seiner Umsetzung, um die noch ausstehende 4. Reaktion der Schüler nachzureichen, fiel bisher überwiegend positiv aus. Es äußerte sich im spontanen Applaus und Danksagungen von Seiten der Schüler und Lehrer. Für uns ein Zeichen, dass wir mit unserem Konzept den richtigen Weg beschritten haben.

Kontaktdaten auf Seite 192

Dieser Beitrag erschien
in gekürzter Fassung in
„Geschichte lernen"
Heft 119, September 2007,
S. 61–63

Die Forschungsstelle Ludwigsburg der Universität Stuttgart

Klaus-Michael Mallmann

Am 2. April 2001 nahm die Forschungsstelle Ludwigsburg der Universität Stuttgart ihre Arbeit am Schorndorfer Tor auf. In ihrer Konzeption kamen und kommen zwei Standortvorteile zum Tragen. Zum einen bedeutet es einen gewaltigen strukturellen Vorsprung, in unmittelbarer Nähe der weltweit bedeutendsten und größten Sammlung zur Unrechtsgeschichte des Dritten Reiches zu forschen und dauerhaft vor Ort mit diesen Materialien arbeiten zu können. Zum anderen ließ sich so nahtlos an das Werk von Prof. Dr. Eberhard Jäckel anknüpfen, dessen Forschungen zum Nationalsozialismus und speziell zum Holocaust der Universität Stuttgart internationales Renommee verschafft haben.

Der unmittelbare Zugriff auf die Ludwigsburger Bestände bedeutet nicht nur den optimalen Zugang zur Verbrechensgeschichte des Dritten Reiches und zu deren Rezeptions- und Verarbeitungsgeschichte nach 1945. Er verspricht auch valide Forschungsergebnisse auf einem Feld, das im letzten Jahrzehnt – man denke an die Goldhagen-Debatte und die Kontroverse um die beiden sogenannten Wehrmachtsausstellungen – erheblich an Gewicht gewonnen hat und derzeit die NS-Forschung weltweit dominiert: die Täterforschung, also die lange vernachlässigte Frage nach Motivation und innerer Verfasstheit der Exekutoren des Massenmords. Die Ludwigsburger Akten liefern darüber hinaus das empirische Basismaterial eines weiteren im Aufschwung befindlichen Forschungszweigs, der – man denke an den Genozid in Ruanda 1994 und die ethnischen Säuberungen beim Zerfall Jugoslawiens – noch erheblich an Bedeutung gewinnen dürfte: die vergleichende Holocaust- und Genozidforschung, also die Frage nach Voraussetzungen, Konstanten und Variablen von Völkermord und gewaltsamer Vertreibung. Dieses spezifische Ludwigsburger Potenzial bestimmte von Anfang an die konzeptionellen Überlegungen der Forschungsstelle.

Hälftig finanziert vom baden-württembergischen Wissenschaftsministerium und der Universität der Landeshauptstadt, lässt die Forschungsstelle schwäbische Tugenden walten, sucht also Effizienz mit sparsamstem Aufwand zu erreichen. Das Personaltableau ist denkbar gering: Prof. Dr. Klaus-Michael Mallmann fungiert seit 2001 als wissenschaftlicher Leiter und bringt die Forschungsergebnisse unmittelbar über seine Vorlesungen und Hauptseminare in die universitäre Lehre ein. 2005 kam mit Dr. Martin Cüppers ein wissenschaftlicher Mitarbeiter hinzu, 2006 eine weitere befristete Stelle, die von der Landesstiftung Baden-Württemberg finanziert wird und mit Dr. Annette Weinke besetzt wurde. Heidrun Baur als Sekretärin rundet das Personaltableau ab.

Die dünne Personaldecke der Forschungsstelle, aber auch die Tatsache, dass Forschungen zum Nationalsozialismus und speziell zur Judenvernichtung grundsätzlich international angelegt sind, brachten es mit sich, dass die Bemühungen um Vernetzung und Kontakte über nationale Grenzen hinweg schon früh im Vordergrund standen. Heute unterhält die Forschungsstelle enge Beziehungen zum Deutschen Historischen Institut Warschau, zum United States Holocaust Memorial Museum Washington D.C., zur Gedenkstätte Yad Vashem in Jerusalem und zum Leo Baeck Institute London. Damit existiert eine institutionelle Kooperation mit den weltweit wichtigsten Zentren der Holocaust-Forschung, die die Durchführung gemeinsamer Projekte auf der Basis der Internationalität und unter Ausschöpfung unterschiedlicher nationaler Quellengrundlagen erlaubt.

Für die Arbeiten der Forschungsstelle – Monografien, Sammelbände und Quelleneditionen – konnte mit der Wissenschaftlichen Buchgesellschaft in Darmstadt ein renommierter Verlag gefunden werden. Seit 2003 erscheint exklusiv dort eine eigene Publikationsreihe, die „Veröffentlichungen der Forschungsstelle Ludwigsburg der Universität Stuttgart". Sie wird von Klaus-Michael Mallmann herausgegeben, erfordert in der Regel keine Zuschüsse und bringt pro Jahr etwa zwei Bücher auf den Markt. Neben eigenen Projekten der Forschungsstelle werden dort auch Arbeiten von Wissenschaftlern veröffentlicht, die wesentlich auf den Ludwigsburger Beständen aufbauen und inhaltlich in das Programm der Forschungsstelle passen.

Bis zum Herbst 2006 erschienen dort acht Bände:

Klaus-Michael Mallmann, Volker Rieß/Wolfram Pyta
Deutscher Osten. Der Weltanschauungskrieg in Photos und Texten
Band 1, 2003

Klaus-Michael Mallmann/ Gerhard Paul (Hrsg.)
Karrieren der Gewalt. Nationalsozialistische Täterbiographien
Band 2, 2004

Klaus-Michael Mallmann/ Bogdan Musial (Hrsg.)
Genesis des Genozids. Polen 1939–1941
Band 3, 2004

Martin Cüppers
Wegbereiter der Shoah. Die Waffen-SS, der Kommandostab Reichsführer-SS und die Judenvernichtung 1939–1945
Band 4, 2005

Norbert Kunz
Die Krim unter deutscher Herrschaft 1941–1944. Germanisierungsutopie und Besatzungsrealität
Band 5, 2005

Andrej Angrick/Peter Klein
Die „Endlösung" in Riga: Ausbeutung und Vernichtung 1941–1944
Band 6, 2006

Jürgen Matthäus/Klaus-Michael Mallmann (Hrsg.)
Deutsche, Juden, Völkermord. Der Holocaust als Geschichte und Gegenwart
Band 7, 2006

Klaus-Michael Mallmann/ Martin Cüppers
Halbmond und Hakenkreuz. Das Dritte Reich, die Araber und Palästina
Band 8, 2006

2007 sind wiederum zwei Bände erschienen, deren Drucklegung Prof. Dr. Jan Philipp Reemtsma (Hamburg) durch überaus großzügige Zuschüsse ermöglichte:

Jacek Andrzej Młynarczyk
Judenmord in Zentralpolen. Die Judenvernichtung im Distrikt Radom des Generalgouvernements 1939–1945
Eine an der Universität Stuttgart angenommene Dissertation eines wissenschaftlichen Mitarbeiters des Deutschen Historischen Instituts Warschau

Serge Klarsfeld
Vichy-Auschwitz. Die Zusammenarbeit der deutschen und französischen Behörden bei der „Endlösung der Judenfrage" in Frankreich
Eine aktualisierte Neuauflage des seit 15 Jahren vergriffenen Standardwerks zu den Deportationen in Frankreich

Im Jahr 2008 erscheinen:

Klaus-Michael Mallmann/ Jochen Böhler/Jürgen Matthäus
Einsatzgruppen in Polen. Darstellung und Dokumentation
Eine Kooperation zwischen der Forschungsstelle Ludwigsburg, dem Deutschen Historischen Institut Warschau und dem United States Holocaust Memorial Museum Washington D.C.

Klaus-Michael Mallmann/Andrej Angrick (Hrsg.)
Die Gestapo nach 1945
Ein Sammelband mit 20 Aufsätzen von Autoren aus Deutschland, Polen, Italien, USA und Großbritannien

Auschwitz-Birkenau: Leben mit der Vergangenheit

Susan E. Cernyak-Spatz

„Im Lagerlazarett 1. Klasse"
Gemälde von Janina Tollik 1946
Foto: bpk

„Sie können nicht das Haus des Großvaters erben und Nein zur Hypothek sagen. Wer Goethe und Schiller für sich reklamieren will, muß sich auch mit Himmler und Hitler auseinandersetzen" (Ignatz Bubis, Mahnung an die Deutschen, 1994).
Im September 1994 erhielt ich die erste Gelegenheit, Schülern in 16 Städten der Bundesrepublik von meinen drei Jahren „Schutzhaft" in Theresienstadt und Auschwitz-Birkenau als Verfolgte im Dritten Reich zu berichten. Dieser Beitrag soll noch mehr junge (und erwachsene) Menschen ansprechen, damit meine Erfahrungen, pars pro toto, als Mahnung an zukünftige Generationen dienen können.

Heute, 50 Jahre nach dem Ende des Zweiten Weltkrieges und meiner Befreiung aus dem Konzentrationslager, arbeite ich als emeritierte Professorin an der Universität von North Carolina in Charlotte. In jedem Jahr unterrichte ich dort junge Studenten und Studentinnen zum Thema „Holocaust und Literatur". In diesem immer voll belegten Kurs verbinde ich die Holocaust-Literatur mit Dokumenten und meiner eigenen Geschichte.

Die Via Dolorosa beginnt

Meine Geschichte beginnt eigentlich 1933 in Berlin. Meine Eltern waren von Wien dorthin umgesiedelt, um einen Verlag zu eröffnen. Meiner Ansicht nach begann der Holocaust, die Verfolgung der Juden mit der Machtübernahme der Nazis. Die ersten Gesetze, die das Leben der deutschen Juden nach und nach einschränkten, wurden Anfang 1933 verabschiedet. Die jüdischen Freunde meiner Eltern verloren in der Folgezeit ihre Stellen, ihre Praxen und Geschäfte. Alles wurde „arisiert". Meine Eltern besaßen seinerzeit noch die polnische Staatsbürgerschaft, da mein Vater im polnischen Teil des ehemaligen Österreich-Ungarischen Kaiserreichs geboren war. Dieser Umstand schützte uns anfangs vor den Repressalien. Doch wir jüdischen Kinder verstanden die damaligen politischen Vorgänge nur zu gut und wussten, dass unser Leben sich ändern würde. Aber niemand konnte sich die bevorstehenden schrecklichen Ereignisse vorstellen, auch nicht in der wildesten Phantasie. Gleichzeitig war es für den Rest der Welt natürlich unvorstellbar, dass im 20. Jahrhundert Menschen zu solchen Untaten in bürokratischem Rahmen fähig waren. Als wir 1936 Berlin verließen, schien es meinen Eltern logisch, in ihre Heimat zurückzukehren. Wir besaßen eine Filiale unserer Firma in Wien, und so war unser Lebensunterhalt dort gesichert. Man wollte schließlich nicht als Emigrant irgendwo von der Hand in den Mund leben. Dieses Schicksal ereilte uns aber schon im März 1938, als Hitlers Soldaten – von den bis dato illegalen Anhängern umjubelt – in Österreich einmarschierten. Die „gemütlichen und charmanten" Wiener verwandelten sich fast über Nacht in Hyänen, antisemitisch denkend und blutrünstig handelnd. Hunderte von Juden und politischen Gegnern des Regimes wurden sofort verhaftet. Die ersten Festnahmen galten insbesondere wohlhabenden Juden, die man so lange einsperrte, bis sie ihr Hab und Gut den Nazis überschrieben hatten.

So ist es heute eine unstrittige Tatsache, dass das Dritte Reich einen der erfolgreichsten legalisierten Raubzüge der Weltgeschichte durchführte. Meinen Eltern und mir gelang es, rechtzeitig nach Prag zu fliehen. Mehr als einen Koffer konnten wir nicht mitnehmen. Unser Inventar mit allem drum und dran, Kleider im Schrank, Geschirr und Silber im Buffet, Essen im Kühlschrank blieb zurück, und man wusste, dass in wenigen Tagen ein Bonze in unserer Habe leben würde. Jetzt waren wir „Emigranten".

Der Weg in den „Anus Mundi"

Im März 1939 besetzten Hitlers Truppen die Tschechoslowakei. Mein Vater konnte noch heimlich über die Grenze nach Polen fliehen und von dort nach Belgien entkommen. Da meine Mutter und ich nachkommen sollten, er jedoch am 31. August 1939 über die Grenze ging, saßen wir bei Kriegsbeginn in Prag in der Falle. Zwei Jahre später erfolgten die ersten Transporte von Juden in die polnischen Ghettos, hauptsächlich in das Ghetto Litzmannstadt (Lódż). Wenig Post kam von dort, aber was man hörte, waren ausschließlich Schreckensnachrichten über Hunger, Krankheit und Seuchen. Jakob Edelstein, der Vorsitzende der „Emigrationsabteilung" der Jüdischen Kultusgemeinde in Prag, glaubte die Rettung der tschechischen Juden bewirken zu können, indem er Reinhard Heydrich, den Chef der „Endlösung", davon überzeugte, dass ein Ghetto mit tschechischen Juden, die für die Kriegswirtschaft arbeiten würden, sehr vorteilhaft für das Reich wäre. Heydrich stimmte zu, verschwieg aber, dass er schon einen Monat vorher, im Oktober 1941, die Idee eines Ghettos als quasi „Potemkinsches Dorf" der NS-Führung in Berlin vorgeschlagen hatte. Der Hauptzweck eines solchen Ghettos war die Konzentration von tschechischen, deutschen und österreichischen Juden an einem Ort, von dem aus sie dann Richtung „Osten" geschleust werden konnten. Eine mögliche Inspektion des Roten Kreuzes würde eine fast autonome jüdische Siedlung unter wohlwollender deutscher Leitung vorfinden. So entstand Theresienstadt, wohin meine Mutter und ich im Mai 1942 deportiert wurden. In den USA fragt man mich oft: „Wo sind Sie verhaftet worden?" Es ist vielen Amerikanern unverständlich, dass Menschen einfach vorgeladen werden, um sich mit Gepäck, Essen und Bettrolle an einem bestimmten Ort zu einer bestimmten Zeit zum Abtransport einzufinden, und dass es im Jahr 1942 in der Tschechoslowakei keine Möglichkeit gab, unterzutauchen, da die „demokratischen Tschechen" enthusiastische Kollaborateure der Nazis waren. Gleich nach unserer Ankunft wurde meine Mutter weiterverschickt. Sie kam nach Sobibór und wurde dort vergast. Da die Nazis mehr Platz in Theresienstadt für die prominenten älteren Leute aus den besetzten Gebieten brauchten, wurden die tschechischen Deportierten nach und nach in den „Osten" abtransportiert. So befand auch ich mich im Januar 1943 dann in einem Transport von Theresienstadt Richtung „Osten". Wir wussten nicht, wohin der Transport ging. Wir hatten zwar den Namen „Auschwitz" schon einmal gehört, aber wir nahmen an, es wäre vielleicht ein Arbeits- oder Konzentrationslager. Wir hatten keine Ahnung, was Auschwitz wirklich bedeutete und auch für uns bedeuten sollte.

Ankunft eines Transportes in Auschwitz-Birkenau, 1943
Die Wege der Menschen trennen sich, sie werden „selektiert". Im Hintergrund sind die Schornsteine des Krematoriums zu erkennen.

Ankunft in Auschwitz. Es ist eigentlich ironisch zu denken, dass ich mich glücklich schätzen musste, „nur" nach Auschwitz-Birkenau verschickt worden zu sein. Die seit 1941 existierenden Vernichtungslager Majdanek, Bełżec, Sobibór und Chełmno vergasten jeden Transport komplett mit der Ausnahme von vielleicht 2–3 Menschen, die gebraucht wurden, um die Habe der Vergasten zu sortieren. Nur Auschwitz-Birkenau selektierte von jedem Transport etwa 10 % der Menschen für das Lager, der Rest wurde vergast. „Dank" der deutschen Industrien, die billige, intelligente Arbeiter brauchten, und dank der SS, die ihnen die Fabriken baute, wo die jüdischen Häftlinge verwendet wurden, bis sie reif fürs Gas waren, gibt es heute überhaupt noch Überlebende aus Auschwitz-Birkenau. Nicht viele, aber doch genug, sodass ihre Geschichte der Nachwelt erhalten geblieben ist.

Mein Transport bestand aus etwa 500 Männern, 500 Frauen und Kindern. 60 Frauen, im Alter von 14 bis 37, kamen ins Lager. Ältere und jüngere Frauen und natürlich alle Frauen mit Kindern gingen direkt in die Lastwagen. Diese Lastwagen standen an der Seite der Rampe, wo der Zug durch ein Tor eingefahren war. Über diesem Tor stand aber nicht die wohlbekannte Aufschrift „Arbeit macht frei", denn diejenigen, die nach Birkenau kamen, waren zum Tode bestimmt. Als man uns aus den Waggons herausjagte, bemerkten wir sofort einen Geruch, den zunächst niemand von uns identifizieren konnte. Es war der Geruch von brennenden Menschenleibern. Zwei lodernde Kamine begrenzten den Horizont (die zwei anderen Krematorien wurden 1943/44 gebaut), und Lichterketten auf beiden Seiten der Rampe schienen sich endlos zu dehnen. Hinter den Lastwagen, die mit Planen bedeckt waren, stand eine Ambulanz mit einem großen Roten Kreuz. Das sah für uns sehr vertrauenerweckend aus, denn wer verbindet den Anblick des Roten Kreuzes nicht mit Wohltätigkeit und Hilfsbereitschaft? Wie so viele andere Täuschungen war auch diese Rote Kreuz-Ambulanz eine beabsichtigte Vorspiegelung falscher Tatsachen, hier mit dem Ziel, die Neuangekommenen zu beruhigen. Der praktische Zweck war der Transport der Zyklon B-Gasbüchsen zu den Krematorien und der Rücktransport der leeren Büchsen. Die Frauen und Kinder, die auf die Lastwagen stiegen, fuhren in Richtung der lodernden Kamine ab. Ihr Schicksal wurde uns gleich von den Häftlingen im Lager, die uns in einer Baracke über Nacht bewachten, erzählt. Wir befragten sie nach unseren Männern, Brüdern oder Müttern. Die Antwort lautete: „Seht ihr die Flammen? Dort sind eure Familien."

Die Häftlinge, die uns eine solch schreckliche Information gaben, waren bereits kahl geschoren und in Lagerkleidung. Aber auch unser Aussehen änderte sich rasch. In der „Sauna" wurden die selektierten und somit noch überlebenden 59 Frauen unseres Transportes und ich von oben bis unten rasiert und neu eingekleidet. Wir erhielten die Sommeruniformen von russischen Kriegsgefangenen und ein Kopftuch für den kahlen Kopf. Es ist nur wenig bekannt, dass russische Soldaten nicht als Kriegsgefangene behandelt, sondern gleich nach Auschwitz-Birkenau ver-

Die Frauenabteilung im Lager, 1944
Die Häftlinge wurden nach ihrer Ankunft kahl geschoren und „neu eingekleidet"
Fotos: bpk

schickt wurden. Die ersten Versuche mit dem Zyklon B-Gas wurden an ihnen vorgenommen. Der Plan der „Endlösung" sah vor, dass niemand von uns länger als zweieinhalb Monate am Leben bleiben sollte. Deshalb wurden gleich nach Ankunft alle persönlichen Papiere vernichtet. Eine in den linken Unterarm tätowierte Nummer und der Name, eingetragen in das Lagerbuch, waren die einzige Identifikation. Wenn ein Häftling starb oder ins Gas ging, wurden Nummer und Name einfach gestrichen. Man verschwand förmlich spurlos vom Erdboden. Die Häftlinge, die gleich in die Gaskammern geschickt wurden, besaßen nicht einmal dieses „Privileg" – keine Nummer, kein Name für sie. Von jedem selektierten Transport (manche gingen direkt ins Gas, ohne Selektion), wurden nur etwa 10 % der Menschen registriert, der Rest verschwand spurlos in den Öfen. Die wenige Habe wurde in der „Todesfabrik" sortiert und verarbeitet: Schmuck, Wertsachen und Geld erhielt die Reichsbank, unsere Kleidung die Zivilbevölkerung in Deutschland; unsere Haare wurden als Isoliermaterial in Stiefeln und Uniformen, die Asche und Knochen der Verbrannten zum Düngen der Felder benutzt. Unser einziger Gebrauchsgegenstand bestand aus einer rotbraunen Emailleschüssel. Diese Schüssel diente zum Essen, zum Trinken und für die Notdurft, wenn nötig. Und da es nur eine Latrine und einen Wasserhahn für etwa 1800 Frauen in drei Zugangsblöcken gab, war Letzteres sehr häufig nötig.

Es gab nichts zum Erhalt einer zivilisierten Erscheinung. Das war eines der teuflisch genialen Mittel der Nazis, nicht nur die Häftlinge im Aussehen zu entmenschlichen, sondern es auch den SS-Wachen und den Aufseherinnen damit leichter zu machen, uns als widerliche, stinkende Masse behandeln zu können und keine Gefühle bei den zahlreichen Mißhandlungen zu zeigen. Wie konnte man in dieser Hölle überleben? Ich habe nur eine Erklärung, die auch von anderen Überlebenden geteilt wird: Man musste diese menschenverachtende Lagersituation als die momentan einzige existierende Welt anerkennen und akzeptieren lernen. Man lebte instinktiv von Minute zu Minute, indem man versuchte, Gefahren zu vermeiden, zu essen, was nur irgendwie essbar aussah, zum Beispiel schimmlige Brotkrusten aus einem weggeworfenen Karton von einem Polenpaket oder lebende Frösche auf dem Außenkommando – und indem man versuchte, nicht in den jüdischen Krankenbau zu kommen. Denn Selektionen wurden im Lager zweimal täglich beim Aus- und Einmarschieren vorgenommen, in den jüdischen Krankenbau dagegen kam der SS-Arzt mehrmals täglich, um zu selektieren. Diese Selektionen waren willkürlich und deshalb undurchschaubar. Selektiert wurde zum Beispiel, wenn Platz für Neuankömmlinge benötigt wurde; dreihundert Frauen verschwanden an einem solchen Tag in den Gaskammern. Ein anderer Grund konnte die Ausbreitung von Typhus im Lager und dadurch die Gefährdung des SS-Wachpersonals sein; wiederum einige hundert Frauen, die dann getötet wurden. Oder der SS-Mann vom Dienst hatte Katzenjammer und war der Welt böse...

Blick in die Frauenbaracke nach der Befreiung des Lagers durch die Rote Armee im Januar 1945
Diese Frauen hatten den Holocaust überlebt; kurz zuvor waren noch viele Häftlinge von den Nazis auf den „Todesmarsch" geschickt worden
Foto bpk

Um eine echte Überlebenschance zu besitzen, mußte man ein Arbeitskommando im Lager finden, das nicht ausmarschierte, d. h. nicht durch die täglichen Selektionen ging. Ich hatte das Glück, eine Slowakin kennenzulernen, die seit Mai 1942 im Lager war und daher, wie alle überlebenden Slowakinnen, in der Häftlingsverwaltung arbeitete. Sie kannte einen guten Freund von mir aus Prag, und nach den ungeschriebenen Lagergesetzen fühlte sie sich verpflichtet, mir einen Posten in der Schreibstube zu verschaffen. Frauen bildeten hier Gruppen, die füreinander sorgten, die Rationen teilten, den Kranken in der Gruppe halfen. Männer waren einander nicht so behilflich. Mein letzter Posten als erste Sekretärin des Magazins im Effektenlager, dem Versandort jüdischer Kleidung, rettete mir und wahrscheinlich auch dem Rest der hier beschäftigten Häftlinge das Leben. Rechtzeitig vor dem Ausmarsch von Auschwitz-Birkenau am 18. Januar 1945 konnten wir noch warme Kleidung und festes Schuhwerk aus den Kleiderbaracken „organisieren".

Der Todesmarsch

Im Januar 1945 stand die russische Armee ungefähr 30 Kilometer vor Auschwitz-Birkenau, das Artilleriefeuer war bereits deutlich zu hören. Die Nazis waren sich ihrer Niederlage bewusst, aber sie waren entschlossen, wenigstens die „Endlösung" durchzuführen, d. h., kein Jude sollte überleben. Da die Krematorien seit November 1944 abgerissen waren, gab es keine Möglichkeit mehr, das ganze Lager zu vergasen. Also schickte man die Häftlinge auf den Marsch ins Reich, den sogenannten Todesmarsch. Der Befehl auf diesen Märschen lautete: Kugel durch den Kopf für den, der nicht weiter kann. Der Winter Anfang 1945 war einer der kältesten seit Jahren. Viele Menschen, die schon zwei oder drei Jahre in Auschwitz-Birkenau überlebt hatten, wurden auf diesem Marsch getötet.

Die Überlebenden wurden in die Konzentrationslager in Deutschland gepfercht. Das waren später dann die Skelette und Toten, welche die amerikanischen Befreier vorfanden, als sie die Tore der Lager öffneten. Wir Frauen aus Auschwitz-Birkenau kamen in das Konzentrationslager Ravensbrück nördlich von Berlin. Wir waren nicht sicher, ob uns dort nicht auch eine Gaskammer und ein Krematorium erwartete. Aber anscheinend hatte man beschlossen, keine Massenmorde mehr in Ravensbrück vorzunehmen. Wir blieben bis Ende April und wurden dann wieder auf Transport geschickt. Angeblich hatte die Wehrmacht um Austausch von deutschen Kriegsgefangenen für

VALIDÉ
GELDIG VERKLAARD
CERTIFICAT MODELE C. 27.961./45.
valable jusqu'au 1 Mars 1946
Séjour prorogé jusqu'
Le Bourgmestre
La nommée ECKSTEIN Suse. épouse Fishman Bernard
née à Vienne (18) le 27 juillet 192
de nationalité Polonaise.
entrée en Belgique le 30. 8. 1945.
venant de Ravensbrück (camp)
est inscrit ce jour aux registres des étrangers de la commune de

Nach langer Zeit der erste persönliche Nachweis meiner Existenz: meine Aufenthaltsbescheinigung in Brüssel, nachdem ich von dem Dolmetscherposten in der englischen Zone zu meinem Vater nach Belgien kam.
Foto S. E. Cernyak-Spatz

alliierte Gefangene ersucht. Die Alliierten jedoch verlangten die Frauen von Ravensbrück als Austausch, und so begann man Anfang April, verschiedene Nationalitäten mit Bussen des Roten Kreuzes von dort nach Schweden zu schicken. Meine Gruppe, Slowakinnen, sollte Anfang Mai an die Reihe kommen, aber das Lager wurde vorher, am 28. April, evakuiert. Auf diesem Evakuierungs-Marsch war die SS darauf bedacht, uns als Austausch am Leben zu halten. So starb niemand von den Frauen auf dem Marsch.

Wir wurden in einem Dorf namens Rastow, südlich von Schwerin, befreit, und kamen dann in das Displaced Persons Camp in Hagenow. Ich wurde dort als Dolmetscherin für die CIC angestellt, und als die Amerikaner die Zone den Engländern übergaben, wurde auch ich als Dolmetscherin dem englischen 528 Military Government Detachment übergeben.

In der Zwischenzeit hatte ich erfahren, dass mein Vater den Krieg in Brüssel überlebt hatte, da der Wehrmachtskommandant von Brüssel keinen Bruderoffizier ins Gas hatte schicken wollen. Im August 1945 sah ich meinen Vater dann wieder, und wir begannen unser Leben so gut wie möglich neu aufzubauen. Im Jahr 1946 heiratete ich einen Amerikaner und zog in die USA.

Reise in die Vergangenheit

50 Jahre nach meiner Ankunft in Auschwitz-Birkenau kehrte ich dorthin wieder zurück, dieses Mal mit meinen drei Kindern. Wir besuchten die Orte meiner Via Dolorosa: Wien, Prag, Theresienstadt, Auschwitz. Für meine Kinder war es die erste Reise in meine Vergangenheit. Ich konnte ihnen in Wien die Orte meiner ersten Kindheit und meiner letzten normalen Jahre vor der Emigration zeigen. In Prag wanderten wir von unserer ersten Wohnung, im Zentrum der Stadt, zur zweiten Wohnung, die meine Mutter und ich mit einer anderen Mutter und Tochter geteilt hatten, zur dritten Wohnung, wo drei Familien in einer Dreizimmerwohnung hatten hausen müssen, und zum Messepalais, wo einst die Transporte zusammengestellt wurden.

Theresienstadt war die nächste Station. Die Stadt war wieder die alte verstaubte Garnisonstadt von vor 1941, und wenn es dort nicht ein kleines Museum und die Festung, das ehemalige Konzentrationslager, gäbe, würde man nicht wissen, dass hier tausende jüdische Menschen ihr Bestes gegeben hatten, um ihren Mut und ihren Geist aufrechtzuerhalten – im Angesicht des Todes im Osten.

Fünfzig Jahre nach meiner ersten Ankunft in Auschwitz-Birkenau besuchen meine Kinder und ich diesen Ort des Schreckens und Leidens.

Auschwitz-Birkenau war nach alldem wie eine Schließung der Vergangenheit. Ich führte meine Kinder durch die Steinblöcke des B Ia-Lagers, des ersten Frauenlagers, und zeigte ihnen, wo meine Koje gewesen war. Ich führte sie hinter die Ruinen des Krematoriums IV, wo das Effektenlager gestanden hatte. Alles war abgebrannt mit der Ausnahme einiger Holzbaracken in B II und den Steinbaracken im Frauenlager. Die Szenerie war gespenstisch, unheimlich, wie das Wetter an diesem Apriltag, ein typisches Auschwitz-Birkenau-Wetter: windig, eiskalt, mit ein paar Schneeflocken ab und zu und feuchtem Nieselregen.
Als wir an der Rampe hinter dem Einfahrtstor standen, um noch einmal das trostlose Bild zu überblicken, und das traditionelle Kaddisch-Gebet für die Toten sagten, schien es mir wie ein Strich unter die Rechnung, die mir zugunsten aufgegangen war. Ich und meine Familie standen hier, meine Kinder haben eine Zukunft, und die Welt der Mörder ist versunken.

Im Herbst desselben Jahres hielt ich an der Pädagogischen Hochschule in Ludwigsburg ein Seminar über Holocaust-Literatur. Etwa 15 Studenten hatte man für den Kurs erwartet, 67 schrieben sich ein. Die Zahl blieb unverändert bis zum Ende des Kurses. Sie hatten alle in der Schule über den Holocaust etwas gelernt, aber die Gegenwart einer Überlebenden, die eigene Erlebnisse mit den geschichtlichen Tatsachen verbinden konnte, hinterließ doch einen unauslöschlichen Eindruck. Während des Semesters dozierte ich auch in verschiedenen Städten am Rhein und in Nordrhein-Westfalen. Mein Eindruck in diesen Städten, in denen ich jungen und erwachsenen Menschen begegnete, war, dass aufrichtige Versuche gemacht werden, die verlorenen deutsch-jüdischen Verbindungen wenigstens auf der kulturellen Ebene wiederherzustellen. Nicht nur Museen und Monumente zum Andenken an die ermordeten Mitbürger werden errichtet, auch die kulturellen Bande auf allen Gebieten werden wieder verknüpft. Ein positives Beispiel hierfür ist die „Else Lasker-Schüler Gesellschaft" in Wuppertal, die in Verbindung mit einigen Schulen meine Vortragsreise 1994 durch die Bundesrepublik förderte. Die Aktionen der Neo-Nazis und der Skinheads werden wie üblich in den Schlagzeilen groß veröffentlicht. Ich frage mich aber immer wieder, warum die offensichtliche Bemühung, Verbindungen zwischen deutschen christlichen und jüdischen Bürgern wiederherzustellen, nicht auch etwas mehr Aufmerksamkeit in den Medien verdient.

Der Zugangsblock zum Frauenlager B Ia, in dem ich 1943 „wohnte" und überleben musste.
Fotos S. E. Cernyak-Spatz

Wir bedanken uns beim Westermann Verlag, der einem Nachdruck dieses Beitrags aus „Praxis Geschichte" Heft 6/1995 zugestimmt hat.

Die Autoren

Prof. Dr. Susan E. Cernyak-Spatz
geboren 1922 in Wien, ab Mai 1942 in Theresienstadt, Schutzhäftling 34042 in Auschwitz und Ravensbrück, wanderte 1946 in die USA aus, studierte ab 1964 deutsche Literatur, promovierte 1971 bei Ruth Klüger mit „German Holocaust Literature", lehrte ab 1972 bis zu ihrer Emeritierung an der Universität Charlotte in North Carolina.

Dr. Andreas Kunz
1970 geboren in Lüneburg, Studium der Geschichts- und Sozialwissenschaften, Zeitsoldat bei der Bundeswehr, Ausbildung zum Höheren Archivdienst des Bundes, 2003 Promotion an der Helmut-Schmidt-Universität Hamburg zum Thema „Militär und Niederlage. Die Wehrmacht in der Schlussphase des NS-Regimes 1944/45", seit 2004 Leiter der Ludwigsburger Außenstelle des Bundesarchivs

Bernd Kreß
geboren 1960 in Stuttgart 1977–1980 Polizeivollzugsbeamter, 1983–1991 Studium an der Universität Heidelberg: Geschichte, Germanistik, Evangelische Religion, Erziehungswissenschaft, seit 1991 Lehrer in den Fächern Geschichte, Gemeinschaftskunde, Deutsch, Evangelische Religion an der John-F.-Kennedy-Schule, Esslingen, Fach- und Schulberater, seit 2006 archivpädagogischer Mitarbeiter beim Bundesarchiv, Außenstelle Ludwigsburg.

Heike Krösche
Studium der Geschichte und Germanistik mit den Schwerpunkten Zeitgeschichte und Geschichtsdidaktik an der Carl von Ossietzky Universität Oldenburg. Abschlussarbeit über das deutsch-jüdische Selbstverständnis von Lion Feuchtwanger, veröffentlicht 2004.
Sie ist Doktorandin mit einem Dissertationsprojekt zu dem Thema „Die Reaktion der deutschen Öffentlichkeit auf den Nürnberger Prozess gegen die Hauptkriegsverbrecher 1945/46 und den Ulmer Einsatzgruppenprozess 1958".

Prof. Dr. Klaus-Michael Mallmann
1948 geboren in Kaiserslautern, Studium der Geschichte, Soziologie, Politikwissenschaft und Germanistik an der Universität des Saarlandes, 1976–1987 Fernsehjournalist beim Saarländischen Rundfunk, 1980 Promotion, 1988–1992 Wissenschaftlicher Mitarbeiter an der Universität des Saarlandes, 1995 Habilitation an der Universität-Gesamthochschule Essen, Privatdozent in Essen, 2001 Universität Stuttgart, seit April 2001 Wissenschaftlicher Leiter der Forschungsstelle Ludwigsburg der Universität Stuttgart, seit 2004 apl. Professor, Forschungsschwerpunkt Geschichte des Nationalsozialismus, insbesondere der Mord an den europäischen Juden.

Dr. Hans H. Pöschko
geboren 1943 in Budweis/Moldau, OStR a.e.H. für Geschichte mit Didaktik, seit 1974 an der Pädagogischen Hochschule Ludwigsburg tätig, seit März 2005 Vorsitzender des Fördervereins Zentrale Stelle

Dr. Joachim Riedel
1941 geboren in Münster/ Westfalen, Studium der Rechtswissenschaften 1968–1979 Assistent an der Universität Tübingen, 1979–1991 Strafrichter am AG Reutlingen und LG Tübingen, Staatsanwalt bei der StA Stuttgart und StA Tübingen, 1991–1999 Abordnung zur „Arbeitsgruppe Regierungskriminalität" bei der StA bei dem Kammergericht/StA II bei dem LG Berlin, mehrere Jahre Leiter der Abteilung „Mauerschützenverfahren", daneben Mitwirkung in der Strafsache gegen Honecker u. a., seit 1999 Abordnung zur Zentralen Stelle in Ludwigsburg, seit 2000 ständiger Vertreter des Behördenleiters.

Kurt Schrimm
1949 geboren in Stuttgart, 1968–1971 Ausbildung beim Finanzamt Stuttgart I zum Dipl. Finanzwirt (FH), 1971–1976 Studium der Rechtswissenschaften an der Universität Tübingen, Dezember 1976 1. juristische Staatsprüfung, 1977–1979 Rechtsreferendar beim LG Stuttgart, Juni 1979 2. juristische Staatsprüfung, 1979–1981 Staatsanwalt bei der StA Stuttgart, 1981–1982 Richter an einer Jugendkammer des LG Stuttgart, 1982 Ernennung zum Beamten auf Lebenszeit, 1982–2000 Staatsanwaltschaft Stuttgart, 1997 Kommissarische Ernennung zum Abteilungsleiter, 1998 Gleichzeitige Ernennung zum Oberstaatsanwalt und Abteilungsleiter, Oktober 2000 Abordnung zur Zentralen Stelle unter gleichzeitiger Ernennung zum Behördenleiter

Prof. Dr. Peter Steinbach
1948 geboren, Studium der Geschichte, Philosophie, Politikwissenschaft in Marburg, 1972 Staatsexamen, 1973 Promotion 1978 Doppel-Habilitation an der FU Berlin für Neuere Geschichte und Politikwissenschaft, seit 1982 Professor an der Universität Passau, an der Freien Universität Berlin, an der Universität Karlsruhe (TH), an der Universität Mannheim, seit 1983 wissenschaftlicher Leiter der ständigen Ausstellung „Widerstand gegen den Nationalsozialismus" in Berlin, seit 1989 wissenschaftlicher Leiter der Gedenkstätte Deutscher Widerstand Berlin, seit 1992 Leiter der Forschungsstelle Widerstandsgeschichte an der FU Berlin.

Melanie Wehr
1980 geboren in Schleiz/Thüringen 1999 – 2002 Ausbildung zur Dipl.-Archivarin (FH) seit 2002 Archivarin der Außenstelle des Bundesarchivs in Ludwigsburg

Adressen und Öffnungszeiten

Förderverein der Zentralen Stelle
Der „Förderverein Zentrale Stelle der Landesjustizverwaltungen zur Aufklärung nationalsozialistischer Verbrechen e. V." unterstützt die wissenschaftliche Aufarbeitung der Akten der Zentralen Stelle in der Außenstelle des Bundesarchivs, die Verbreitung der wissenschaftlichen Erkenntnisse durch Vorträge, Tagungen, Veröffentlichungen und öffentliche Präsentationen, die pädagogische Erforschung dieses wissenschaftlichen Materials und ihre pädagogische Verwertung in Lehre und Fortbildung. Er versteht sich als „Einrichtung gegen das Vergessen" und fördert deshalb die Öffentlichkeitsarbeit als Erinnerungsarbeit. In diesem Sinn versteht er die „Zentrale Stelle" auch als Ort der Begegnung.
info@fv-zentrale-stelle.de
www.fv-zentrale-stelle.de

Bundesarchiv
Außenstelle Ludwigsburg
Schorndorfer Straße 58
71638 Ludwigsburg
T 07141 8992-83
F 07141 8992-12
ludwigsburg@barch.bund.de
www.bundesarchiv.de
Montag bis Donnerstag
8 bis 16 Uhr
Freitag 8 bis 14 Uhr

Archiv
Das Bundesarchiv archiviert die Unterlagen der Zentralen Stelle und macht sie Benutzern zugänglich. Für die Auskunfterteilung und / oder Akteneinsicht im Benutzersaal der Außenstelle muss ein schriftlicher Benutzungsantrag gestellt werden. Die Archivbenutzung erfolgt nach den Bestimmungen des Bundesarchivgesetzes und weiterer Rechtsvorschriften.
www.bundesarchiv.de
Da die bestehenden Findhilfsmittel nicht frei zugänglich sind, muss die Vorrecherche von den Mitarbeitern des Bundesarchivs vorgenommen werden. Eine dem Archivbesuch vorangehende schriftliche oder Email-Anfrage wird deshalb empfohlen.

Bibliothek
Das Bundesarchiv verfügt am Dienstort Ludwigsburg über einen kleineren Bibliotheksbestand mit den wichtigsten wissenschaftlichen Publikationen zum Themenkomplex Strafverfolgung von NS-Verbrechen. Das Bibliotheksgut kann von Interessierten im Benutzersaal der Außenstelle eingesehen werden. Für die Recherche steht ein Online-Bibliothekskatalog zur Verfügung.
www.bundesarchiv.de

Angebote für Schulen
Für Schulklassen der Jahrgangsstufen 8 – 13 aller Schularten bietet das Bundesarchiv in Ludwigsburg ein individuell an den jeweiligen Bedürfnissen orientiertes archivpädagogisches Programm an. Ausführlichere Informationen finden sich neben einem Beitrag in diesem Buch auf der Dienstortseite Ludwigsburg der Homepage des Bundesarchivs.
www.bundesarchiv.de
Das pädagogisch-didaktische Angebot ist unentgeltlich.
Unser Anmeldeformular finden Sie auf der Homepage
www.bundesarchiv.de/aufgaben/organisation/abteilungen/zentralestelle/01372/index.html
b.kress@barch.bund.de
Telefon [07141] 899283
Ansprechpartner
Dr. Andreas Kunz
Dr. Tobias Herrmann
Melanie Wehr
Archivmitarbeiter
Bernd Kreß
Studiendirektor und archivpädagogoischer Mitarbeiter

Ausstellung „Die Ermittler von Ludwigsburg"
Die ständige Ausstellung im angrenzenden historischen Schorndorfer Torhaus kann zu folgenden Öffnungszeiten besucht werden:
Montag – Donnerstag
8 bis 16 Uhr
Freitag 8 bis 14 Uhr
Für Besuchergruppen ist nach vorheriger Absprache auch der Besuch des Archivs möglich. Der Ausstellungsbesuch ist unentgeltlich.